THE POLITICAL AND MILITARY SYSTEM
OF THE KHITAN DYNASTY

契丹王朝
政治军事
制度研究

—— 修订版 ——

杨若薇　著

社会科学文献出版社

SOCIAL SCIENCES ACADEMIC PRESS (CHINA)

序

邓广铭

契丹贵族耶律阿保机于公元916年建立了契丹政权，与先后出现在长城以南的五代十国对峙。耶律德光于公元947年因援助石敬瑭建立后晋政权之故，而据有了燕云十六州之地，其实力之强大，为当时并存的其他割据政权之所不能及。北宋建国并相继灭掉了华中、华南和河东地区（今山西省）的诸割据政权之后，虽也曾几次主动或被动地出兵与契丹进行较量，但大都遭到失败，只有1004年的澶渊之盟，可以算打了一个平局。这说明，在当时中国境土上的诸割据政权当中，仍以契丹最为强大。

在甘州（今甘肃省张掖）建立牙帐的回鹘，在西州（今新疆吐鲁番）建立政权的回鹘，以及在葱岭以西建立政权的回鹘黑汗王朝，即使在北宋政权建立之后，也基本上都是亲附于契丹政权的，其与北宋的关系则较疏。

因此，在唐王朝衰亡之后，被中亚、西亚以至更西的诸国人作为中国的代表称谓的，不是五代十国和北宋的任何一个朝代而是契丹。这个称谓至少持续了有数百年之久。中亚和西亚的伊斯兰教各国学人，在十三世纪末叶所撰写的兵书当中，还把由中国传去的火药和火器称作"契丹花""契丹火箭""契丹火轮"等。直到今天，苏联俄罗斯民族的语言和文字当中，也依旧是以契丹来称呼中国的。这些都是最好的证明。

所以，契丹族所建立的国家，如果不与西辽合并计算，其国祚虽仅延续了二百余年，但从其对中国历史以及亚洲历史所起的作用、所做的贡献来看，却都是值得大书特书的。

尽管建立后晋政权的石敬瑭对契丹的耶律德光自称为儿皇帝，一直受到人们的唾骂，但从澶渊之盟以来，北宋即与契丹正式定为兄弟之国。元朝的史官们，在经过反复商讨之后，最终还是把辽、宋、金三朝的历史各自为书，平等对待，均列于正史之中。明代的柯维骐，在其所撰《宋史新编》中，虽曾荒诞迂腐地企图把辽金作为两宋的附庸；王洙在其所撰《宋史质》中，则更为悖谬地根本不承认有辽金元三朝的存在；但他们的这种谬论既得不到同代人和后代人的赞同，他们的这两部著作也就理所当然地得不到后代治史者的重视。

可惜的是，以如此重要的一个朝代，在它灭亡之后，后人却未能撰写一部能与它的历史地位相称的史书。元朝的史官们把辽、宋、金三朝的历史各自为书、平等对待的做法固然极为正确，然而当其修史之时，上距辽朝之亡已经二百二十余年，参预修史的史官们，对于辽朝的典章制度、部族离合、部伍编制，大都已甚茫然，而辽朝臣僚们所撰写的史志文本，在经过许多次事变之后，又鲜有遗存，事出无奈，他们便只能凭借仅有的不论出自辽人或宋人的，以及由当时书坊抄撮而成的（例如《契丹国志》）一些记载，依傍拼合，仍难凑成部帙，遂乃不惜把同一事件、同一建置，稍稍更易其名称，而使之在《纪》《志》《表》《传》之中重见叠出，以充篇幅。例如，在《太宗纪》中载有"诏以于谐里河、胪朐河之近地给赐南院欧堇突吕、乙斯勃、北院温纳何剌三石烈人为农田"，而于《食货志》（卷五九）则又载"诏以谐里河、胪朐河近地赐南院欧堇突吕、乙斯勃、北院温纳河剌三石烈人以事耕种"。其实，于谐里河即谐里河；南院之欧堇突吕、乙斯勃，即《营卫志》（卷三三）五院部中之欧昆、亦习本；北院之温纳何（河）剌，即《营卫志》（卷三三）六院部中之斡纳阿剌。若谓这样的一些失误无关宏旨，则《营卫志》中的"斡鲁朵"与《兵卫志》中的"宫卫"，前者只是把契丹语音写为他字，后者则是把它意译为汉文语词，半斤八两，毫无区别，然而因用字不同，竟在两《志》中各占用了不少篇幅，对于辽朝所特有的这一制度，反而会使读史者更难于理解其真实情况。更如《兵卫志》（卷三五）首条所叙述的"御帐亲军"，第三条所叙述的"大首领部族军"，其内容全都是从《契丹国志》辗转摘抄臣宋琪（一个由辽归宋的人）写给宋太宗的《平燕蓟十策》而成的，对原文稍加改易，便产生了种种谬误（我曾有文专论其事）。这说明《辽史》的纂修者们是如何的昧于有辽一代的重大史事了。

清代的厉鹗曾撰写了一部《辽史拾遗》，从二十世纪的三十年代以来，也曾有几位学者撰写了对于《辽史》的考正或校证之类的书册，然而大都仅仅校勘其字句的异同、违失和脱误，而极少涉及朝章政典一类的大问题。在有关辽代文献资料的搜集、整理方面，近年虽也有人在清人王仁俊《辽文萃》的基础上，又增益了一部分新出现的碑志之类而辑成一本总集印行，然而疏漏舛误既多（例如，王仁俊因避清帝名讳而改动的文字，也照抄了来），而标点断句方面的错误更多到不可胜数。对于《辽史》研究者说来，这实在是非徒无益而又害之的！

在东北三省和蒙古地区沦为半殖民地，且曾一度沦为日本的殖民地的时期之内，追随在日本侵略军的脚步之后，日本的一些历史工作者也得以因势利便，在契丹旧境进行了一些考古发掘，追寻和察访了一些文物遗存，相继刊布了一些有关契丹史实的论著。我们在解放了东北三省以及全中国之后，虽也在契丹故地进行了一些调查察访工作，对于一些新出土的文物，虽也进行了整理研究，但总的说来，在量的方面还为数较少，在质的方面也还不曾突出地超越了前人。这说明，我们的史学界在契丹史研究方面的力量还是如何的薄弱，我们还应以如何的快速步伐急起直追。

前年由北京大学授予博士学位的杨若薇同志，因为是生长在辽宁省的，有较便利的条件，所以，从读大学本科时就对契丹族和契丹王朝的历史开始发生了兴趣。十多年来，她朝于斯，夕于斯，孜孜不倦地从事于这一学科的钻研。在北京大学攻读博士学位的时期之内，她集中精力攻治契丹王朝政治和军事制度方面的一些问题。她在治学方面给予我的印象，是长于读书得间，亦即善于发现问题。而她还富于初生之犊不畏虎的精神，勇于去开拓前人不曾垦辟过的领域，也敢于对前此似乎已成定论的问题，或者已由富有权威性的学者所做出的结论提出怀疑。例如，我的亡友傅乐焕教授生前曾写过一篇《辽史复文举例》。但他在这篇文章中，只举述了刘晟、萧惠等几个人的事迹的重复，鸭子河与混同江名称的重复等，而对于契丹王朝所建置的特有制度方面却也不曾涉及。杨若薇同志则把"复文"用作检核全部《辽史》的权衡，首先用以检核《辽史》的各《志》，于是而写出了《斡鲁朵内官制考实》《对〈辽史·百官志〉"殿前都点检司"及"宿卫司"的考察》《〈辽史·百官志〉所记载的北面官》等篇论文。对于契丹王朝所建置的诸部族乣，日本的箭内亘、羽田亨、藤田丰八，中国的王国维、陈寅恪、邵循正等史学家们，都曾进行过讨论，各执一词，莫衷一是。所以直到目前，依然有人就此问题不厌其烦地进行磋商，有的人甚至以为糺字乃是契丹字混入汉字中的，其为说可谓愈出愈奇。我则一向以为，在契丹王朝期内，其所建置的某部族糺，实际上也就是某部族军，因而在其时，并无"糺军"这一名称，只有到金朝和蒙元，才把契丹王朝统治时所建置的各个部族糺，合并称为"糺军"。杨若薇同志很同意我的这一论点，她便极其勤奋地披阅了大量史籍，钩稽了大量资料，证明了这一论点确能成立，于是而写成了《契丹王朝"糺"之探讨及部族戍边制度》一文，进一步做出了雄辩有力的论证，得到了许多辽史研究者的赞同；辽金元史的专家杨志玖教授看到这篇论文之后，更大加赞赏说，这真是所谓"踏破铁鞋无觅处，得来全不费功夫"的成功之作。另外，对于目前正在讨论的，契丹王朝在中京建成之后，是否即由上京迁都中京的问题，她也写了论文，提出了自己的意见。

上述种种，都说明杨若薇同志在思考问题的深度和广度方面，在进行纵的和横的联系方面，都有其特长和独到之处，也说明我对她的治学精神所得的印象是经得起考验的。故当她的这本著作即将付印之际，我很高兴地为她写了这篇序文。

1988 年 5 月 9 日
写于北京大学中国中古史研究中心

再版前言

    无论是研究北方民族发展，还是学习中国朝代历史，由契丹民族建立的辽王朝都有着极其重要的地位。了解历史，离不开记录那个时代的文字；认识民族，离不开那个民族的语言。契丹民族有自己的语言，也曾创造和广泛使用了记录这种语言的文字。但是，随着这个民族从历史舞台退出，曾经辉煌灿烂过的契丹语言和文字也消失于尘埃中了。留给今人的，是这种语言的"化石"——碑石器物上契丹文字的图形刻痕。汉文史料的匮乏，加之对这个民族语言的蒙昧、对其文字的无知或少知，使契丹民族及辽史的研究举步维艰。

    20世纪以来，随着契丹文字陆续被发现，学界对契丹文字（无论被辨识为大字还是小字）的研究取得了令世人瞩目的突破和进展。但是，要真正读懂契丹文，今日仍是难以企及之事。

自秦"书同文"以来，跨越空间及时间 ——即使地隔千山万水、时隔千年百载，汉字都肩负承载史实、传递讯息的使命。依据史书研究历史，是对古人使用的书面语言做今人的诠释，其中必然存在语言文字的影响。首先，中华民族千百年来的"书同文"记录的是"语不同音"，甚或"词不同义"的不同方言，这是汉语言一直存在的共时差异。汉语的口语及书面语在不同时期的发展，是汉语言不可忽视的历时差异。表现在汉字上，其形音义会呈现不同情貌；由汉字记录的词语，在语义、结构及使用等方面会存有差异。虽然古时的"雅言""通语"，后来的"官话""国语"为文人史家撰书编史所推崇循例，但要在来自不同地区、出于不同人手的文献、史料上抹除其与生俱来的方言差异或语言演化的印记，几乎是不可能的。用来记载史实的语言文字自身的这些问题会给治史者带来困惑或误区，从而令治史者衍生出偏解或谬释。这是如何解读作为记录史实的载体 ——汉文本身的问题。其次，拥有本族语言的契丹民族，曾创制自己的文字并应用于境内逾二百年。这些文字不但是契丹民族文化和历史的载体，其本身也是这个民族文化历史的组成部分。汉文史籍固然是研究民族历史的重要依据，而以本族文字记录之史料，应是不可或缺的更重要的信息资源。只有它们的出席与支持，方可使相关的研究结论更为可信。最后，另一个重要且容易被忽略的问题，就是不同语言之间的接触对史料的影响。这里涉及的除了撰史者在处理史料和编写史书过程中对语言事实的处理外，也包括读史者对史料语言的理解。契丹族建立的辽国境内生活着包括使用汉语、契丹语及其他语言在内的众多民族，语言接触以及语言习得的漫长过程，使各语言原有的面貌，包括语音、词汇、语法及语用在不同层面、不同程度上发生过变异、变化。变化不是单向的，而是双向或多向的交错复杂的互动。这些演进，无论是当时还是今日，都不易被察觉和发现，但对于诠释史文，无疑是于微妙玄通处寻觅真知灼见的关键。

《辽史》中不少词语，例如"糺""斡鲁朵""捺钵""详稳"，以及诸多其他称谓、事物、官职、法令、制度等等，成为史学界长期争议不休的话题，多与其时其地的语言使用密切相关。拙著从语言的角度，尝试寻找解开其中一些疑团的钥匙。《辽史》中另一至今未能破解且对契丹社会制度的研究影响甚大的"谜语"是"投下"（或"头下"）。数年前，我曾尝试从汉语与契丹语交互影响而产生的语音变异，探究"投下"一词的来源，并已从汉文史料中获得证据，发现"投下"是一个回归汉文的契丹语中的汉语借词，而这个借词在契丹语中已发生了读音变异，汉人将回归后的该词因其变异的读音而新造了"头下"这个词形。若此说不误，一直以来史学界据"头下"这一词形所做的揣摩不免牵强，进而对"投下"制度的讨论，亦有偏颇之处。遗憾的是，由于契丹文字的破读尚需时日，该词在契丹语中音义的直接证据欠缺，令我对于"投下"的拙见未敢公诸同好。姑且立此"假设"，待日后验之正之。

辽金元三代是中国历史上由北方民族建立的王朝。建朝立国的这三个民族——契丹、女真及蒙古，虽非一脉相承，但其语言文化之间有着特殊的关联。如前所述，语言接触可造成语言在不同层面的共时变异，继而历时演化。汉语北方方言与南方方言的分道扬镳，成为今日的面貌，辽金元是重要的转捩时期。为说明北方民族语言对汉语的影响，借再版之际，增附拙作初版后发表的一篇探讨汉语"儿"音嬗变的拙文，作为对史籍中所反映的辽金元时期汉语演变之管窥，而该文从汉语"儿"音演变的角度佐证了《辽史》部分史料源于蒙元时期。

此版修订，主要包括以下方面。

1. 为方便读者，重要的史料征引，除版本、卷数外，补充标示了页码。

2. 征引之《辽史》，全部改用 2017 年中华书局点校本二十四史修订本的相关页码。

3. 校正了初版的文字及印刷错误。

4. 增附《汉语"儿"音嬗变新探》一文。

5. 征引的石刻资料，加注了向南先生 1995 年编著出版的《辽代石刻文编》（下称《文编》）之页码。《文编》中包括了 1982 年出版的陈述先生辑校的《全辽文》已收录的石刻资料，但由于《文编》与《全辽文》所录文字偶有差异，且《文编》考辨良多，因此，二者皆录之石刻文字，此版便一并列出，供读者参照。

拙著初由中国社会科学出版社于 1991 年出版。台湾文津出版社于 1992 年出版繁体字版，发行海外。之后，陆续有新发现的辽代石刻以及新的研究论述。本次修订，囿于时间，未能征引后来的珍贵资料补充或佐证本书的论说或观点。

衷心感谢社会科学文献出版社！特别感谢郑庆寰、赵晨、宋超三位先生的鼎力支持和精心编校，使拙作以新颜再现于学界。

望方家、同仁及后来的学者多多批评指正。

杨若薇

2021 年 5 月 30 日

识于香港北角宝马山

·目 录·

第一篇　斡鲁朵制度

契丹王朝存在着一种特殊的斡鲁朵制度。[1]

《辽史》上的斡鲁朵，在中国古代其他文献中，又写作斡里朵、斡耳朵、兀里朵、窝里朵、窝里陀等。[2]

近世学者曾从语源学上对斡鲁朵的语义做过探讨。日本学者白鸟库吉认为，契丹语的斡鲁朵即蒙古、女真、突厥等语言中宫殿、阵营等相应的词的对音。[3] ordu 原为 kordu 或 xordu，其语根 xor

---

1　契丹族于公元 916 年建国，国号为"契丹"，后来两次改国号为"辽"，中间曾复"契丹"国号一次。至 1125 年这个王朝灭亡为止，它使用"契丹"为国号的时间比以"辽"为国号的时间要长。但习惯上通称它为"辽朝"。所以，本书后面也通用"辽朝"这一称呼。

2　《金史》作"斡里朵"，《元史》作"斡耳朵"，《长春真人西游记》作"兀里朵""窝里朵"，《黑鞑事略》作"窝里陀"，等等。

3　〔日〕白鸟库吉：《东胡民族考》，方壮猷译，商务印书馆，1934。

及 kor 有"中央"之义，因而这个词指君主宫殿。[1] 法国学者伯希和则认为：古突厥语的 ordu，此言营帐或宫殿，中世纪时从突厥语移植到蒙古语中。黄河河套名称鄂尔多斯——ordos 就是 ordo 的蒙语多数，因为其地以成吉思汗的后妃结营帐（斡耳朵）而得名。但伯希和认为 ordu 与"中央"之义毫无关系。他主张今日西文中之 horde——游牧民群、乌合之众一词，即是从斡鲁朵 ordu 这个词演变而来。[2] 他的这一主张为西方一些学者所接受。[3] 这样看来，斡鲁朵一词在语言史上可谓源远流长，甚至在当今世界的活语言中也还保留着它的余音。

对于斡鲁朵的语义，汉文史书上做过解释。《元史·舆服志》云："斡耳朵，华言帐房也。"《金史·国语解》曰："斡里朵，官府治事之所。"《辽史·营卫志》则释为："居有宫卫，谓之斡鲁朵"，"国语……宫曰斡鲁朵"。因此，《辽史》中将斡鲁朵直接译写作"宫"或"行宫"。

据《辽史》记载可知，辽朝保存至辽末的共有十二宫一府，其中九个皇帝各设一宫，两个摄政日久的太后——应天太后、承天太后各设一宫，圣宗时权势盛极的皇太弟耶律隆庆设一宫，另外，圣宗朝声势煊赫、地位几达人主、被赐国姓的汉人宰相韩德让"拟诸宫例"置一府。显然，这些宫的所有者，若非当时的最高统治者，至少也是地位极其特殊的统治集团核心人物。因此，斡鲁朵可以说是辽朝统治者的大本营。

《辽史·营卫志》三卷书中，用一半的篇幅专门记述斡鲁朵之制度；以简略、疏陋著称的《辽史》，在其他卷帙，诸如《百官志》《兵卫志》《地理志》等地方，也还记录了不少关于斡鲁朵的各种有

1　〔日〕箭内亘：《元朝怯薛及斡耳朵考》，陈捷、陈清泉译，商务印书馆，1934，第 62 页。

2　〔法〕伯希和：《斡耳朵》，《西域南海史地考证译丛五编》，冯承钧译，中华书局，1956，第 22 页。

3　如美国费正清在《美国与中国》（*The United States and China*）一书中就曾引用这一意见（孙瑞芹、孙泽宪译，商务印书馆，1971，第 72 页）。

用文字。统观《辽史》，辽朝政治舞台上的重大事件，几乎无一不与斡鲁朵制度有着千丝万缕的联系。

因此，对于斡鲁朵制度的考察，就不能不说是辽朝制度研究中一个举足轻重的课题。在某种意义上可以说，这一课题的研究状况将关系整个辽史研究的面貌。

但是，对于这样一个重要问题，以往我们国内的学者却少有人予以重视和深入研究，海外的学者虽曾有过一些专门探讨，但受各种条件的限制和影响，特别是他们所主要依据的一部《辽史》极为疏舛漏略、谬误丛生，致使若干结论多有歧误。

本篇根据各种文献及石刻资料，对斡鲁朵所在地，斡鲁朵的建置及职能，隶属斡鲁朵的州县、提辖司，以及与斡鲁朵密切相关的所谓"辽内四部族"等诸问题做一探讨，并试图纠正《辽史》记载的某些重大错误，廓清以往学界的一些模糊认识，以求对辽政权这一极富特色的斡鲁朵制度有一个初步的了解。

一 斡鲁朵的所在地

（一）问题的提出

关于辽朝各斡鲁朵之所在，《辽史》卷三一《营卫志》分别记载如下（为后文论述方便，将陵寝处一并写上）。

> 太祖弘义宫——斡鲁朵在临潢府，陵寝在祖州东南二十里；
> 太宗永兴宫——斡鲁朵在游古河侧，陵寝在怀州南三十里；
> 世宗积庆宫——斡鲁朵在土河东，陵寝在长宁宫北；
> 应天太后长宁宫——斡鲁朵在高州，陵寝在龙化州东一百里；
> 穆宗延昌宫——斡鲁朵在纥雅里山南，陵寝在京南；
> 景宗彰愍宫——斡鲁朵在合鲁河，陵寝在祖州南；
> 承天太后崇德宫——斡鲁朵在土河东，陵祔景宗皇帝；

圣宗兴圣宫——斡鲁朵在女混活直，陵寝在庆州南安；

兴宗延庆宫——斡鲁朵在高州西，陵寝在上京庆州；

道宗太和宫——斡鲁朵在好水泺，陵寝在上京庆州；

孝文皇太弟敦睦宫——陵寝在祖州西南三十里。[1]

对于《营卫志》此项记载，日本学者津田左右吉在 20 世纪初曾首先提出过疑问。他发现辽朝诸斡鲁朵除弘义宫外，都不在上京，而且置于相互隔离、《辽史》别处不载的僻陬之地，这与斡鲁朵作为护卫的禁军这一目的全然不相符合。他将这一殊感可怪的疑团保留了下来。[2] 这一问题提出后，引起了其他学者的注意。至箭内亘深入研究并发表《元朝斡耳朵考》一文后，问题似乎得到了基本解决。箭内氏在他的文章第五节"元朝斡耳朵与辽朝斡耳朵"中，得出这样的结论：《辽史·营卫志》关于斡鲁朵所在地的记载全是编者的误解，那些地点暗示的正是陵寝的地点，实际上，斡鲁朵的所在与陵寝的所在是同一地点。

从此，箭内氏的结论几乎成为定论，为中外辽史研究者或直接或间接引用，或给予进一步论证发挥。例如，岛田正郎在《辽代社会史研究》一书中，在箭内亘结论的基础上，根据《辽史》和考古学上的资料，进一步比定了十二宫一府的实际地理方位，并由此推测，在各宫的所在地，由契丹人组成各自的集团放牧，而隶属于各宫的汉人户则由所属的州县提辖司依据一定的准则为所隶的宫完成规定的勤务——即番上。费国庆先生在《辽代斡鲁朵探索》一文中也认为："皇帝死后其行宫斡鲁朵改变为'大穹庐'斡鲁朵，并以祭祀形式长期保留"，"但这种斡鲁朵已不是流动迁移的行宫，而是固定于一地的'大穹庐'了。这种'大穹庐'也称'明殿'，它的所

---

1 《辽史》卷三一《营卫志》，中华书局，2017 年点校本二十四史修订本，第 410~418 页。

2 津田左右吉「遼の制度の二重體系」『津田左右吉全集　第 12 卷（満鮮歷史地理研究　第 2）』岩波書店、1964、374 頁。

有主不是在位的皇帝或皇后，而是金铸的偶像了。"[1] 这里的"大穹庐"，应是"明殿"，[2] 显然，费国庆先生主张皇帝死后的斡鲁朵与陵寝是在同一处。

　　稍有不同的是，费国庆先生似乎体察到，皇帝生前的斡鲁朵——行宫是流行迁移的。关于这一点，清朝学者就曾这样认为。例如，《续文献通考·兵》在《辽朝兵制》中这样写道："宫帐军则帝与后所置，生则扈从，死则守陵者也。"而日本箭内亘、岛田正郎诸位学者则认为，与元朝斡鲁朵同样，辽帝在位时，设斡鲁朵于某处，生前便经常行幸此处，而死后陵寝亦设于此，斡鲁朵也便成为永久的行宫存在于该处。

　　上述两说，似乎都可以自圆其说。然以此结论去观察辽史中诸现象，却颇难以解释。只就陵寝与行宫关系的本身，《辽史》记载就有许多疑窦如下。

　　（1）既然诸宫与诸陵在同一地点，为什么《辽史》中却频繁分别记载谒诸行宫和谒诸陵呢？例如，天显四年（929）四月癸丑条载："谒太祖行宫"；而甲寅日（即第二天）条又载："幸天城军，谒祖陵。"[3] 如果同在一处，为何两天内两次拜谒？而甲寅日"幸天城军"，说明癸丑日谒太祖行宫时尚未到太祖陵寝所在——天城军（即祖州，节度军名天城）。

　　（2）辽代诸帝陵墓所在地为：

　　　　太祖，葬于祖州（今内蒙古巴林左旗林东镇西南上石房子古城）；

1　费国庆：《辽代斡鲁朵探索》，《历史学》1979 年第 3 期。

2　明殿置于墓侧。《新五代史》卷七二《四夷附录》："明殿，若中国陵寝下宫之制，其国君死，葬，则于其墓侧起屋，谓之明殿，置官属职司，岁时奉表起居如事生。"（中华书局，1974，第 898 页）

3　《辽史》卷三《太宗纪》，第 32 页。

太宗、穆宗葬于怀州（今内蒙古巴林左旗岗岗庙）；

让国皇帝、世宗葬于显州（今辽宁省北镇市）；

景宗葬于乾州（今辽宁省北镇市西南。乾州与显州相距很近）；

圣宗、兴宗、道宗葬于庆州（今内蒙古巴林右旗白塔子废城）。

《辽史》记载圣宗以前的诸帝谒陵，每次只谒一陵，至圣宗葬景宗于乾州后，才出现一次"谒三陵"，即谒让国皇帝、世宗、景宗陵墓的记载。这是因为三陵相距很近的缘故。可是，令人费解的是，《辽史》上却有数处这样的记载：

统和元年（983）九月乙卯，谒永兴、长宁、敦睦三宫；[1]

清宁四年（1058）十一月壬午，谒太祖及诸帝宫；[2]

清宁七年（1061）六月丁卯，幸弘义、永兴、崇德三宫致祭。[3]

如果诸宫分别置于陵寝所在地，试想，辽代皇帝将凭借怎样的交通工具，一日之内穿行于千里山川之间！

诸如此类，依据斡鲁朵与陵寝同在一处的结论，不但解释不了《辽史》记载的许多现象、事件，反而给治辽史者增添了更多的迷惘。既然如此，我们就不得不对斡鲁朵所在地的问题重新加以检索。

（二）从后妃之所在看斡鲁朵之所在

基于对辽史的一般认识，人们自然会想到，辽代诸帝终年盘

---

1 《辽史》卷一〇《圣宗纪》，第119页。此处敦睦宫并非圣宗弟隆庆所建，应为让国皇帝行宫。

2 《辽史》卷二一《道宗纪》，第291页。

3 《辽史》卷二一《道宗纪》，第293页。

桓在春水、秋山、冬夏捺钵之间，若别设一处斡鲁朵，究竟作何用呢？稍微仔细翻阅一下《辽史》，对于辽帝生前斡鲁朵之所在是不难找出答案的。

《辽史》卷三五《兵卫志》称："太祖以迭剌部受禅……而亲卫缺然，乃立斡鲁朵法。……入则居守，出则扈从。"斡鲁朵法之创立，是出于禁卫的需要。那么，作为一支亲卫的力量，在皇帝生前是须臾不可离开的。它要扈从皇帝四时游徙，因此，绝不会是固定一处的"宫"，而只应是不断迁移的"行宫"。辽朝皇帝除了太宗德光死于出征班师途中、天祚帝死于金朝之外，均死于自己的"行宫"之中。这正是辽帝生前，斡鲁朵是扈从他活动的有力佐证。

箭内氏等人认为辽帝的斡鲁朵与元朝皇帝斡耳朵情形相同，是固定于某一处的，因此便发现两代斡鲁朵相异之最甚者，乃为元朝后妃居守斡鲁朵，而辽朝后妃似不居守斡鲁朵。其实，这完全是一种误解。

斡鲁朵既然是皇帝的居处且四处迁徙，那么，后妃随从斡鲁朵而移动则实属自然。从这个意义上说，辽代后妃正是"居守"斡鲁朵的。这可以从史籍上得到证实。

《新五代史》卷七二《四夷附录》载，后唐使者姚坤至契丹，"至西楼，而阿保机方东攻渤海，坤追至慎州见之。阿保机锦袍大带垂后，与其妻对坐穹庐中，延坤入谒"。

《辽史》卷七一《后妃传》载，世宗遇弑于行宫，太后及皇后亦遇害。

《焚椒录》载，清宁二年（1056）八月，道宗猎秋山，懿德皇后率妃嫔从行在所。

沈括《熙宁使虏图抄》中，记载了他亲眼所见停泊于犊儿山的道宗斡鲁朵，有"单于之朝寝、萧后之朝寝凡三"。

后妃是一直随从皇帝斡鲁朵的。故《道宗宣懿皇后哀册》中，将皇后一直伴同皇帝到达春水、秋山的事实概括为："树萧萧兮秋峦，草萋萋兮春渚，皆从来巡幸之地，尽伊昔宴游之所。"[1]

当然，皇帝临时因出猎、出征或其他缘由离开行宫时，后妃则不随行。例如，辽太祖南征北伐之际，常留淳钦后守其帐；[2]耶律乙辛诬懿德皇后，就利用道宗驾幸木叶山，而皇后未随从这一机会；[3]天庆五年（1115）九月，辽天祚帝出征女真时，后妃仍留在冬捺钵——广平淀。[4]皇帝离开后妃所在的行宫，临时卓歇之处，一般就不称作斡鲁朵而谓之"帐"。例如，《辽史》卷五三《礼志》"岁时杂仪"条载："七月十三日，夜，天子于宫西三十里卓帐宿焉。前期，备酒馔，翼日，诸军部落从者皆动蕃乐，饮宴至暮，乃归行宫，谓之'迎节'期。"在皇帝（及其他斡鲁朵主）生前，其斡鲁朵之所在既不成为问题，那么，关键要解决的则是皇帝死后，其斡鲁朵所在地的问题。

从史籍中留下的对斡鲁朵活动的诸种记载中可以得知，在皇帝死后，其斡鲁朵是依旧存在的。那么，《辽史·营卫志》所记载的地点，果真是死后斡鲁朵之所在地吗？

箭内氏诸人曾对辽代后妃随从皇帝四处移动，与元代后妃固守置于一处的斡鲁朵迥然不同，而感到迷惑不解。其实，恰恰这一点是解开斡鲁朵所在地之谜的一把重要钥匙。

《辽史》卷三一《营卫志》明确记载："辽国之法：天子践位置宫卫……崩则扈从后妃宫帐，以奉陵寝。"这里的"以奉陵寝"，大约就是清人乃至今人据之以为陵寝与斡鲁朵同在一处的主要根据。对于这句话，下面将要谈到，此处姑且不论。我们注意的是，在皇帝死后，其斡鲁朵便扈从后妃宫帐。那么，考察清楚皇帝死后，其

---

1 陈述辑校《全辽文》，中华书局，1982，第 275 页；向南：《辽代石刻文编》，河北教育出版社，1995，第 517 页。

2 （宋）叶隆礼：《契丹国志》卷一三《后妃传》，贾敬颜、林荣贵点校，上海古籍出版社，1985，第 138 页。

3 （辽）王鼎：《焚椒录》，收录于（明）黄姬水《宝颜堂秘籍》，文明书局，1922。

4 《辽史》卷二八《天祚帝纪》，第 373 页。

皇后——即太后的去向，岂不就可以明了斡鲁朵之所在了？

《兴宗仁懿皇后哀册》载："维大康二年岁次丙辰三月丙辰朔六日辛酉，大行皇太后崩于韶阳川之行在所。"[1]仁懿皇后即兴宗皇后，崩于韶阳川。韶阳川是春捺钵混同江畔的别名。[2]据《辽史》卷二三《道宗纪》记载，大康二年（1076）正月，道宗如春水。这是说，道宗行宫到达了韶阳川。同年三月，仁懿皇后崩于韶阳川。这表明，仁懿皇后是以太后的身份随从道宗一起到达春捺钵的。

清宁九年（1063）七月，道宗秋猎太子山，耶律重元叛乱，"犯行宫"，[3]"及战，太后亲督卫士，破逆党"。[4]可见，仁懿皇后还曾随从道宗到达秋猎地——太子山附近。

宋人路振出使辽国，回宋后所上《乘轺录》记述了圣宗弟隆庆每年夏季随其母去凉殿居住的事情。[5]凉殿是辽帝夏捺钵之处。圣宗母即景宗皇后——承天太后。由此可知，太后也去夏捺钵。[6]

《秦晋国大长公主墓志铭》载，重熙十四年（1045），当兴宗闻知秦晋国大长公主患病，便"诏赴行阙……至止之夕，皇太后亲躬劳问……其年冬十一月十七日薨于龙化州西南坐冬之行帐"。[7]所谓龙化州西南坐冬之行帐正是广平淀，即辽帝冬捺钵之所在。而其时，皇太后（圣宗钦哀皇后）也正在"行阙"。

可见，春夏秋冬一年四季，太后都随从当朝皇帝的行宫。

但箭内氏却认为这是捺钵，不是斡鲁朵。例如，箭内氏对于天庆五年（1115）九月，"耶律章奴反。……上遣驸马萧昱，领兵诣广

1　陈述辑校《全辽文》，第213页；向南：《辽代石刻文编》，第375页。

2　傅乐焕：《广平淀考》，见《辽史丛考》，中华书局，1984，第71~72页。

3　《辽史》卷二二《道宗纪》，第298页。

4　《辽史》卷七一《后妃传》，第1325页。

5　（宋）江少虞：《宋朝事实类苑》卷七七，上海古籍出版社，1981，第1010页。

6　虽然承天太后自己也立了斡鲁朵，但按《营卫志》记载，景宗崩，景宗的斡鲁朵也应扈从后妃宫帐。

7　陈述辑校《全辽文》，第126页；向南：《辽代石刻文编》，第248页。

平淀，护妃行宫"，[1] 这条材料的解释是："此处之行宫二字，实为捺钵之译语。"但这样一解释，他又对捺钵中出现后妃而困惑不解了。实际上，箭内氏对捺钵理解错了。

庞元英《文昌杂录》："北人谓住坐处曰捺钵……犹言行在也。"王易《燕北录》："所谓捺钵者，戎主所至游幸处。"《大金国志》卷一一"皇统三年秋七月"条下，对"冬夏剌钵"注云："剌钵者，契丹语所在之意"（剌钵即捺钵之讹音）。仔细品味一下，便可清楚：皇帝所居者，谓之斡鲁朵；皇帝所至者，谓之捺钵。到了捺钵处，仍居于斡鲁朵——行宫中。换句话说，斡鲁朵到达各捺钵处。这样，太后出现在捺钵中，正是太后随从皇帝四时游徙的证明。

箭内氏还曾用钦哀皇后"躬守庆陵"[2] 这一条材料作为太后守斡鲁朵，斡鲁朵与陵寝在一处的证据。[3] 然而，这更是立不住脚的。事实是：兴宗即位之后，钦哀皇后自立为太后，摄政弄权，威胁了兴宗的帝位，于是，帝"迁太后于庆州"。[4] 这里的"迁"字，表明在此之前，钦哀后并未守陵；而且事后五年，兴宗又"迎"回太后，[5] 更说明太后守陵绝非惯例，守陵不过是对太后的囚禁惩罚而已。

太后随从皇帝斡鲁朵这一事实，无疑是反映了这样的事实：扈从后妃的前帝斡鲁朵也随从当朝皇帝四时游徙。

那么，对《辽史·营卫志》所谓皇帝崩，其斡鲁朵扈从后妃宫帐，"以奉陵寝"当作如何解释呢？

我们知道，辽代诸帝陵寝处均设有奉陵人户和陵寝官吏。如《辽史》卷一〇《圣宗纪》：统和元年（983）四月，"谒三陵，以东京所进物分赐陵寝官吏"；《辽史》卷一五《圣宗纪》：统和二十九年

---

1 《辽史》卷二八《天祚帝纪》，第 373 页。

2 《辽史》卷一八《兴宗纪》"重熙三年五月"条，第 244 页。

3 〔日〕箭内亘：《元朝怯薛及斡耳朵考》，第 133、135 页。

4 《辽史》卷八七《萧孝先传》，第 1468 页；卷七一《后妃传》，第 1324 页。

5 《辽史》卷一八《兴宗纪》，第 250 页。

（1011）二月戊午，以"所俘高丽人分置诸陵庙"。各陵寝所在均置州，而这些州县是隶属各陵主的斡鲁朵的。仅从这个意义上，可以说，皇帝崩后，其斡鲁朵"奉陵寝"。但这些守陵官吏、人户与其他隶属诸斡鲁朵的州县人户一样，并不随从行宫移动。如果《辽史》"以奉陵寝"的记载是从史实出发的话，其本意不外乎就应是上面所言；否则，便是《辽史》撰修者的呓语了。

当太后在世时，前帝斡鲁朵扈从太后跟随当朝皇帝的行宫移动；那么，当太后也死去之后，是否斡鲁朵就固定于陵寝处了呢？仍然不是。这可以从史书中对前代诸帝斡鲁朵活动的各种记载中得到证实，本文下面的论述也可兼证这一点。

（三）从诸斡鲁朵官吏之所在看斡鲁朵之所在

《辽史》卷三一《营卫志》载："天子践位置宫卫，分州县，析部族，设官府，籍户口，备兵马。"据此可知，各个斡鲁朵中均设有自己的管理机构和官吏。从对《辽史·百官志》的研究中，可以证明，各个斡鲁朵中的长官是：××宫都部署、××宫汉儿（渤海）都部署，或被简称作××宫使。[1]

既然诸斡鲁朵内设有官吏，那么，这些官吏的行踪，必然成为了解诸斡鲁朵动向的信息渠道。

《王奉诸墓志铭》载，墓主以"积庆宫汉儿副部署"的官职，"以统和二年春三月十二日薨于行宫之侧"[2]（此称行宫指圣宗行宫）。积庆宫是世宗斡鲁朵的名称，墓主身为积庆宫官吏，却死于当朝皇帝行宫之侧，这正证明了积庆宫随从在圣宗行宫之侧。

道宗清宁九年（1063）发生了著名的重元之叛。叛乱和平叛的双方都有斡鲁朵的官吏参与。事先密告这次叛乱以及率宿卫

1　详考见本书"斡鲁朵内官制考实"一节。

2　陈述辑校《全辽文》，第 368 页。向南考证《王奉诸墓志》墓主为王瓒，非王奉诸，见《辽代石刻文编》，第 81~82 页。详考另见《考古与文物》1984 年第 3 期。

士兵抵御叛军的是敦睦宫使耶律良，永兴宫使耶律塔不也在平叛战役中也立下了赫赫战功。[1]这里我们见到的是永兴宫（太宗宫）、敦睦宫（太弟隆庆宫）等官吏随从行宫的事例。倘若他们四散在各陵寝之处，如何能在此风云突变之时，顷刻间赶到滦河之畔救驾呢？

《耶律弘益妻萧氏墓志铭》载，耶律弘益为太和宫使（道宗宫），"大辽建号乾统八禩孟秋，蓂生三叶，夫人瘤疾，终于显陵之南"。[2]辽皇帝四时游徙，"官属、部落咸辇妻子以从"。[3]照此道理，耶律弘益妻死于显陵之南，如果太和宫使是随从天祚帝的话，那么，此时，天祚帝也应在显陵附近。查《辽史》，乾统八年（1108）六月丁未，天祚帝如黑岭；七月，"以雨罢猎"，[4]但并未离开黑岭。看来，天祚帝并没有幸显陵之举。果真如此，这将是前述结论的有力反证。

这里的关键在于搞清黑岭之所在。

辽代诸帝经常游猎黑岭（或称黑山），据《辽史》卷三七《地理志》记载，上京道庆州有黑岭。但是，辽国境内是否只此一处黑山呢？

《萧德温墓志铭》载，大康元年（1075）三月十九日，萧德温"终于辽水西之行帐……以其年五月二十四日祔葬于黑山之先茔"。[5]萧德温之墓志铭出土在今辽宁省阜新蒙古族自治县车新屯西山，距离辽代显陵不远。此山在墓志铭中称作"黑山"。据此可知，在辽代，医巫闾山附近的这座山也称作黑山。那么，乾统八年六月天祚帝所适之黑岭，应该正是显陵附近的这座黑岭，而太和宫使耶律弘益妻正是随从天祚帝行宫至此而身亡的。这无疑又为诸斡鲁朵官吏扈从在位皇帝行宫提供了一条有力的证据。

《萧义墓志铭》更为我们的结论增添了一条直接的例证。萧义即萧常哥，据《辽史》卷八二《萧常哥传》载："寿隆二年，以女为燕王妃，拜永兴宫使。及妃生子，为南院宣徽使。"《萧义墓志铭》记述此段经历为："今我天祚皇帝初九潜龙，有大圣德，公之次女，迭俪储闱，辅佐于中，周旋有度。虽屡移官次，而恒从乘舆。"[1] 这里的"虽屡移官次，而恒从乘舆"，一语道破了萧义在任永兴宫使时是随从乘舆的。

上面所提到的这些斡鲁朵，大都是后妃已不存在的斡鲁朵，其官吏仍扈从在皇帝左右，这些都说明了即使后妃已不存在，斡鲁朵仍未固定于一处。

实际上，辽朝诸前斡鲁朵官吏扈从当朝皇帝这一事实，早已为同时代的宋人所指出。宋仁宗庆历年间（1041~1048）三次出使辽国的余靖在他的《武溪集》卷一八《契丹官仪》中就明确地记述道："胡人从行之官……又有十宫院使，亦从行。"是时正为辽兴宗重熙年间，辽恰有七个皇帝、两个太后、一个皇太弟所建的十个斡鲁朵，故余靖称作十宫使。遗憾的是，后人研究斡鲁朵，对这条记载却从未引起注意。

从诸斡鲁朵官吏扈从当朝皇帝行宫这一事实出发，就不难再一次得出结论，前斡鲁朵是跟随当朝皇帝的行宫一道移动的。

（四）诸斡鲁朵共同扈从当朝皇帝

在前面，我们已分别看到了一些斡鲁朵官吏出现在皇帝周围，那么，是否因为某种"番上"制度使他们来到了当朝皇帝的行宫旁边，而其他斡鲁朵仍守在各自的陵寝之处；完成"番上"任务的斡

1　陈述辑校《全辽文》，第 250 页；向南：《辽代石刻文编》，第 622 页。

鲁朵还要回到自己原来的所在地呢？回答是否定的。事实是，所有前斡鲁朵共同扈从当朝皇帝的行宫。

正因为《辽史》上缺乏关于诸宫共同随从皇帝的明显记载，才造成人们对此问题的误解，那么，为了寻求有力的证据，我们不妨从同时代的宋人记载中寻觅线索。

宋廷有这样一个惯例，大凡出使辽国的官员，回朝廷后都要报道一下所了解的关于辽国的情况。宋天禧四年（1020），宋绶出使辽国，回朝廷上《虏中风俗》，就报道了辽朝斡鲁朵的一点消息："又有九行宫，每宫置使及总管，掌领部族，有永兴、积庆、洪义、昭敏等名。"[1] 宋绶这次出使，到达了正停泊于土河边上的圣宗斡鲁朵（天禧四年是辽圣宗开泰九年）。是时辽朝已置九斡鲁朵，宋绶只有目睹了这些斡鲁朵，方能指出有九行宫，并举列其中的名字。这与前面所提到的庆历年间使辽的余靖见到的从行十宫是同样的，证明了所有前代斡鲁朵作为一个集团共处，并一起行动。

宋人还有一个较为详尽的记载。道宗清宁四年（1058），宋朝使者王易参加了一次辽朝皇帝举行的柴册礼。他在《燕北录》中这样记载道："……番仪衣服毕，次第行礼。先望日四拜，次拜七祖……次拜太后……当日行礼罢，与太后、太叔同出大禁围，却入小禁门内，与近上番仪。……小禁围在大禁围外东北角，内有毡帐二三座，大禁围每一面长一百一十步，有毡帐十座，黑毡兵幕七座。大小禁围，外有契丹兵甲一万人。……七祖者，太祖、太宗、世宗、穆宗、景宗、圣宗、兴宗也。"这里所说的"禁围"，就是《辽史》卷三二《营卫志》记载的皇帝牙帐由士兵各执兵仗组成的禁围。王易所说的小禁围应是道宗的行宫，在大禁围之外单独组成。大禁围无疑则应是前代诸宫之禁围。但"有毡帐十座，黑毡兵幕七座"，意味着什么呢？查《辽史》卷三二《营卫志》

1　（清）徐松辑《宋会要辑稿》蕃夷二之一一一，中华书局，1957，第 7697 页下。

"冬捺钵"条这样记载："皇帝牙帐以枪为硬寨，用毛绳连系。每枪下黑毡伞一，以庇卫士风雪。枪外小毡帐一层，每帐五人，各执兵仗为禁围。"由此可见，皇帝禁围的枪下有黑毡伞，这便是王易所称的"黑毡兵幕"。至辽道宗，前代皇帝斡鲁朵恰好有七个，故有黑毡兵幕七座，而另外的应天太后、承天太后和皇太弟隆庆的斡鲁朵，因在生前就不能等同于皇帝行宫，故没有这层黑毡伞。从这里，我们又进一步了解了伴随皇帝行宫的诸斡鲁朵的布局及形制。

关于前帝诸斡鲁朵共处于一个"大禁围"之中，从辽代石刻上还可以得到确凿的证明。

统和二十六年（1008）的《王说墓志铭》就有这样的文字："积庆宫汉儿渤海都部署、检校太傅□日雄藩□治宫务奉□□□宣同监国政、权宣徽及五宫院事。"[1]"五宫院"应即是圣宗以前太祖、太宗、世宗、穆宗、景宗五帝宫院，由于他们聚集在一起，所以可由一人总权其事务。

《韩橁墓志铭》记载，在圣宗朝，韩橁"除彰愍宫都部署……陪四朝之羽卫"。[2]彰愍宫为景宗皇帝之宫，韩橁身为彰愍宫都部署，所陪四朝之羽卫，正是指圣宗以前、韩橁所任职的彰愍宫以外之四帝宫卫。这里，生动地展示出前五朝羽卫共处的情形。

之所以说各斡鲁朵扈从当朝皇帝并不是某一段时间的"番上"，还可以从下面的事例中看出。《辽史》卷八《景宗纪》卷首有这样的记载："景宗……世宗皇帝第二子……察割之乱，帝甫四岁。穆宗即位，养永兴宫。既长，穆宗酗酒怠政，帝一日与韩匡嗣语及时事，耶律贤适止之。帝悟，不复言。"因为各宫是一直伴从穆宗的，所以，景宗能够被送到永兴宫内生活（至于将他养于永兴宫而非

1　陈述辑校《全辽文》，第 111 页；向南：《辽代石刻文编》，第 131 页。

2　陈述辑校《全辽文》，第 121 页；向南：《辽代石刻文编》，第 203 页。

别的宫，则是另有原因），且时时观察到穆宗的昏庸无道之态。当"变起肘腋"，穆宗遇弒之时，景宗才能及时获悉，连夜驰赴，即位于穆宗枢前。[1]

在史籍上还可以看到这样一条材料：保大二年（1122）三月，"金主阿骨打……追天祚，几及，应行宫内库三局珍宝、祖宗二百余年所积及其幼女悉为俘掠一空"。[2]有辽一代九朝诸宫均随从天祚帝而行，无怪乎失陷五京尚不足惜，而一旦追及天祚帝之行宫，则"祖宗二百余年所积"便都化为乌有矣！

综上所述，结论只能是这样：辽代诸斡鲁朵并非与陵寝同处一地，也并非是固定的穹庐，而是随当朝皇帝行宫四时迁徙的毡帐。斡鲁朵主在生前，其斡鲁朵是本主的扈从；死后，其斡鲁朵继而成为在位皇帝的扈从之一，但其名称依旧保持不变。

根据这一结论，本节（一）中所提出的疑问便可迎刃而解了。诸斡鲁朵与陵寝本不在一处，皇帝谒陵与谒宫实属两事，故《辽史》必然分别记之；诸斡鲁朵共同随从当朝皇帝，与当朝皇帝的行宫无非为大禁围与小禁围之距离而已，故一日之内可谒诸宫。其实，《辽史》并非有意彻底掩盖诸斡鲁朵随从当朝皇帝这一事实。《百官志》就曾透露了消息。"契丹行宫都部署司"条下这样记载："总行在行军诸斡鲁朵之政令。"倘若诸斡鲁朵各置于其主的陵寝之处，行在不过唯有当朝皇帝的一座斡鲁朵，那么，哪里还有什么"诸斡鲁朵"可言！

（五）"大横帐"——诸斡鲁朵皇族之总称

皇帝的后妃死后，其斡鲁朵内还居住着些什么人？他们在辽统治阶级内部占据什么地位？这是在搞清了诸斡鲁朵都扈从当朝皇帝

---

1 《辽史》卷八《景宗纪》，第97页。

2 （宋）叶隆礼：《契丹国志》卷一一《天祚皇帝中》，第119~120页。

行宫这一事实之后，所必然出现的问题。

《辽史》卷四九《礼志》"燕节仪"这样记载："皇帝即位，凡征伐叛国俘掠人民，或臣下进献人口，或犯罪没官户，皇帝亲览闲田，建州县以居之，设官治其事。及帝崩，所置人户、府库、钱粟，穹庐中置小毡殿，帝及后妃皆铸金象纳焉。节辰、忌日、朔望，皆致祭于穹庐之前。"斡鲁朵的前主人金像置于穹庐中之小毡殿，只是供人们祭祀的，而斡鲁朵本身并没有因此而徒有虚名。它不但仍旧拥有宫分人户，有本宫的府库、钱帛，有本宫的"图版"，而且宫内还有继承人和本宫的族属。

辽太祖的后裔——辽帝宗室是各归属于某一斡鲁朵的。《辽史》卷七九《女里传》称：女里"逸其氏族，补积庆宫人。……时景宗在藩邸，以女里出自本宫，待遇殊厚"。积庆宫是世宗的斡鲁朵，景宗为世宗之子。景宗未即位时，被养于永兴宫（如前面所述），但他却把积庆宫看作"本宫"，可见，景宗是很清楚自己是出自积庆宫的，若非特殊原因养于永兴宫，他应生活在积庆宫中。

每一皇帝的子孙都是属于这一皇帝的斡鲁朵的，其子孙中即帝位者，则"别为行宫"，[1] 也就是王易所说的"小禁围"；不即帝位的子孙，如果不是出任外职，则依旧留居原斡鲁朵中；即帝位另建斡鲁朵，其子孙则属新斡鲁朵。

辽代统治阶级是有世谱家谍的。例如，《耶律元妻晋国夫人萧氏墓志铭》有"家谍悉著于缣箱"之语。[2]《秦晋国妃墓志铭》称"其先兰陵郡人，嗣袭绵远，则家谍录而存焉"。[3] 因此，辽宗室中的人，对于自己出自某宫更应是一清二楚的。

1　（宋）李焘：《续资治通鉴长编》卷一一〇，中华书局，1985，第2561页。以下征引此书，简称《长编》。
2　陈述辑校《全辽文》，第148页；向南：《辽代石刻文编》，第211页。
3　陈述辑校《全辽文》，第193页；向南：《辽代石刻文编》，第340页。

生活在诸斡鲁朵中的人都是辽太祖的子孙，那么，这又使我们产生了新的问题。

《辽史》卷四五《百官志》"北面皇族帐官"条这样记载："玄祖伯子麻鲁无后，次子岩木之后曰孟父房；叔子释鲁曰仲父房；季子为德祖，德祖之元子，是为太祖天皇帝，谓之横帐；次曰剌葛，曰迭剌，曰寅底石，曰安端，曰苏，皆曰季父房，此一帐三房，谓之四帐皇族。"

这里很清楚地记载着太祖之后是横帐。那么，诸斡鲁朵内有太祖子孙，横帐中又有太祖子孙，他们之间是什么关系呢？

要搞清这个问题，首先要弄明白横帐的意义。根据上引《百官志》的记载，应该是：

　　横　帐　　太祖之后

　　孟父房　　岩木之后

　　仲父房　　释鲁之后

　　季父房　　太祖诸弟之后

《辽史》卷四五《百官志》"北面诸帐官"条还有这样的记载："辽俗东向而尚左，御帐东向，遥辇九帐南向，皇族三父帐北向。东西为经，南北为纬，故谓御营为横帐云。"这是一条向为治辽史者所谙悉的史料，然深入究明其中之原委者则甚少。

御帐因东向而称之为横帐，那么，皇族三父帐北向，显然非属横帐。可是，《辽史》纪传中却每每可见把孟父房、仲父房、季父房也称作横帐。[1] 究竟《百官志》所记与《辽史》他处所记，孰是

---

[1] 例如，《辽史》卷一一六《国语解》："德祖族属号三父房，称横帐，宗室之尤贵者"；《辽史》卷七三《耶律颇德传》："旧制，肃祖以下宗室称院，德祖宗室号三父房，称横帐"；《辽史》卷七六《耶律朔古传》：朔古为"横帐孟父之后"；《辽史》卷八八《耶律资忠传》：耶律资忠系出仲父房，其弟耶律昭为著帐郎君，坐罪没家产，开泰九年，乃复横帐；等等。

孰非?

要揭开这里的奥妙，由于《辽史》内容之不够充实，几乎令人一筹莫展。但特别值得注意的是，《耶律仁先墓志铭》刻下了这样的文字："王讳仁先，字一得，姓耶律氏，其先漆水人，远祖曰仲父述刺实鲁于越，即第二横帐，太祖皇帝之龙父也。"[1]据《辽史》卷六四《皇子表》记载，"释鲁，字述澜"，其后即为仲父房。《墓志铭》中的"述刺"，应即《辽史》"述澜"的同音异写，实鲁即释鲁。这块墓志将仲父房称作"第二横帐"，这就提供了一个确证：在辽代，三父房的确也是横帐。那么，"御帐东向"，"三父帐北向"，"故谓御营为横帐"之说便不攻自破了。

细考《辽史·百官志》所谓"御帐东向"故称"横帐"之说，本身也是不可信的。

契丹族以东向为尊是一种原始崇拜的遗风，其门屋皆东向，非仅御帐如此。《新五代史》卷七二《四夷附录》中记载："契丹好鬼而贵日，每月朔旦，东向而拜日，其大会聚，视国事，皆以东向为尊，四楼门屋皆东向。"宋大中祥符九年（1016）九月，薛映使辽回宋后，上《虏中境界》，其中记载：至上京临潢府，子城"内有昭德、宣政二殿，皆东向，其毡庐亦皆东向"。[2]宋熙宁八年（1075）沈括使辽后，上《熙宁使虏图抄》，言道宗居住处为："有屋，单于之朝寝、后萧之朝凡三，其余皆毡庐，不过数十，悉东向。"[3]另外，保留至今的一些辽代建筑物，如大同华严寺、辽中京遗址的土墙等，也都东向开门（北京以北有些地区的房屋至今依旧坐西朝东，可能亦为辽代之遗风）。因此，辽代并非只有"横帐"东向。既然这样，"横帐"之名就非源于御帐东向。日本学者白鸟库吉曾由斡鲁朵有"中央"之义，进而据五行说，中央表示

---

1 陈述辑校《全辽文》（文字有缺失），第 197 页；向南：《辽代石刻文编》，第 352 页。

2 （清）徐松辑《宋会要辑稿》蕃夷二之九，第 7696 页下。

3 《永乐大典》（重编影印本）卷一〇八七七，台北：大化书局，1985，第 13 页。

土德，天子之居住也，土色黄，因此衍而为：辽之横帐，乃黄帐之意。[1]此可备一说。

《耶律仁先墓志铭》指出了仲父房称"第二横帐"，那么，孟父房则应称作第一横帐，季父房则可称作第三横帐了。照此推理，太祖后裔岂不要称作"第四横帐"了吗？这是不可能的。如前面所述《百官志》记载的那样，只称"横帐"吗？也不是。因为三父房也通称"横帐"的例证在《辽史》中俯拾皆是。

《辽史》卷四五《百官志》"北面皇族帐官"条，在三父族"常衮司"前面，列的是"大横帐常衮司。掌太祖皇帝后九帐皇族之事"。这一记载颇使人有一种茅塞顿开之感：太祖后裔居第一、第二、第三横帐之上，称作"大横帐"，这岂不是合情合理吗？

"大横帐常衮司"是掌太祖后九帐皇族之事的，那么，太祖皇帝后九帐与太祖皇帝后九行宫又是什么关系呢？搞清了这个问题，也就会明白儿斡鲁朵内皇族与大横帐皇族的关系。

有幸的是，《辽史》留下了一条宝贵的材料，这就是《百官志》"北面诸帐官"条所记："遥辇九帐大常衮司。掌遥辇洼可汗、阻午可汗、胡剌可汗、苏可汗、鲜质可汗、昭古可汗、耶澜可汗、巴剌可汗、痕得堇可汗九世宫分之事。"[2]遥辇九帐正是遥辇九世宫分，由此可以推知，太祖皇帝后九帐正是太祖皇帝后九宫——九斡鲁朵。

这样，就可以断言：大横帐正是诸斡鲁朵皇族之总称。[3]

1　参见〔日〕箭内亘《元朝怯薛及斡耳朵考》引述白鸟库吉语，第62页。

2　《辽史》卷一一六《国语解》所记同。

3　这里要说的是，《契丹国志》卷一八《耶律隆运传》对横帐有过这样一个解释："以隆运一族附籍横帐，列于景宗庙位。契丹横帐，犹宋朝玉牒所也。"（第175页）这与本文对"横帐"的解释是不同的。如果分析一下这段记载，可以判断得出，"契丹横帐犹宋朝玉牒所也"这句话显然是对前面史实所做的注释。注解者应为宋人（《契丹国志》是抄录宋人记载拼凑而成的），那么这个注释就不能不带有注释者主观臆测的色彩。隆运一族以非皇室的汉人身份被列入横帐，其族谱就被编入皇室属籍之中，也就是进入"玉牒"之中，这大概就是使不十分清楚辽朝内部细情的宋人误以为横帐就是"玉牒所"的原因吧！

大横帐常衮司与契丹、汉人行宫都部署司都是掌诸斡鲁朵之事，但它们的职掌是截然不同的：前者所掌为斡鲁朵中皇族之事，即斡鲁朵中统治阶级内部事务；后者所掌为隶属于诸斡鲁朵的民户的事务，即斡鲁朵中被统治阶级的事务。

问题至此便已大致明了，但是还有两点遗留：一点遗留问题是，辽代斡鲁朵并不只是由九个皇帝所建，保存到辽末的尚有两个太后、一个皇太弟所建的长宁宫、崇德宫、敦睦宫和韩德让所建的文忠王府。它们是否也归属于大横帐呢？关于这一点，《辽史》中找不到可靠的直接记录。

根据本节前所引用的王易《燕北录》，可以知道，在道宗行在的大禁围中，七祖的毡帐依旧按生前布置，成为黑毡兵幕，另有三座不是黑毡兵幕的毡帐，那么就只能是长宁宫、崇德宫、敦睦宫。既然与七祖宫帐同列于大禁围之中，那么这三宫也应属大横帐，况且长宁宫、崇德宫的继承者也应是太祖的后裔（关于斡鲁朵的继承问题还需专门探讨。辽代以妻主头下州者，妻死，头下州由子孙继承或归夫族人继承，见《耶律元妻墓志铭》。这可以间接证明，太后所建斡鲁朵的继承者也应是皇室的人），而敦睦宫的建立者孝文皇太弟本人就是景宗之子、圣宗之弟，是大横帐中的人。

但"大横帐常衮司"条却不记掌太祖后"十二帐"之事，或许是因为此三宫乃左支旁出，非帝室斡鲁朵正统的缘故。

遗留的另一问题便是文忠王府的所属问题。

圣宗即位之初，年仅十二，承天太后摄政，以汉人韩德让为辅佐。在此期间，韩德让宠遇殊隆，权高势崇，几达于人主之地位。《长编》卷二三记载，韩德让"置护卫百人。护卫，惟国主得置之"。但韩德让既非国主，也非皇族，是不应享受这样的特殊政治地位的。于是，他被赐姓耶律，改名隆运，并隶横帐。[1]

但是，韩德让所建文忠王府有个特殊现象。据《营卫志》载，德让"无子，以皇族魏王贴不子耶鲁为嗣，早卒。天祚皇帝又以皇子敖鲁斡继之"。据此，文忠王府似存在至辽末。但查《耶律隆运传》可知，耶鲁继承文忠王府乃为道宗清宁三年（1057）之事，而韩德让死于统和二十九年（1011）。前后相距四十六年，在此期间文忠王府的主人是谁呢？

查《辽史》卷三八《地理志》"东京道"："宗州……耶律隆运以所俘汉民置。圣宗立为州，隶文忠王府。王薨，属提辖司。"耶律隆运生前，宗州隶文忠王府；隆运死，宗州则属提辖司，且将宗州人户分割另置他州。[2]这一现象，暗示了这样一件事实：文忠王府本身可能因其无嗣而产生过某种变化。迨及清宁三年为之立嗣后，重又恢复。恢复之后的文忠王府，是由大横帐皇族继承的，所以，也应归属于大横帐。尽管如此，由于文忠王府只是"拟诸宫例"的"王府"，而并非为宫，所以，其情形可能与斡鲁朵有所不同。迄今为止，我们还没有发现任何关于文忠王府的职官及其他内容的记载，故还难以对它做出详述。综上所述，本节探讨的结论无非就是：辽朝诸斡鲁朵是

1　关于韩德让一族附籍横帐，各处所记稍有不同。《辽史》卷八二《耶律隆运传》、卷三一《营卫志》记为隶季父房。《耿延毅墓志铭》记载，耿延毅继娶夫人耶律氏，"大横帐惕隐、漆水郡王乃父也"（陈述辑校《全辽文》，第118页）。《耿知新墓志铭》记载："大横帐燕京留守、燕王、移镇南王，累赠陈国王乃外祖父也。"（陈述辑校《全辽文》，第137页）耿知新为耿延毅之子，耿延毅之岳父乃耿知新之外祖父。因此，此两处所称"大横帐"者为一人。检《辽史》，此人当为韩德让之侄韩制心。韩德让因被赐姓耶律，其戚属才一同"谱系于国姓"；但若韩德让属籍于季父房，其侄是不会属籍于大横帐的。因此，《辽史》所记季父房恐误。《辽史》各纪、传、表之间常有抵牾之处。例如，卷九六《耶律仁先传》将耶律仁先记作孟父房之后，而据《耶律仁先墓志铭》（陈述辑校《全辽文》，第197页；向南：《辽代石刻文编》，第352页）则可知仁先确属仲父房。卷一一三《耶律朗传》称朗为"季父房罨古只之孙"，可是查卷六六《皇族表》、卷一一二《耶律辖底传》等处记载，则可知罨古只、耶律朗为六院部人，作季父房则误。此类例证，不一而足。耶律隆运侄被称作大横帐，文忠王府后来也由大横帐皇室为嗣，证明耶律隆运应是隶属大横帐的。
2　《辽史》卷三八《地理志》"宗州"条，第527页；"龙州"条，第533页。

始终扈从皇帝四时游徙的宫帐,斡鲁朵皇族共同构成大横帐皇族。澄清了这一史实之后,我们便可对辽朝社会的面貌,特别是最高统治集团的内部结构、规模,政治的型制、性质,及由此而衍生的一系列纷纭复杂的历史现象,产生一些新的认识和深刻的理解。

至此,再回顾一下本节开头所列的《辽史》卷三一《营卫志》"宫卫"一项关于诸斡鲁朵所在地的那些记载,可知其实属荒唐。

元朝脱脱主持修《辽史》时,所依据的底本,主要是辽朝耶律俨所修之《实录》与金朝陈大任所修之《辽史》二书。细检今本《辽史》,可知耶律俨《实录》中无《营卫志》,只有《部族志》,今本《辽史·营卫志》中之"部族"一项即源于此。而陈大任之《辽史》既无《部族志》,更无《营卫志》。[1] 由此看来,今本《营卫志》中的"宫卫"部分在耶律俨、陈大任书中均没有,全系出于元人之手。

元人修《辽史·营卫志》"宫卫"部分时,既因无所本,又因其时间仓促,无暇旁搜资料,比定史实,且对辽朝斡鲁朵内情几于无知,便将元朝斡耳朵的一些情形比附于辽朝,造出了一纸斡鲁朵所在地的史文。至于撰修者们所列举的那些地名究竟从何而来,由于史料极其匮乏,还无法做出确凿的回答。但是,辽朝是否曾有过那些地名是无关紧要的,根本的问题在于那些地点的任何一个都不是斡鲁朵的归宿。这应是毋庸置疑的事实。可是,一经修史者们不负责任地将这些地名强指为斡鲁朵的所在地,后人便信以为真,进而演绎出一系列令人啼笑皆非的结论来。贻误史界数百年,这是不能不归罪于《辽史》的撰修者们!

二 斡鲁朵的设置及职能

(一)斡鲁朵的创立取代了原迭剌部的作用

《辽史》卷三五《兵卫志》载:"太祖以迭剌部受禅,分本部为

---

[1] 冯家昇:《辽史源流考》,《冯家昇论著辑粹》,中华书局,1987,第99~160页。

五院、六院，统以皇族，而亲卫缺然，乃立斡鲁朵法。裂州县，割户丁，以强干弱支，诒谋嗣续。世建宫卫，入则居守，出则扈从，葬则因以守陵。"据此可知，阿保机"立斡鲁朵法"，最先的目的是要建设一支亲卫武装。后来历代皇帝即位，都为自己建置一个新的斡鲁朵，而前帝斡鲁朵依旧扈从当朝皇帝，与新斡鲁朵共同组成禁卫武装。这成为"辽国之法"。

但是，这又不免使人产生疑问，据《辽史》卷三五《兵卫志》载："辽太祖宗室盛强，分迭剌部为二，宫卫内虚。"查卷二《太祖纪》，阿保机将迭剌部分为五院、六院二部，是在天赞元年（922）十月。这一年距阿保机正式建国已达七年之久，而且，早在建国之前，阿保机已经设置腹心部，且进而发展为左右两支皮室军作为自己的卫兵队伍。[1] 那么，如何能因分迭剌部为二，导致"亲卫缺然"而又创斡鲁朵法呢？

搞清迭剌部在契丹建国前后政治中的作用，亦即辽太祖阿保机与迭剌部的关系，是解决这一问题的关键。

细查《辽史》，阿保机在设立腹心部之前，已经拥有了不少帐下兵——侍从兵。《辽史》卷七三《耶律曷鲁传》载，在阿保机任于越前，曷鲁就已"常佩刀从太祖，以备不虞"。阿保机任于越后，会李克用于云州，曷鲁亦侍卫在太祖身旁；卷七五《耶律铎臻传》载，铎臻"幼有志节，太祖为于越，常居左右"；卷七三《耶律老古传》载："幼养宫掖，既长，沉毅有勇略，隶太祖帐下"；卷七四《萧痕笃传》载："早隶太祖帐下，数从征讨，既践阼，除北府宰相"；等等。这些早隶太祖帐下的人，全都是迭剌部的人（阿保机妻族亦在迭剌部[2]）。

迭剌部是皇族耶律氏的发祥之处。自阿保机七世祖雅里开始，

1　详述见本书"禁卫组织的设置及职能"一节。

2　详述见向南、杨若薇《论契丹族的婚姻制度》，《历史研究》1980 年第 5 期。

耶律氏家族世代为迭剌部夷离堇。阿保机的先祖很早就注重发展农业、手工业、畜牧业生产，使迭剌部逐渐成为势力强炽的部落。当唐季世，阿保机率部落攻掠汉地，俘虏了大批汉人；由于中原的战乱，河北藩帅的暴虐，又有不少汉人不断流入契丹地区。这些汉人大部分投附到迭剌部中。大量劳动力和先进生产技术的进入，使迭剌部人势益众，实力愈厚，走在了契丹社会发展的最前列。于是，当阿保机为"王"时，竟一反部落联盟的惯例，"以威制诸部而不肯代"。[1] 当他被迫让出联盟长的旗鼓时，又以迭剌部为基地，养精蓄锐，图谋东山再起，终于"稍以兵击灭七部，复并为一国"。[2]《辽史》卷三五《兵卫志》所称，"太祖以迭剌部受禅"，当非虚语。

迭剌部为契丹诸部中最强的一部，它在被划分为二部之后，二部各自拥有四个石烈，[3] 也就是说，原迭剌部应该拥有八个石烈。而当时的其他部落最多只拥有两个石烈。故史称迭剌部"终遥辇之世，强不可制"。[4] 阿保机就是凭借这样一个拥有雄厚实力的部落而打出了一个契丹天下，皇冠加顶，登极称帝的。

可是，正是这个赖以创业的根据地，在阿保机成为各部落的领袖进而建立了契丹国家之后，又变成威胁阿保机皇位的祸源：耶律氏家族的其他成员同样凭恃着这个部落的势力以谋求推翻阿保机的统治，篡夺最高权力。阿保机诸弟爆发的几次大规模武装叛乱，无一次不是发难于此的。故开国功臣耶律曷鲁在临终前敦促阿保机，"惟析迭剌部议未决，愿亟行之"。[5] 连唆使辽太祖诸弟叛乱的辖底也不加掩饰地道出了这一事实："迭剌部人众势强，故多为乱，宜分为二，以弱其势。"[6] 这便是迭剌部被一分为二的内幕及根本原因。

1 《新五代史》卷七二《四夷附录》，第 886 页。

2 《资治通鉴》卷二二六 "后梁开平元年五月"条，中华书局，1956，第 8679 页。

3 《辽史》卷三三《营卫志》，第 436~437 页。

4 《辽史》卷三二《营卫志》，第 431 页。

5 《辽史》卷七三《耶律曷鲁传》，第 1348 页。

6 《辽史》卷一一二《耶律辖底传》，第 1649 页。

　　既然斡鲁朵之创设是由迭剌部的被分，那么，迭剌部前此对于阿保机所起的作用，正是后来的斡鲁朵之所应取代的。

　　迭剌部被分为五院、六院二部，并分别委派夷离堇加以统辖之后，对于以阿保机为首的契丹最高统治集团来说，迭剌部的实力和作用显然已被排除。《辽史》卷四五《百官志》"北面皇族帐官"中所谓"肃祖长子洽睿之族在五院司；叔子葛剌、季子洽礼及懿祖仲子帖剌、季子裹古直之族皆在六院司"，正是此时划分的，而所谓皇族的"一帐三房"也正是分裂了迭剌部之后才独立形成的。

　　在建立国家之后，契丹族的最高统治者以及他周围的人，依旧过着"马逐水草，人仰湩酪"的生活。这样一个统治核心集团不像中原王朝的皇帝那样，定居京都，由全国各地向京畿源源不断地输送兵力、物力、财力等；契丹的最高统治集团却是另一种要求。"人仰湩酪"的游牧民吃的是干酪、乳品和畜肉，穿的是畜皮制成的衣服，居住住毛毡制成的帐蓬之中；在游牧人的生活圈中，牲畜既是生产资料，又是生活资料，既是"控弦之士"的战争必需物，又是游猎人的交通工具。因此，拥有大量的畜群是任何一个活动在草原大漠之中的社会集团所必需的。辽国的上层统治集团也绝不例外。《辽史》卷六○《食货志》的一段记载也间接地说明了这一情况："祖宗旧制，常选南征马数万匹，牧于雄、霸、清、沧间，以备燕、云缓急；复选数万，给四时游畋；余则分地以牧。""四时游畋"的辽朝历代皇帝，拥有马匹数万，还有牛、羊、骆驼等。《辽史·道宗纪》就留有这样的记载："大康八年九月丁未，驻跸藕丝淀。大风雪，牛马多死，赐扈从官以下衣马有差。"由此可知，这场大风雪，使行宫中之畜群遭受了不小的损失。大量的畜群是皇室经济的重要组成部分。管理、放养、繁殖畜群，制作各种畜产品，维持和扩大游牧经济的再生产，必须由直接生产者去进行。因此，在游猎着的最高统治者的周围必须有大量的劳动人手担负这些任务；而这些直接生产者作为一个骑士和猎手所具有的经验，自然使他同时又是一名优秀的战士。这便是契丹建国初期迭剌部成员曾扮演过的角色。

契丹建国后七年，即天赞元年（922），迭剌部被分割，契丹最高统治集团便因之而与迭剌部分道扬镳，成为一个独立的游牧集团。这样一个担当着契丹国军政最高决策的游牧集团，仅仅靠已有的亲兵部队——皮室军的士兵来完成禁卫兼生产的任务，显然是大大不够的。于是，斡鲁朵法应运而生了。划归斡鲁朵的人户（即宫分户）在斡鲁朵的周围构成了一个新的游牧集团，担当起迭剌部曾担当过的职任。关于宫分人（宫人）从事游牧生产，从《辽史》卷七九《女里传》可窥见一斑：女里"积庆宫人。应历初为习马小底……累迁马群侍中"。这个斡鲁朵集团中的民户依旧过着部落生活，"有事则以攻战为务，闲暇则以畋渔为生"，"有调发则丁壮从戎事，老弱居守"。[1] 这对于皇帝来说无疑是一支新的防卫、战斗兼生产的力量。这便是前述史书上所谓"太祖以迭剌部受禅，分本部为五院、六院，统以皇族，而亲卫缺然，乃立斡鲁朵法"所反映的史实。

（二）斡鲁朵户的军事职能

从阿保机置宫分的过程可以看出，斡鲁朵的设置与腹心部——皮室军的设置，其根本用途是有差异的。腹心部——皮室军是阿保机的侍卫队、亲军，是一支专门的卫兵部队；斡鲁朵户则是一身而兼二任的，平时从事游牧生产，保卫斡鲁朵之安全，战时便是皇帝的扈从军。

斡鲁朵的组成与各部落同样，是一个生产组织；因它是扈从皇帝行宫的集团，所以又是一支禁卫力量。斡鲁朵人户的这种职能，可以从斡鲁朵官吏的职掌中体现出来。《耶律仁先墓志铭》载："再授崇德宫使，总辖图般（版），兼领禁卫。""总辖图版"，即掌管斡鲁朵宫户的民政生产事务；斡鲁朵民是禁卫士兵，"兼领禁卫"，说明他又是禁卫队的首领。《常遵化墓志铭》载，统和五年（987），

---

1 《辽史》卷三一《营卫志》，第410页。

授崇德宫汉儿都部署判官，他的任务是"勤劳王室，夹辅霸图"。这也正是对斡鲁朵宫户的职能的最好概括。在辽朝后期爆发的争夺皇位的武装叛乱——重元之乱中，叛乱者要瓦解禁卫力量，争取了副宫使韩家奴、宝神奴、兴圣宫太保古迭等；而在平叛中，立下赫赫战功的也有几位宫官——敦睦宫使耶律良、永兴宫使耶律塔不也等。在紧急关头，宫分人奋起抗敌，事后，"宫分人急里哥、霞抹、乙辛、只鲁并加上将军"。[1]

当皇帝亲征时，宫分户中的丁壮组成宫分军，扈从出征。关于这一点，《王悦墓志铭》中载有这样一个事例，王悦"进授长宁军节度副使……罢任南征，为诸宫院兵马副都部署，共驱虎旅，同助圣谋。遣筱庭百战之师，畏骁将六钧之艺，自南征北，归马回戈，复授宁远军节度副使……"[2] 此后不久，他即于统和二十三年（1005）五月十三日死去。从《墓志铭》文对王悦参加南征的叙述中可以看出，他参加的这次南征是随同皇帝亲征，而他所担任的"诸宫院兵马副都部署"，显然正是统帅诸宫分人组成的军队，很可能是汉人宫分户组成的军队。

斡鲁朵户与一般部落民户的不同处在于，他们担负了特殊的职能——扈从皇帝。但由他们组成的这个游牧集团，作为一个部落单位，又与辽国境内的其他部族担负着一些共同的义务。例如，担负着"守卫四边"职任的各部族的成员轮流屯戍固定的边防地区。[3] 诸斡鲁朵户也同样承担了这项"分镇边圉"的任务。《辽史》卷二四《道宗纪》载，大康七年（1081）十一月乙酉，"诏岁出官钱，振诸宫分及边戍贫户"。对这一事件，《辽史》卷六〇《食货志》记载曰："道宗之世……其以灾沴，出钱以振贫乏及诸宫分边戍人户。"两相比较，后一条记载的文字似更准确。那么，从这一记载中可以看出，诸宫分

1　以上并见《辽史》卷二二《道宗纪》，第299页；卷一一四《古迭传》，第1665~1666页。

2　陈述辑校《全辽文》，第108页；向南：《辽代石刻文编》，第113页。

3　详述见本书"'糺'之探讨暨部族戍边制度"一节。

有"边戍人户"。辽边境线上常有诸宫分军作战的踪迹，应当就是这些戍边的宫分人户组成的军队。例如，《辽史》卷一三《圣宗纪》载，统和十二年（994）八月庚辰，"诏皇太妃领西北路乌古等部兵及永兴宫分军，抚定西边"。卷八九《耶律韩留传》载，开泰年间，"敌烈部叛，将宫分军，从枢密使耶律世良讨平之"。卷七〇《属国志》载，大安九年（1093）二月，"西北路招讨使耶律阿鲁扫古追磨古斯还，都监萧张久遇贼众，与战不利……宫分等军多陷于贼"。

宫分人户究竟是遵照着一种什么制度、以一种什么方式和组织屯戍边境的，由于史料匮乏的缘故，目前尚不能详细描述。但有这样一些材料可供考察：《辽史》卷二四《道宗纪》载，大安二年（1086）七月丁巳，"惠妃母燕国夫人削古以厌魅梁王事觉，伏诛，子兰陵郡王萧酬斡除名，置边郡，仍隶兴圣宫"。卷一〇〇《萧酬斡传》则载："籍兴圣宫，流乌古敌烈部。"卷一一一《萧得里特传》载，萧得里特本为遥辇洼可汗宫分人，"寿隆（昌）五年，坐怨望，以老免死，阖门籍兴圣宫，贬西北统军司"。卷一〇七《耶律奴妻萧氏传》也记载了类似的事情："初，奴与枢密使乙辛有隙，及皇太子废，被诬夺爵，没入兴圣宫，流乌古部。"这些史料都说明，被发配到边地者仍籍宫分，即仍为宫分户。值得注意的是，一，这些材料反映的都是被发配到边境的犯罪的宫分人户；二，这些材料都是道宗朝的记事。或许是从道宗朝（或辽后期）开始，惩罚有罪的宫分人户则采用了戍边的形式，也未可知。

与诸斡鲁朵有关的，还有一些汉族、渤海族以外的特殊人户。这些人户隶属于诸斡鲁朵，但又并不像宫分户那样随从在行宫周围；他们分布在行宫以外的其他地方，仍以部落的形式生活，但却未被编作部落。例如，《辽史》卷八《景宗纪》所记，保宁三年（971）十一月庚子，"胪朐河于越延尼里等率户四百五十来附，乞隶宫籍。诏留其户，分隶敦睦、积庆、永兴三宫，优赐遣之"。这些来自胪朐河的人户，分隶于三个斡鲁朵之后，并未留在斡鲁朵周围，而

是被"遣之"。《辽史》卷三三《营卫志》载，伯斯鼻骨德部"本
鼻骨德户。初隶诸宫，圣宗以户口蕃息置部。……戍境内，居境
外"。与伯斯鼻骨德部同样的，还有奥衍女直部、乙典女直部、斡
突盌乌古部、迭鲁敌烈部、室韦部、术哲达鲁虢部、梅古悉部、
颉的部、北敌烈部、匿讫唐古部、北唐古部、南唐古部、鹤剌唐
古部、河西部等，皆"初隶诸宫，户口蕃息置部"。即在置部之
前，它们都是隶属于诸宫而又各有其居地的人户（圣宗置部之后，
当还存在这类人户）。这些以部落形式生活的人户在编为部落以前
的情形，颇似未被编制州县以前的隶属提辖司的汉人、渤海人户
的身份、地位及作用。[1]

（三）斡鲁朵人户的来源

　　以上论证了斡鲁朵的创立以及它的职能，那么，这些构成斡鲁
朵的人户——宫分户是从哪儿来的呢？

　　《辽史》卷三一《营卫志》云："天子践位置宫卫，分州县，析
部族，设官府，籍户口，备兵马。"这就说明，宫分户是由分州县、
析部族而来的。

　　阿保机设置弘义宫时，就有从各部中析出的部民隶"宫籍"。
如，《辽史》卷七三《耶律欲稳传》载，欲稳本为突吕不部人，"太祖
始置宫分以自卫，欲稳率门客首附宫籍"。原迭剌部中的部民也有成
为宫分户者。如，卷一〇八《耶律敌鲁传》载："其先本五院之族，
始置宫分，隶焉。"此外，战争中俘获的其他部族人口、臣下进献人
口、犯罪设官户及自愿投附的一些部落民户，也是宫分户的重要来
源。如，《辽史》卷三三《营卫志》"部族"条所列撒里葛、窈爪、耨
盌爪、讹仆括等部，即是辽太祖所降的奚人，"籍于宫分"。圣宗时，
又将其置为部。卷八《景宗纪》载，保宁三年（971）十一月庚子，

1　参见本书"隶属斡鲁朵的州县、提辖司"一节。

"胪朐河于越延尼里等率户四百五十来附，乞隶宫籍"，等等。

斡鲁朵中拥有的大量的汉人宫分户，主要是"分州县"而来的，但也有其他来源。如后来升为宰相的汉人姚景行之祖姚汉英，本是后周将领，"应历初来聘，用敌国礼，帝怒，留之，隶汉人宫分"。[1] 这些汉人宫分户与析自部族的契丹等族宫分户一样，扈从行宫。这可以从史书上的一些零星记载中看出迹象。例如，《辽史》卷一九《兴宗纪》载，重熙十年（1041）十月，正在行宫中的兴宗"命卫士与汉人角抵为乐"。这些汉人并未被称作"卫士"，却又随从在行宫，则必定是汉人宫分户。

进入斡鲁朵中的汉人宫分户既然也随从行宫四时游徙，便自然改变了一般汉族的生活习惯，除部分从事一些手工业等工作外，也同契丹族宫分户一样从事畜牧生产。《辽史》卷七一《后妃传》记载了一段故事：韩延徽作为幽州刘守光的使节，到契丹后，竟被阿保机扣留在身边，"使牧马"。在辽朝，这种汉人畜牧或兼营畜牧的事似已司空见惯，故到达过辽国的宋使苏颂记述说，辽朝境内"番汉人户亦以牧养多少为高下"。[2]

无论以什么方式、什么原因被纳入宫分，只要是宫分户，便要随从行宫一道活动，不论隶属于哪一个斡鲁朵，在扈从皇帝这一总任务上，他们是一致的。例如，《辽史》卷九七《耶律喜孙传》载，喜孙"永兴宫分人。兴宗在青宫，尝居左右辅导。圣宗大渐，喜孙与冯家奴告仁德皇后同宰相萧浞卜等谋逆事"。可见，作为太宗斡鲁朵——永兴宫分人的耶律喜孙一直活动在圣宗、兴宗周围，且参与了皇族内部的斗争。这些宫分户一旦入宫籍，便世代为宫分，除非因特殊情况"脱宫籍""出宫籍"，否则，其子孙也都作为宫分人而结成一个较稳定的扈从集团。关于这一点，可以引耶律欲稳及其

<hr />

1 《辽史》卷九六《姚景行传》，第 1543 页。
2 （宋）苏颂：《苏魏公文集》卷一三"契丹马"条，《景印文渊阁四库全书》第 1092 册，台北：台湾商务印书馆，1986，第 217 页。

后裔为例证。《辽史》卷七三《耶律欲稳传》记载，太祖初置宫分时，"欲稳率门客首附宫籍……后诸帝以太祖之与欲稳也为故，往往取其子孙为友。宫分中称'八房'，皆其后也"。其子孙成为宫分中的"八房"，因扈从在诸帝身旁，故诸帝往往以为友。道宗朝，讨伐北阻卜而立战功的耶律胡吕，也是耶律欲稳的后代，他仍是"弘义宫分人"。[1]

辽朝历代皇帝即位都要设置新斡鲁朵，这除了有为自己设立心腹力量的用意之外，也是用以解决皇室经济不断增长的倾向与必需劳动力之间的矛盾的一种方法。但是，这种新创立的斡鲁朵也并不全部是从部族、州县中划分出人户来组成。新即位的皇帝往往要对原有的斡鲁朵人户做一些局部调整。有些宫分户依旧隶属于原斡鲁朵，这就是《辽史》一些《传》中常见的"某某宫分人"的记载；但另一些宫户则直接转为新斡鲁朵的成员，如《辽史》卷三一《营卫志》所载，兴圣宫是"以国阿辇、耶鲁盌、蒲速盌三斡鲁朵户置"（即以原属永兴宫、积庆宫、长宁宫的宫户置）；延昌宫、延庆宫、太和宫、永昌宫等也皆有前斡鲁朵户进入。《辽史》卷一〇一《萧胡笃传》载："其先撒葛只，太祖时愿隶宫分；（萧胡笃）遂为太和宫分人。"太和宫为道宗斡鲁朵的名称。萧胡笃主要生活于道宗、天祚帝相继统治时期内，他的祖先在太祖时隶宫分，便世代相继为宫分人，到他这一代则成为道宗宫中的宫分人了。

至此，我们便可对日本学者曾经讨论过的关于斡鲁朵的设置的问题，做出新的解释了。

《辽史》卷三一《营卫志》曾对各斡鲁朵的组成分别有一段详细的记载，每一斡鲁朵下均交代了"以……置"，又有隶属该斡鲁朵的各州、县、提辖司、石烈、瓦里等记载，以太祖弘义宫为例：弘义宫以心腹之卫置，益以渤海俘，锦州户。州五、县一、提辖司

---

[1] 《辽史》卷九八《耶律胡吕传》，第 1559 页。

四、石烈二、瓦里四、抹里四、得里二（具体名称从略）。

对于这种记载，日本学者有人主张"以……置"与下面所记的州县、石烈等不是一回事；有人则主张这两项所记在原则上是一致的，都是皇帝自身保有的私兵。[1] 但争论的各方均没有搞清宫分户的实际职能——担负着禁卫和生产的双重任务而又扈从行宫这一事实。实际上，"以……置"所反映的应是"分州县、析部族"及由战争俘获、臣下进献人口等构成宫分户的史实，这些宫分户是随从行宫的；而隶属斡鲁朵的那些州、县中的民户，则并不随从行宫，因而并不担负禁卫职任，也就谈不上是什么"私兵"了。[2]

辽太祖阿保机在正式建立了契丹国之后，为了消除威胁他地位的隐患，削弱原部落贵族的势力，将他曾赖以东征西讨、夺取天下的强大的迭剌部分割成为两部，但因此也使阿保机自己失去了雄厚坚实的政治、经济、军事的后盾力量。为了重建一个稳固可靠的基地，阿保机创立了"斡鲁朵法"。通过设置宫分户的办法，在行宫的周围组成了一个军事兼生产的集团——一方面为保卫皇帝安全提供武装力量；另一方面为行宫生活提供重要的经济来源。这些宫分户民与其他部落中的成员一样，既是民又是兵，只是他们隶属于皇室，担负更繁重而艰巨的任务——为皇室服务。皇帝出征时，他们组成扈从军；特殊需要时，他们也与其他部族军一道被派出征，驰骋疆场。这就是斡鲁朵民户的实际作用。

三 隶属斡鲁朵的州县、提辖司

据《辽史》的《营卫志》《地理志》等处记载，辽朝各斡鲁朵皆有若干隶属于它的州县、提辖司。例如：

---

1 关于日本学界的各种主张，可参考島田正郎『遼代社会史研究』、三和書房、1952、149–152頁。
2 关于隶属斡鲁朵的州县，见本书"隶属斡鲁朵的州县、提辖司"一节。

算斡鲁朵，太祖置。是为弘义宫。……

州五：锦、祖、严、祺、银。

县一：富义。

提辖司四：南京、西京、奉圣州、平州。

……国阿辇斡鲁朵，太宗置。是为永兴宫。

…………

州四：怀、黔、开、来。

县二：保和、滦河。

提辖司四：南京、西京、奉圣州、平州。

…………

据《辽史》统计，辽朝先后共有四十九个州县隶属于十二宫一府（其中包括三个后来又改隶中京的州县）。这些州县主要分布于辽上京、中京地区以及东京部分地区；五京、二州（奉圣州、平州）多少不一地分别设置有诸宫提辖司，共有四十一个提辖司。[1] 探讨辽朝的斡鲁朵制度及其地方行政制度，这些州县、提辖司的问题就自然会出现在研究者的面前，成为无法避开而必须加以说明的问题。本节拟先对隶属斡鲁朵的州县加以探讨，然后再对所谓提辖司做些试探性解释。

（一）以往学界对于隶属斡鲁朵州县的认识

研究隶属斡鲁朵的州县，下面这些史料常为人们所引用：

《辽史》卷三一《营卫志》："辽国之法：天子践位置宫卫，分州县，析部族，设官府，籍户口，备兵马，崩则扈从后妃宫帐，以奉陵寝。有调发，则丁壮从戎事，老弱居守。"

---

1 此据《辽史》卷一一《营卫志》所言数字。

《辽史》卷三五《兵卫志》："太祖……乃立斡鲁朵法。裂州县，割户丁，以强干弱支，诒谋嗣续。世建宫卫，入则居守，出则扈从，葬则因以守陵。"

《辽史》卷四九《礼志》："皇帝即位，凡征伐叛国，俘掠人民，或臣下进献人口，或犯罪没官户，皇帝亲览闲田，建州县以居之，设宫治其事。"

《长编》卷一一〇，仁宗天圣九年（1031）六月丁丑，"每其主立，聚所剽人户、马、牛、金帛，及其下所献生口，或犯罪没入者，别为行宫领之，建州县，置官属"。

《武溪集》卷一八《契丹官仪》："每主嗣位，即立宫置使，领臣僚。每岁所献生口及打房外国所得之物，尽隶宫使。每宫皆有户口钱帛以供房主私费，犹中国之内藏也。"

根据这些记载，对于隶属斡鲁朵州县的性质，及其与斡鲁朵的关系究竟能做出什么样的合理解释呢？

为此，不能不回顾一下 20 世纪初，日本学界对该问题所做出的结论。

津田左右吉曾较为详细地论述了辽朝斡鲁朵制度，其中对于隶属斡鲁朵的州县，他这样认为：

> 外戚大臣各自拥有私部曲，将俘掠来的汉人以私城来管治。据此推测，皇帝自身拥有这样的私部曲、私城也不足为怪。因此，我认为行宫之起源实在于此。而且，与外戚大臣等以其私部曲及私城所管治的汉民作为亲兵被使用同样，行宫所属的部州民也作为与皇帝有着特殊关系的特殊部队而被使用。[1]

---

1 津田左右吉「遼の制度の二重體系」『津田左右吉全集 第 12 卷（滿鮮歷史地理研究 第 2）』、377 頁。

而且又推测：

> 皇帝在位时，属于行宫的部族、州县的租税（全部或一部）成为皇帝的私收入；皇帝殁后，传给未继位的子孙，或充当陵寝的维持费用等。[1]

从这里，可以看出，津田氏这一结论的主要内容是：

（1）斡鲁朵州县与外戚大臣的私城（朝廷赐州县额的，便成为头下军州）起源相同，即是把掠夺到的人口建成州县而隶属于自己——斡鲁朵州县人户即是皇帝俘掠而来并隶属皇帝的。

（2）斡鲁朵之建置是为了巩固皇权，加强禁卫力量的，故斡鲁朵州县民也是皇帝的一支特殊的禁卫军。

（3）隶属斡鲁朵的州县的租税是斡鲁朵经济的来源。

很显然，在津田氏的意见中，一方面是把隶属斡鲁朵的州县之起源与头下州（或私城）的起源等同（其实，津田氏还不只这样认为，他更主张行宫即起源于私城）；另一方面又把这种州县民户与斡鲁朵宫分户等同，认为隶宫州县民作为皇帝的亲兵被使用。他的意见后来基本上为学界所普遍接受（尽管也曾有过对其中个别意见的讨论，但大体上无有不同）。在中国，自陈述先生的《头下考》，直接援引津田氏的斡鲁朵与头下同源说以来，[2]此说被移植因袭，直至今日；而认为隶属斡鲁朵的州县民户即为宫分户，当今的中外辽史研究著述中，也几乎是众口一词，皆以为是定论了。可是，倘若对有关史料进行一番考察思索，就会很容易地发现，上述结论与史实并不相符。

1　津田左右吉「遼の制度の二重體系」『津田左右吉全集　第 12 卷（滿鮮歷史地理研究　第 2）』、376 頁。

2　《中央研究院历史语言研究所集刊》第 8 本，1938 年。

（二）隶属斡鲁朵的州县并非由私城而来

如果隶属斡鲁朵的州县与头下州军是相同的，都是由对外扩张、从事掠夺的过程中建立的私城发展而来的，那么，人们不禁要问：主要靠辽太祖、太宗所开拓的辽国大部分疆域，岂不都应成为辽太祖、太宗的斡鲁朵领地了吗？倘若凡属用在对外战争中俘获的人户所建立的州县便是私城的话，那么，辽国前期所建的州县岂不皆应为辽太祖、太宗的斡鲁朵州县了吗？事实却远非如此。

据《辽史·地理志》各卷记录，辽太祖时代，以战争俘获的大量汉人、渤海人及其他民族人户创置了六十多个州县，可是，这些州县中只有锦州、银州、祺州三个州隶属于辽太祖的斡鲁朵——弘义宫。就连太祖在草原上最先建置、并于该地举行登极仪式的龙化州，也并没有归属于他的斡鲁朵。[1]

辽太宗时代，靠战争俘掠以及迁徙民户创建了十余个州县（不包括石晋割让的幽云十六州），其中隶属于太宗斡鲁朵的也只有沈州、恩州。

世宗以后，随着历史条件的改变，辽国内新置的州县，大都已不再是因安置俘户而增设的了。此后辽的诸帝虽都曾多少不一地增置了一些州县，而这些州县并不因某帝所置便归属某帝斡鲁朵。例如，世宗时置十余州县，其中仅康州（初隶应天太后斡鲁朵——长宁宫）后来属世宗斡鲁朵——积庆宫；穆宗时建三个州县，其中仅降圣州隶属穆宗斡鲁朵——延昌宫（后又改隶景宗斡鲁朵——彰愍宫）；圣宗共建置六十余州县，其中隶属圣宗斡鲁朵——兴圣宫的只一隰州；兴宗时建置州县十余个，其中只有长春州隶属兴宗斡鲁朵——延庆宫；道宗时所建的宁江州也并未隶属道宗斡鲁朵——太和宫。

1　《辽史》卷三七《地理志》，第 505 页；《辽史》卷一《太祖纪》，第 10 页。

由此可见，无论是在对外扩张、从事掠夺的过程中建立的，还是后来因人口的繁衍、地区的开发而设置的一些州县，它们并不必然隶属于建置它们的某个皇帝的斡鲁朵。

兹将各斡鲁朵隶属州县及其建置时间列表 1–1 如下。

表 1-1　各斡鲁朵隶属州县及其建置时间

宫名	隶属州县	建置时间
弘义宫 （太祖）	祖　州	天显中太宗建
	锦　州	太祖建
	祺　州	太祖建
	银　州	原渤海州，太祖更名
	严　州	太祖迁汉户，圣宗建城
	富义县	太宗建
永兴宫 （太宗）	来　州	圣宗置州
	怀　州	太宗俘民于此，世宗建州
	黔　州	太祖俘户于此，后建州（后改隶中京）
	恩　州	太宗建（后改属中京）
	开　州	圣宗开泰八年（1019）建[1]
	保和县	圣宗统和八年（990）置[2]
	滦河县	不详
积庆宫 （世宗）	显　州	世宗置
	康　州	世宗置（初录长宁宫）
	宜　州	太祖时置[3]
	山东县	穆宗置
延昌宫 （穆宗）	韩　州	太宗置三河、榆河二州，圣宗并二州置
	遂　州	太宗时耶律颇德置。后没入
彰愍宫 （景宗）	龙化州	太祖建
	永　州	承天太后建
	同　州	太祖建
	降圣州	穆宗建
	宜化县	圣宗统和八年（990）置
	保和县	圣宗统和八年置
	阜俗县	圣宗统和四年（986）置
	行唐县	太祖置

续表

宫名	隶属州县	建置时间
兴圣宫 （圣宗）	庆　州 隰　州 乌州（上京） 乌州（东京） 霸　州	兴宗景福元年（1031） 圣宗置 北大王拔剌建，后收入宫 不详[4] 太祖置
延庆宫 （兴宗）	饶　州 长春州 泰　州	太祖置 兴宗重熙八年（1039）置 不详[5]
长宁宫 （应天太后）	辽西州 显　州 辽　州 仪坤州 定霸县 归义县 奉先县	世宗置 世宗置 太祖置 太祖时应天太后置 圣宗统和八年（990）置 世宗置 世宗置
崇德宫 （承天太后）	乾　州 贵德州 双　州 川　州 潞　且	圣宗置 太宗时察割置，没入 太宗时察割置，没入 太宗弟安端置，没入（统和中改属文忠王府） 太祖置
敦睦宫 （孝文皇太弟）	建　州 岩　州 沈　州	太祖置（初隶永兴宫） 太宗置（初隶长宁宫） 太宗置（初隶永兴宫）

注：

[1]《辽史》卷三一《营卫志》"永兴宫"条下，开州隶永兴宫；卷三八《地理志》"开州"条，开州不隶宫。

[2]《辽史》卷三一《营卫志》"永兴宫"条下，开州隶永兴宫；卷三七《地理志》"保和县"隶彰愍宫。

[3]《辽史》卷三九《地理志》云，宜州为兴宗建州；卷一三《圣宗纪》云：统和八年（990）三月置宜州，而《王郁传》称太祖时已有宜州。

[4]《辽史》卷三一《营卫志》"兴圣宫"有东京乌州；卷四八《百官志》"南面方州官"下，东京剌史州有乌州，而卷三八《地理志》"东京道"中不载乌州。

[5]《辽史》卷三七《地理志》未载泰州建置时间，《本纪》中最早见"泰州"在道宗咸雍八年（1072）三月；卷九八《刘伸传》所记，泰州似在兴宗朝已有。

　　表 1-1 中列举的事实说明，隶属斡鲁朵的州县，既有斡鲁朵主生前建置的，也有斡鲁朵主死后才建置的，还有斡鲁朵主前代的皇帝建置的。因而，这些州县之设置并不必然与斡鲁朵主本人有直接关系。

　　一方面，隶属斡鲁朵的州县，并非都是由在对外战争中掠夺的人口而建置的私城；而另一方面，则是辽朝历代在对外征战中获取的人口，也并不都置于隶属斡鲁朵的州县之中（包括并不都以这些人口单独立州而隶属斡鲁朵）。阿保机、耶律德光时期大量的以俘户成立的州县是如此，后来诸帝在安置俘降人户时也是这样。例如，《辽史》卷一七《圣宗纪》载，太平十年（1030）十一月，在平定东京地区渤海族大延琳的起事后，"诏渤海旧族有勋劳材力者叙用，余分居来、隰、迁、润等州"。来、隰二州是圣宗以女真族及契丹族"落帐户"所设置的州，隶属于圣宗兴圣宫；而迁州、润州则并非隶宫州。圣宗将渤海人户分置在隶宫州和非隶宫州中，可见这些州是否隶属斡鲁朵，在安置降户这一事件上并无什么意义。

　　对于《辽史》上的记载加以综合分析，可以总结出隶属斡鲁朵州县的成立的几种不同情况。

　　一是斡鲁朵主（主要指皇帝）在位期间以各种原因新置的州县隶属于本斡鲁朵。这种州县并非全是以战争掠夺的人户设置，这种州县隶属斡鲁朵也并不是作为皇帝的私城存在，这里的人户也根本不是皇帝的私户（详后）。而且，这些州县也不需要在皇帝即位伊始、设置自己的斡鲁朵的同时就全部建置起来。例如隶属于兴宗延庆宫的长春州，便是在兴宗即位八年后才建置的。[1]

　　二是斡鲁朵主死后，由即位的皇帝以奉陵户设置州县而隶属于前斡鲁朵。如，祖州、怀州、显州、庆州等均为隶属斡鲁朵的奉陵

---

[1] 《辽史》卷三七《地理志》，第 503 页。

州。这种州县于斡鲁朵主生前并不存在，因而也就谈不上与斡鲁朵主本人有什么隶属关系了。

三是将原属某京某道的州县划归斡鲁朵，或原隶某斡鲁朵的州县改隶另一斡鲁朵。如，表1-1中所列举的许多隶宫州县，是在本斡鲁朵建置之前就已存在的州县；而保和县先后曾隶属过永兴宫、彰愍宫；[1] 沈州、岩州、建州等，都曾先隶别宫，后隶敦睦宫。[2]

四是有的头下军州以各种原因被没官而隶斡鲁朵。如，上京道乌州本为北大王拔剌的私城，后隶兴圣宫；东京道遂州本采访使耶律颇德所建，后隶延昌宫；等等。[3]

由此可知，州县的隶宫制度从其创始至后来延续各代的设置，与"诸王、外戚、大臣及诸部从征俘掠，或置生口，各团集，建州县以居之。……朝廷赐州县额"[4]的头下制度，实属风马牛不相及的两码事。

另外，考察一下斡鲁朵成立的事实，对于斡鲁朵并非起源于私城，也是极容易看清楚的。据《辽史》卷三五《兵卫志》，太祖创立斡鲁朵，乃在分迭剌部为五院部（北院）、六院部（南院）之后。查《太祖纪》，分迭剌部为二院，是天赞元年（922）十月之事。是时，阿保机的帝业已粗具规模。在南征北战的过程中，大批俘民被迁徙到契丹内地，并建置了许多汉人州县。如果说，阿保机建置了自己的私城，那么，此时应早已具备。可是，既然拥有这些私城，为何阿保机又"裂州县，割户丁，以强干弱支"，创设斡鲁朵呢？也就是说，即使阿保机拥有私城，与斡鲁朵之建置也无甚必然关系。因而，行宫起源于私城之说是不对的！

---

1 《辽史》卷三七《地理志》载保和县隶彰愍宫，第497页；而卷三一《营卫志》"永兴宫"下属有保和县，第411页。
2 《辽史》卷三八《地理志》沈州条、严州条，第528页；卷三九《地理志》岩州条，第553页。
3 《辽史》卷三七《地理志》乌州条，第503页；卷三八《地理志》遂州条，第530页。
4 《辽史》卷三七《地理志》，第506页。

（三）隶属斡鲁朵州县户并非宫分户

辽朝创造的斡鲁朵法，有一套完备的制度。仅对斡鲁朵人户的管理来说，每一皇帝即位，便"置宫卫""籍户口"。凡属斡鲁朵户——宫分户，皆在"宫籍"中；因各种原因脱离了与斡鲁朵的关系者，则称为"出宫籍"。例如，《辽史》卷七三《耶律欲稳传》载："太祖始置宫分以自卫，欲稳率门客首附宫籍。"耶律欲稳的子孙也都在宫籍，故皆为宫分人。《辽史》记载的为数不少的宫分人都是这种在"宫籍"的人。而如韩德让、姚景行等人原为宫分人，但"出宫籍"之后，[1] 便不再是宫分人了。

那么，要想察知隶属斡鲁朵的州县人户是否宫分户，只需证知他们是否隶宫籍便可以了。

首先比较一下隶宫籍与不隶宫籍的区别。

《辽史》卷九七《耶律喜孙传》载，耶律喜孙为永兴宫分人，"重熙中……帝以喜孙有翼戴功，且悼其子罪死，欲世其官。喜孙无所出之部，因见马印文有品部号，使隶其部，拜南府宰相"。宫分人户是由"分州县、析部族"[2] 而来的。从耶律喜孙的例子可以看出，这些人户一旦隶宫籍之后，就与原出部落脱离了关系而只称某宫分人，久而久之，甚至忘记自己的原出部落了。《辽史》卷三三《营卫志》记载圣宗所置的三十四部中的稍瓦部，"初，取诸宫及横帐大族奴隶置稍瓦石烈……圣宗以户口蕃息，置部"；曷术部，"初，取诸宫及横帐大族奴隶置曷术石烈……圣宗以户口蕃息，置部"。从这两个部最初取诸宫奴隶而置可以看出，诸斡鲁朵的奴户也是脱离部族的。显而易见，属籍诸宫之后的部族民户便脱离了原部族之籍，即处于部族制度之圈外。关于这一点，日本有的学者已觉察并指明。[3] 而这些宫分户之所以脱离原部族，正是因为由他们组成了皇

---

1 《辽史》卷八二《耶律隆运传》，第1422页；卷九六《姚景行传》，第1543页。

2 《辽史》卷三一《营卫志》，第410页。

3 島田正郎『遼代社会史研究』、153頁。

帝的一个扈从集团。[1]

同样，隶宫籍的汉人（渤海人等），即汉人宫分户，也是行宫扈从集团的组成部分，因此，他们在隶于宫籍之后也必须脱离州县之籍。

《辽史》卷九六《姚景行传》载，姚景行"祖汉英，本周将，应历初来聘，用敌国礼。帝怒，留之，隶汉人宫分。及景行既贵，始出籍，贯兴中县"。姚景行作为汉人宫分人，在出宫籍后才隶兴中县籍。也就是说，在他是宫分人的身份时，是不属州县籍的。同样的例证见于近年出土的《梁援墓志》中："（寿昌）七年（1101）正月，孝文皇帝登遐，遂充玄宫都部署。……山陵毕，诏免本属之宫籍，移隶于中都大定县，敕格余人不以为例，示特宠也。"因梁援之功劳，其族属被免除宫籍，才著籍于大定县。这又清楚地说明，隶宫籍时是不贯州县的。因此，宫分中的汉人是不被称作某州县之人的。

按照辽朝的这一定制再来观察隶宫的州县户，就可判明其是否属于宫分户了。

《辽史》卷三八《地理志》载，沈州，昭德军，"太宗置兴辽军，后更名。初隶永兴宫，后属敦睦宫"。无疑，沈州是隶宫州。《辽史》卷一〇二《张琳传》载："张琳，沈州人。"倘若隶宫州户皆为宫分户，则张琳是不应再称作沈州人的；而张琳既仍以沈州为籍贯，可证隶宫州的人户并不隶"宫籍"。

各斡鲁朵中的宫分户因其无部族、州县之籍，而是以宫为籍，因此，《辽史》皆以宫名来区别这些宫分户。例如，咸雍八年（1072）十一月丁卯，"赐延昌宫贫户钱"；大安二年（1086）七月甲子，"赐兴圣、积庆二宫贫民钱"；大安三年七月丁巳，"出粟帛赐兴圣宫贫民"；[2]等等，这些隶籍诸宫的贫户显然是宫分户。而

1　详述见本书"斡鲁朵的设置及职能"一节。

2　以上诸条分别见于《辽史·道宗纪》卷二三，第312页；卷二四，第330页；卷二五，第334页。

《辽史》中另外的一些记载则分明与此不同。例如，卷一四《圣宗纪》统和十六年（998）四月癸卯，"振崇德宫所隶州县民之被水者"。这里不直呼作"崇德宫民"，却言"所隶州县民"，显然二者并非一事。隶宫州的民户从不被称作宫分户，且又常与非隶宫州的民户相提并论。譬如，卷二三《道宗纪》大康四年（1078）十一月辛卯，"锦州民张宝四世同居，命诸子三班院祗候"。锦州隶属弘义宫，可是张宝未被称作弘义宫民，而被称作锦州民。卷二八《天祚帝纪》天庆八年（1118）六月丁卯，"通、祺、双、辽四州之民八百余户降于金"。双州、辽州、祺州分别为隶属崇德宫、长宁宫、弘义宫的州，而通州则为普通州；卷二九《天祚帝纪》保大三年（1123）二月乙酉朔，"来州归德军节度使田颢、权隰州刺史杜师回、权迁州刺史高永昌、权润州刺史张成，皆籍所管户降金"。来州、隰州为隶宫州，这里也不言"所管宫户"，且与非隶宫州的迁州、润州并称。

辽朝宫分户的"宫籍"是一种特殊身份的标志，入宫籍便意味着要扈从行宫。若因某种缘由而要脱宫籍，则需皇帝下诏特许。也就是说，人们绝对不可能自由加入或者脱离"宫籍"。用这一标准进行衡量也可以看出，隶属于幹鲁朵的州县民户与宫分户是迥然不同的。

《金史》卷八〇《赤盏晖传》载："其先附于辽，居张皇堡，故尝以张为氏，后家来州。"赤盏晖之祖先在辽朝由张皇堡迁居来州，而来州是隶永兴宫之州。元好问《遗山先生文集》卷二九"显武将军吴君阡表"言："君讳璋，字器玉，姓吴氏。石晋末，有官献州，从少帝北行者，又自辽阳迁泰州，其子孙遂为长春人。"[1]辽阳为辽东京，泰州、长春州均隶延庆宫。吴氏一族是由辽阳迁入隶宫的州中的。上述二例说明：由普通州县可以自由迁居隶宫州县，其间并

---

1 （金）元好问：《遗山先生文集（三）》卷二九，商务印书馆，1937，第383页。

无入"宫籍"之变化；隶宫州县的人民的身份地位当与普通州县之民无何不同。假如像有的学者所主张的那样，隶宫州县之民皆为宫廷奴户，人们怎么会情愿自投图圄呢？

还有一个简单的理由，即宫分人是扈从行宫四时迁徙的，这一事实就从根本上决定了居住在隶宫州县中的民户不可能是宫分户。

（四）国家对隶属斡鲁朵州县的统治

隶属斡鲁朵州县民户的身份地位，与普通州县民户是相同的。辽朝对这些州县也实施了与普通州县基本相同的统治方式。这表现在以下方面。

一是隶宫州县同样作为国家的基层行政单位，而划归诸京道统辖。《辽史》中的《地理志》明确记载了隶宫诸州县所归属的京道、府州。对此，在辽代石刻中也可找到更确凿的证据。例如，辽乾统七年（1107）撰刻的《三河县重修文宣王庙记》有云："燕京经界，辖制六州，总管内外二十四县。"查《辽史》卷四〇《地理志》"南京道"所记，南京析津府所辖正为六州二十四县，而其中恰恰包括隶属彰愍宫的行唐县。可见，隶宫的州县与普通州县同样在行政上接受诸京府的统辖。

二是隶宫州县的官吏与普通州县同样由朝廷统一任命、考核。《辽史》中常可见到与任命其他官吏一道任命隶宫州县的官吏。例如，太平八年（1028）十二月壬申，"以前北院大王耶律留宁为双州节度使，康筠崇德宫都部署，谢十永兴宫都部署，旅坟宜州节度使，□菴辽州节度使，耶律野同知中京留守，耶律曷鲁突䍐为大将军"。[1]这里任命的双州节度使、宜州节度使、辽州节度使等均为隶宫州的节度使。对任隶宫州县的官吏与普通州县官吏同样，朝廷要

---

1 《辽史》卷一七《圣宗纪》，第229页。

实行"磨勘"、[1]考核，有政绩者常秩满留任。如《辽史》卷一三《圣宗纪》所载，统和十三年（995）正月癸亥，"长宁军节度使萧解里秩满，民请留，从之"。宁军为川州的军号，川州是时属文忠王府；统和十三年（995）六月丙子，"启圣军节度使刘继琛秩满，民请留，从之"。启圣军为仪坤州之军号，属长宁宫；统和十五年（997）四月丙午，"广德军节度使韩德凝有善政，秩满，其民请留，从之"。广德军为乾州之军号，隶崇德宫；等等。

三是隶宫州县在军事上也并不隶属诸斡鲁朵，而与普通州县同样，分别隶属于诸路的军事机构。例如，据《辽史·地理志》各卷所载，祺州，"隶弘义宫，兵事属北女直兵马司"；沈州"初隶永兴宫，后属敦睦宫，兵事隶东京都部署司"；泰州"隶延庆宫，兵事属东北统军司"；等等。涉及这些州县的军事行动，并不由诸斡鲁朵官署指挥，而是由它们各自归属的军事机构调遣。以长春州为例，它隶延庆宫，而兵事隶东北统军司。故天庆六年（1116）七月，当"（长）春州渤海二千余户叛"时，"东北路统军使勒兵追及，尽俘以还"。[2]战争爆发之际，隶宫州县也与一般州县实行着同样的征兵法。辽末，天祚帝与金作战失败，便采用张琳征发汉兵分道进讨的主张，"仍诏中京、上京、长春、辽西四路计户产出军"。这四路所辖，既有隶宫州县，又有普通州县，却未加分别同样征兵，可见，隶宫州县在军事上并未拥有特殊地位，更谈不上是皇帝的禁卫兵了。

四是隶宫州县与普通州县同样担负着封建国家的赋税剥削。

以往学界从隶宫州县民户即宫分户这一点出发，便以为这些隶宫州县即是皇帝的"采邑"，州民"纳租税于宫"，[3]成为"皇帝的私

1　《孟有孚墓志铭》说他曾任锦州节度副使等隶宫州的官吏，"磨勘监临解由，凡五任"。见陈述辑校《全辽文》，第 248 页；向南：《辽代石刻文编》，第 470 页。

2　《辽史》卷二八《天祚帝纪》，第 375 页。

3　〔日〕箭内亘：《元朝怯薛及斡耳朵考》，第 138 页。

收入"。[1]因而，这些州县和人户是"皇室领地"。[2]实际上，这是一种误解。

统和二十六年（宋真宗大中祥符元年，1008）宋人路振使辽回国后，上《乘轺录》，述其在辽国的所见所闻，其中说道："沿灵河有灵、锦、显、霸四州，地生桑麻贝锦，州民无田租，但供蚕织，名曰'太后丝蚕户'。"[3]《辽史》卷一〇《圣宗纪》载，统和元年（983）十月丁亥，"以显州岁贡绫锦分赐左右"。这两条材料向为人们所喜欢引用，以作为对隶宫州县与斡鲁朵的经济关系的解释。可是，如果对这两条材料做一点全面分析，就可看出事实与人们之所理解的完全两样。一是路振《乘轺录》所言之太后，为圣宗之母承天太后。承天太后的斡鲁朵为崇德宫，而所谓"太后丝蚕户"的四州虽然均为隶宫州，但却是隶弘义、长宁、积庆、兴圣、永兴、敦睦等宫（姑将灵州作建州）。因此，这些州向太后贡丝蚕，与它们所隶属的宫本身没有关系，是向它们并不隶属的崇德宫的主人进贡。这就说明，这些州的贡纳与它们是否隶属斡鲁朵这一事实无关，只是说明这一地区由于"地生桑麻贝锦"，养蚕业、丝织业相当发达，故向朝廷进贡丝织品。这一地区的丝织业直至金朝仍很兴盛，《金史》卷三《太宗纪》载，天会三年（1125）七月己卯，"南京帅以锦州野蚕成茧，奉其丝锦来献，命赏其长吏"。对于这条材料，大概怎么也不会被说成锦州因是隶宫州，所以还在向斡鲁朵进贡吧！二是《圣宗纪》统和元年（983）十二月，"以显州岁贡绫锦分赐左右"，这条材料也绝不说明显州作为斡鲁朵的手工业生产基

1　津田左右吉「遼の制度の二重體系」『津田左右吉全集　第 12 卷（滿鮮歷史地理研究　第 2)』、376 頁。

2　费国庆：《辽代斡鲁朵探索》，《历史学》1979 年第 3 期。

3　见（宋）江少虞《宋朝事实类苑》卷七七，第 1015 页。辽朝未曾设置"灵州"，贾敬颜先生《乘轺录》疏证稿曰："灵州"非"利州"，即"建州"之误。见贾敬颜《五代宋金元人边疆行记十三种疏证稿》，中华书局，2004，第 67 页。

地，生产绫锦专供皇室享用。[1] 因为作为一地区的特产向皇帝进贡非只隶宫州县如此，其他地区亦同样。如《辽史》卷二六《道宗纪》载，寿隆（昌）三年（1097）六月甲申，"诏罢诸路驰驲贡新"，就反映了诸地区向皇帝进贡特产的事实。但为什么《圣宗纪》中特别记载了显州岁贡绫锦这一事实呢？查《圣宗纪》，是年十二月一日，圣宗"幸显州"，六日，"以显州岁贡绫锦分赐左右"。圣宗此时仍在显州。也就是说，圣宗在当时把当地的贡品又分赐了左右，而记录着皇帝起居言动的史官将这一事情如实地记载下来了。这一记载，如果说有什么特殊意义的话，它意在表明圣宗时在显州，而并不能说明显州与斡鲁朵具有特殊的贡纳关系。因为这样的贡纳应是普遍现象，只是显州的这次有幸在史籍上留下了记载而已。三是路振所言乃是他所见的一时之情况，那些所谓"太后丝蚕户"并非一直是"无田租，但贡蚕织"的。例如，《辽史》卷二五《道宗纪》载，大安三年（1087）三月己未，"免锦州贫民租一年"（此处租应指田租）。锦州便是路振所说的"太后丝蚕户"四州之一。

另外，《辽史》上经常见到隶宫州县与普通州县同样享受国家蠲免租税赋调待遇的记载，这正表明，隶宫州县与普通州县所受的封建经济剥削是同样的：

卷一三《圣宗纪》载，统和十二年（994）正月戊午，"蠲宜州赋调"（宜州隶积庆宫）；

卷二三《道宗纪》载，咸雍八年（1072）十一月庚戌，"免祖州税"（祖州隶弘义宫）；

1　认为显州等大凌（灵）河畔诸州为宫廷生产基地，在不少文章中都这样表述。如日本学者岛田正郎说："辽代优质丝织品，是在宫廷工场和大凌河畔等生产原料的州县城邑内，以手工业生产形式织造的，专门供宫廷使用；因为这些州县是隶属斡鲁朵的，所以整个生产起初由宫廷奴婢来进行；由于伴随君权加强，州县进行了改编，原料也以输租的方式取得了。"（见岛田正郎「遼代の絹織物業」『史学雑誌』第 58 卷第 5 号、1949 年 11 月）

卷二五《道宗纪》大安三年（1087）三月甲戌，"免上京贫
民租如锦州"（锦州隶弘义宫）；

卷二六《道宗纪》寿隆（昌）五年（1099）十月戊辰，"赈
辽州饥，仍免租赋一年"（辽州隶长宁宫）。

当遇到灾荒年景，隶宫州县与普通州县同样得到国家的赈恤。
《道宗纪》各卷载，咸雍七年（1071）十一月己丑，"振饶州饥
民"（饶州隶延庆宫）。咸雍八年（1072）四月壬子，"振义、饶二州
民"。大安二年（1086）七月乙酉，"出粟振辽州贫民"（辽州隶长宁
宫）。大安四年（1088）三月己巳，"振上京及平、锦、来三州饥"
（锦州隶弘义宫，来州隶永兴宫）。大安四年四月甲申，"振庆州贫
民"（庆州隶兴圣宫）。大安四年五月乙卯，"振祖州贫民"（祖州隶
弘义宫）；五月己未，"振春州贫民"（春州即长春州，隶延庆宫）。

五是隶宫州县的财政，与普通州县同样归属于国家财政机构
掌管。

隶宫州县的民户，是否作为皇帝的私有人户向斡鲁朵交纳赋税
钱帛，而不归于国家财政经济系统呢？回答只能是否定的。

从史籍上可以看到，隶宫州县的财政是由国家财政机构统一
掌管的。《辽史》卷五九《食货志》说：辽朝"五京及长春、辽西、
平州置盐铁、转运、度支、钱帛诸司，以掌出纳"。长春、辽西是
隶宫州，既设置了与五京及平州同样的机构，无疑也掌本州的"出
纳"。[1] 隶宫的州县分别归由五京等地的财政机构管理，这在余靖
的《武溪集·契丹官仪》中说得很清楚："胡人司会之官，虽于燕京
置三司使，唯掌燕、蓟、涿、易、檀、顺等州钱帛耳。又于平州置
钱帛司，荣、滦等州属焉。中京置度支使，宜、霸等州隶焉。东京

---

[1]　长春州为重熙八年（1039）所置，其钱帛司置于重熙二十二年（1053）。在钱帛司未设之前的
十九年间，长春州之财政似应由其他地方财政机构所掌。

置户部使，辽西、川、锦等州隶焉。上京置盐铁使，饶、泽等州隶焉。山后置转运使，云、应等州属焉。置使虽殊，其实各分方域，董其出纳也。"中京度支使所掌的宜、霸等州，东京户部使所掌的辽西、川、锦等州，上京盐铁使所掌的饶州等，均是隶宫的州，它们与其他州同样由国家财赋机构"董其出纳"。所以，不能说它们是皇帝的私有领地。

与其他州同样，辽朝还在这些隶宫州中设置了和籴仓。《辽史》卷五九《食货志》云："东京如咸、信、苏、复、辰、海、同、银、乌、遂、春、泰等五十余城内，沿边诸州，各有和籴仓。依祖宗法，出陈易新，许民自愿假贷，收息二分。所在无虑二三十万硕，虽累兵兴，未尝用乏。"这里所举例的同、银、乌、遂、春、泰等州均是隶宫州。

（五）隶属斡鲁朵州县与斡鲁朵关系的一点探讨

以上笔者试图纠正以往史学界对于隶斡鲁朵州县的一些错误认识，并考察了隶宫州县在政治、经济、军事诸方面的统治权均在辽国朝廷的事实，借以说明隶宫州县与普通州县的完全等同之处。那么，某州县隶某某宫究竟意味着什么？这些州县对斡鲁朵究竟承担着什么样的义务？对于这些，史书上没有留下任何清楚的说明，这也正是以往诸多错误判断产生的原因。但是，尽管如此，我们终还有幸在石刻文字中找到了有助于问题解决（哪怕只是部分地）的一点宝贵线索，现即以此为根据，对隶宫州县与斡鲁朵的关系稍加探讨。

《贾师训墓志铭》载，贾师训于咸雍六年（1070）以后，"徙同知永州军州事，既上，日夜经画民事利病，奏减其部并邻道龙化、降圣等州岁供行在役调，计民功三十余万，奏课天下第一。上嘉之，就拜鸿胪少卿，知观察使事"。值得注意的是，贾师训所任职的永州为观察军州，他因奏减役调，节省民力，政绩突出而由同知州事进职为知观察使事。可是，贾师训身为同知永州军州事，奏减本州役调即可，如何又连同龙化、降圣等州役调一道奏减呢？查《辽史》卷三一《营卫志》，永州、龙化州、降圣州等同为隶彰愍宫的州，而且志文明言，这些隶宫州要"岁供行在役调"。由此可知：隶宫州的民户是每岁要向斡鲁朵供役的！

辽朝皇帝每年主要的时间是在草原上过着"随阳迁徙""居无宁处"的生活，这样，要有大量的人力、物力供役于不断移动的诸斡鲁朵。隶属诸斡鲁朵州县被征发的徭役，无疑就是这种为行宫服务的皇家徭役，只是这些州县在提供徭役之时，也许会因地因时而异，或分工不同，或供役时间有别。

这种向行宫提供的徭役，对隶宫州县的人民来说，负担是很重的。道宗寿隆（昌）三年（1097）六月曾下诏书说："每冬驻跸之所，宰相以下构宅，毋役其民。"[1] 从这道诏书可以看出，诸斡鲁朵及其扈从官属、人员组成的庞大的游动集团，每移动一处，仅仅是安顿住处，常常就需要耗费大量的人力，何况还有许多其他杂役！《贾师训墓志铭》中的另一段记载就反映了这方面的情况："召授太常少卿、枢密都承旨。寻扈驾春水，诏委度春、泰两州河堤及诸官府课役，亦奏免数万工。"这里所言及的扈驾到春水，即指皇帝到达了春捺钵春州附近之水泺处。春、泰二州均隶属延庆宫。在皇帝到达春水之际，春、泰二州河堤之役及随从行宫的诸官府课役，贾师训一次奏免的就有数万工，则平时动用的人工还不知有多少！

上面的论述已基本证实，隶宫州的民户要承担行宫的徭役。这种徭役并不是去完成行宫部落中的畜牧等直接的生产任务（那些工作是由宫分户完成的），而是向行宫提供一种勤务。这一点似乎证实了岛田正郎的一种推测：隶宫的州县民依据某种准则对斡鲁朵"番上"，完成规定的勤务。[2]

1　《辽史》卷二六《道宗纪》，第348页。
2　岛田正郎『辽代社会史研究』、167页。但岛田正郎对斡鲁朵所在地的理解是错误的，详本书"斡鲁朵的所在地"一节。

　　这种行宫徭役，是从隶属斡鲁朵州县民户身上榨取剩余劳动的一种独特的经济形式，正是这种形式表现了这些州县对斡鲁朵的隶属关系。但是，这些州县民户在承担行宫徭役时，绝不是以皇室私有人户的身份由斡鲁朵官员调遣的，而是由国家统一调发。对于隶宫州县民户来说，他们是在担负着国家徭役。《辽史》卷一〇五《大公鼎传》载："咸雍十年登进士第，调沈州观察判官。时辽东雨水伤稼，北枢密院大发濒河丁壮以完堤防。有司承令峻急，公鼎独曰：'边障甫宁，大兴役事，非利国便农之道。'乃疏奏其事，朝廷从之，罢役。"大公鼎所任职的沈州是隶属于敦睦宫的州，由北枢密院调役，可见，隶宫州的徭役征发是不由斡鲁朵管理机构统辖的。[1]

　　隶宫州县的民户与斡鲁朵没有身份上的隶属关系，他们照样是国家的属民。他们为行宫所提供的徭役，是封建国家对于封建徭役的一种分配：这些州县民户在某种程度上固定为行宫供役，而其他州县则担负国家另外的徭役。他们隶属某斡鲁朵，不是皇帝从国家的属民、土地中割出属于自己的一份私有人户、领地，而是斡鲁朵的某些事务作为国家事务的一个组成部分，由朝廷统一分配给他们去完成的。

　　隶属斡鲁朵的州县中，还有一种与斡鲁朵似有特殊关系的州县，这就是奉陵州县。辽朝各代皇帝都拥有隶属于斡鲁朵的奉陵州县和为数不少的守陵民户。例如，兴宗为圣宗"置蕃汉守陵三千户"。[2]这些守陵户承担的是什么义务呢？《梁援墓志》提供了一条间接的材料：梁援之祖辈任宁远军节度使（贵德州），曾"奏乞医巫闾山之近地永为别业，上嘉其内徙，命即赐之，诏奉先军节度使崔匡道为营寿藏，以监周峪为茔所，仍用居民三十户租赋

----

[1]　斡鲁朵机构与枢密院是平行的，并无隶属关系。详本书"斡鲁朵内官制考实"一节。

[2]　《辽史》卷三七《地理志》"庆州"条，第 502 页。

赡给之"。[1] 从这里可看到，梁氏祖茔所用之三十户居民，是以租赋的形式供给守护费用的。一个地方节度使之祖茔，尚用三十户居民之租赋，可想而知，一个设有若干守陵僚属的帝王陵寝，将需要一笔很大的经费。因此，奉陵州县民户之租赋势必全部用于陵寝之守护、祭奠等项费用上。这便应是隶属斡鲁朵的奉陵州县民户的作用。但是，我们知道，辽朝各帝奉陵州几乎都是在皇帝死后才建置，并隶于斡鲁朵的，那么，这就根本谈不上前述津田氏的所谓皇帝生前隶宫州县的租税为皇帝的私收入，皇帝殁后便成为陵寝的维持费之说了。

奉陵州县民户的租赋虽然被用于陵寝之费用，但他们仍是以向国家交纳的形式付出，这些民户的身份地位与普通州县民户不应有何差别，只是他们所贡纳的具体对象不同罢了。这种守陵制度与中原王朝的帝王陵寝守护制度恐亦大同小异，因此，奉陵州县之民户并不会因其隶属某斡鲁朵而成为所谓"宫廷奴户"的。

从上述诸方面出发，再来观察隶属斡鲁朵州县的存在，便可进而认识到：辽朝根据斡鲁朵及其扈从集团的游徙地点、行程、规模等一系列具体情况，划分出一些州县成为所谓隶宫州，使之固定为行宫提供徭役；到本斡鲁朵主死亡后，因其斡鲁朵仍继续存在，且照样扈从新行宫，故仍可根据该斡鲁朵之需要而增加或调整为之服役的州县；斡鲁朵主死后，在其陵寝所在地，便设置奉陵州以供陵寝费用。由于这些奉陵州与斡鲁朵主的关系，它们便自然也成为隶宫州。但是，十分清楚的是，所有这些隶宫州县的民户都不是皇帝的私有人户，斡鲁朵的这些事务是体现为国家事务而由这些民户去完成的（至于由什么因素决定划出哪些州县隶属斡鲁朵，这些州县根据什么规定向斡鲁朵提供何种力役等问题，都还需要进行深入的探索，也期待着新的史料的发现）。

1　向南：《辽代石刻文编》，第 520 页。

　　前面论证了隶宫州县在主要方面均与普通州县处于相同的地位，但是，由于其为斡鲁朵服务，或许因时因事而实行过某种与普通州县略有差异的制度（实际上，任何一个国家在统一制度之下，基层行政也都会有各种不同情况，不独辽朝的隶宫州县为然）。史书上有这样的材料：《辽史》卷一六《圣宗纪》载，开泰元年（1012）十二月，"贵德、龙化、仪坤、双、辽、同、祖七州，至是有诏始征商"。此七州均为隶宫州，开泰元年以后始征商税，这可能说明这些州的商业日益繁荣，也可能表示在此之前因其为隶宫州而实行了不征商税的政策。《韩橁墓志铭》载，他曾被授"乾、显、宜、锦、建、霸、白川七州都巡检"。这七州均为隶宫州。是因此七州相距较近而派一人总巡检之，还是因其均为隶宫州而一道巡检之，难以断言。

　　需要附带说明的是，隶宫州县既不是皇帝建立的私城，也不是皇帝割有的领地，其民户更不是皇帝的禁卫军。当行宫禁卫之任的、为皇室创造着私有财富的是扈从皇帝的真正的"宫分户"。斡鲁朵中的汉人宫分户，许多是在斡鲁朵建置伊始从州县中抽取而来的，其中也包括从隶属斡鲁朵的州县中抽取。但是，这并不等于说，汉人（渤海人等）宫分户皆来自隶属斡鲁朵的州县，更不能说隶属斡鲁朵州县的民户皆为宫分户。《辽史》卷三一《营卫志》对此记载得还算明确，不知何以长期为人们所误会。以应天太后的长宁宫为例，"以辽州及海滨县等户置"，此言宫分户来自辽州及海滨县等；而隶属其宫的州县为："州四：辽、仪坤、辽西、显。县三：奉先、归义、定霸。"很显然，宫分户与隶宫州县根本不是一回事。

　　在排除了各种错误认识之后，就可以对前面曾列举的为人们所常引用的史料做出合理的解释了。

　　《辽史》中《营卫志》《兵卫志》各处所说的"斡鲁朵法"中"裂州县，割户丁"之语，均指宫分户来源之一种，与隶属斡鲁朵州县一事毫不相涉。

《辽史》卷四九《礼志》所谓"皇帝亲览闲田，建州县以居之"云云，乃是说辽国一些州县建置之情况，与是否隶属斡鲁朵也无关系。

《长编》所说则是把行宫及行宫所属州县的建置情况混为一谈了。

《武溪集·契丹官仪》记录的各宫之建立及"每宫皆有户口钱帛，以供房主私费"云云，则毫无疑问是指各斡鲁朵内及宫分户之情况。

（六）斡鲁朵的提辖司

关于隶属斡鲁朵的提辖司，《辽史》有这样一些主要的记述。卷三五《兵卫志》曰："十二宫一府，自上京至南京总要之地，各置提辖司。重地每宫皆置，内地一二而已。""有兵事，则五京、二州各提辖司传檄而集，不待调发州县、部族，十万骑军已立具矣。"卷一一六《国语解》曰："提辖司，诸宫典兵官。"

由此，长期以来，学界大都以为提辖司乃诸斡鲁朵之军事机构，其长官是掌诸斡鲁朵军事事务、征调兵员之军官。然而，用这种观点来看待诸宫提辖司，矛盾现象便接踵而至。

（1）前文已经证实，隶宫州县之军事事务与普通州县相同，归由诸路军事机构统辖，显然与提辖司无关。而各斡鲁朵宫分人户是随从皇帝游动的，他们兼兵、民二任于一身，由各宫的宫使以及总管各宫之都宫使统辖其军政、民政事务。[1]岂有宫兵随行，而统宫兵之军事机构反倒置于京州之理呢？

（2）《辽史·营卫志》是把提辖司作为与隶属斡鲁朵州县平行的一个单位列于诸斡鲁朵之下的，这与作为一个军事机构之地位极

1　详述见本书"斡鲁朵内官制考实"一节。

不相称。

（3）若作为一个斡鲁朵之军事机构，对于"用武立国"的辽朝来说，其重要性可想而知。可是，正如《辽史》卷三五《兵卫志》所说："旧史不见提辖司。"即今本《辽史》修撰时之底本——耶律俨所修之《实录》及陈大任所修之《辽史》，皆未载提辖司一事。而今本《辽史》虽在《兵卫志》中增列提辖司一项，但《纪》《传》中几乎再无有关提辖司之直接记载；《百官志》对诸斡鲁朵职官之记载可谓叠床架屋，不吝笔墨，而对提辖司却只道出"官制未详"一语，岂不怪哉？

这些问题之存在，足以打破上述所谓提辖司乃斡鲁朵之军事机构的成见。那么，提辖司的管辖对象及其职能、职官究竟是怎样的呢？

1. 提辖司的管辖对象

日本学者津田左右吉最早发现，《辽史·营卫志》在各宫条下，将提辖司与州、县、石烈、瓦里等并列，因此，提辖司似与州、县之类行政组织相同，是管理斡鲁朵中特殊的一部分属民的机构，而且它所管辖的民户不属州县。[1]

《辽史》卷三八《地理志》载，宗州"在辽东石熊山，耶律隆运以所俘汉民置。圣宗立为州，隶文忠王府。王薨，属提辖司"。这条记载说明，宗州原为隶文忠王府的州，后属提辖司。既曾做过"州"民，那么，后来虽是改隶了提辖司，但这些民户之基本生产、生活状况不应有何改变。由此可知，他们是定居的民户。因此，若抛开这条记载所表明的宗州隶属关系改变这个内容不谈，所能看到的便是提辖司所管民户是定居的这一事实。对此，其他史料还可提供佐证。《辽史》卷一三《圣宗纪》载，统和八年（990）七月，"诏

1　津田左右吉「遼の制度の二重體系」『津田左右吉全集　第 12 卷（滿鮮歷史地理研究　第 2)』、339 頁。

东京路诸宫分提辖司，分置定霸、保和、宣化三县。白川州置洪理，仪坤州置广义，辽西州置长庆，乾州置安德各一县"。查《地理志》，统和八年七月诏书所云的这些县，皆"以诸宫提辖司人户置"：上京临潢府所辖定霸县，"本扶余府强师县民，太祖下扶余，迁其人于京西，与汉人杂处，分地耕种。统和八年，以诸宫提辖司人户置"；宣化县，"本辽东神化县民，太祖破鸭渌府，尽徙其民居京之南。统和八年，以诸宫提辖司人户置"；保和县，"本渤海富利县民，太祖破龙州，尽徙富利县人散居京南。统和八年，以诸宫提辖司人户置"。安德县也是由提辖司人户所置，但《地理志》"兴中府"所辖"安德县"一条却云："统和八年，析霸城东南龙山徙河境户置。"从这些记载可以看出，在置县以前，这些属诸宫提辖司的人户早已分别定居该地，且"分地耕种"，从事农耕生产了。

圣宗统和八年的诏书以及《辽史·地理志》"以诸宫提辖司人户置"的记载表明，隶属提辖司的人户在被置县以前，是不入州县户籍的。因为倘若他们已为州县人口，再置州县就无甚意义了。这就是说，提辖司应是独立于州县之外的另一行政系统，直隶斡鲁朵管辖；一旦变作州县编制，不论该州县是否隶宫州县，都表明这些人户改变了隶属关系，即不再直属斡鲁朵了（这似乎又可为前述隶宫州县与普通州县地位相同提供一旁证）。

既然与州县有别，那么，提辖司人户是否与宫分户相同呢？

前节已经论证，宫分户是皇帝扈从集团的成员，因此，他们无法定居于某处。提辖司人户既然一直定居，就不可能属宫分户。《辽史》卷三一《营卫志》载：永兴宫，"以太祖平渤海俘户，东京、怀州提辖司及云州怀仁县、泽州泝河县等户置"；积庆宫，"以文献皇帝卫从及太祖俘户及云州提辖司，并高、宜等州户置"；延昌宫，"以国阿辇斡鲁朵及阻卜俘户、中京提辖司、南京制置司、咸、信、韩等州户置"。永兴、积庆、延昌等宫之宫分户中有从东京、怀州、云州、中京等提辖司中析出的人户，那么，提辖司人户自然原来是不属宫分的。《地理志》对定霸、宣化、保和等县的设置皆记载为"以诸宫提辖司人户置"，而对另外一些设置的州县则显然使用了不同的文字。如，隶属乾州的延昌县，为"析延昌宫户置"；隶属惠州的惠和县，为"圣宗……括诸宫院落帐户置"。诸宫提辖司户与宫户、诸宫院户意义之不同，由此可见一斑。

　　根据已有的资料可以看出，提辖司所管人户的民族成分，应是契丹族以外的各族人民，其中主要是汉、渤海人户。除上述的原属提辖司，后置为定霸、宣化、保和诸县人户是建国初辽太祖所俘的渤海人外，《地理志》中还有一些有关提辖司人户的零星记载：仪坤州所属广义县，"本回鹘部牧地。应天皇后以四征所俘居之，因建州县。统和八年，以诸宫提辖司户置来远县，十三年并入"。黔州，"太祖平渤海，以所俘户居之，隶黑水河提辖司。安帝置州，析宜、霸二州汉户益之"。后来改隶提辖司的宗州也是"耶律隆运以所俘汉民置"。

　　提辖司所管的民户是定居的，且又以汉人、渤海人为主，何不按惯例设州县以安置之，却别设提辖司管辖呢？对此，史书无载，故难确指。津田左右吉推测说，辽把汉人及渤海人向其内地迁移，以州县统治之；但那些人户数量不足以组成州县的，还有辽太宗朝及其后来各朝在与中原的战争中，俘获或因其他缘由成为俘虏的汉民，其中未赐给臣下而直属帝室的，则另在各处置提辖司以管治之，隶属于诸行宫。津田氏还认为：臣下自己俘掠或由帝室赐予的、作为私部曲的汉人，其人口多，且组成特殊集团者，即为私城；而提辖司之民与私城之民的差异，仅在于是直属皇帝还是直属臣下的问题。[1]津田氏所言，不无道理。然其所说，不足以组成州县者，才置提辖司以管治之，似未必完全如此。以宗州为例，其在圣宗时

1　津田左右吉「遼の制度の二重體系」『津田左右吉全集　第 12 卷（滿鮮歷史地理研究　第 2）』、341 頁。

已立为州，说明其人户足以成州。置州后，隶文忠王府；而耶律隆运死，反将其州分割（如《辽史》卷三八《地理志》"龙州"条载："开泰九年，迁城于东北，以宗州、檀州汉户一千复置。"），改隶提辖司。由此，似不可全以人户不足来说明设置提辖司之最初原因。

　　已有的文字记载表明，提辖司所管辖的民户并不一定居住在与提辖司名称相同的地点（或附近地区），即提辖司的名称与所管之民户似无地理上之必然关系。例如，圣宗统和八年诏书，是以东京路诸宫分提辖司之人户分置七县的。但这七个县，除辽西州所置的长庆县属东京路以外，其余六县则属中京、上京路（统和八年时尚未建中京，洪理县、安德县或属东京，但按《地理志》载，中京建后划归中京道）。这说明原属东京路诸宫提辖司的人户并未都居住在东京地区。另，《辽史》卷三八《地理志》载，信州，"渤海置怀远府，今废。圣宗以地邻高丽，开泰初置州，以所俘汉民实之"。信州属东京道，而此州所属二县情况则如下："武昌县。本渤海怀福县地，析平州提辖司及豹山县一千户隶之。""定武县。本渤海豹山县地，析平州提辖司并乳水县人户置。"平州属南京道，与东京道之信州相隔千里之遥，然居住在信州地区的提辖司人户竟归属平州提辖司管辖。耶律隆运"以所俘汉民置"的宗州，"圣宗立为州，隶文忠王府。王薨，属提辖司"。在宗州隶属文忠王府时，它是以州的形式存在的；改隶提辖司后，应仍以定居聚落的形式存在，它所属的提辖司应是文忠王府的提辖司（文忠王府或许曾被取消，但后来又恢复了，并一直存在至辽末）。查文忠王府提辖司有六：上京、中京、南京、西京、奉圣州、平州。宗州地处东京道，可文忠王府恰恰没有东京提辖司。显而易见，宗州归属了东京以外的别处提辖司管辖。这些都暗示着某提辖司所管的民户其居处并不仅限于某地。

　　《地理志》中记载的"以诸宫提辖司置"的州县几乎都分布在辽上京、中京、东京地区，正说明这些地区存在着大量归属提辖司的人户。可是，与人户分布情况刚好相反，诸宫提辖司却很少设在这三京。十二宫一府中，只有延昌宫与文忠王府设中京提辖司、文忠王府设上京提辖司。关于东京提辖司，《辽史·营卫志》中胪列诸宫所拥有的提辖司中则根本未见。诸宫几乎都是在南京、西京、奉圣州、平州设置了提辖司，[1]但《辽史》无一处记有在这些地区以提辖司人户置州县的事例。这无异于在向我们传达这样一个信息：辽中京、上京、东京地区存在着大量提辖司人户，而这些人户却分隶于以其他地名命名的提辖司管辖。

2. 对"蕃汉转户"的解释

对提辖司及其所管人户所进行的上述分析，可为辽史上另一长期悬而未决的疑案——所谓"蕃汉转户"提供一解决途径。《辽史·营卫志》记每一斡鲁朵的户数及出军数时，都标明有"蕃汉转户"一项。如弘义宫，"正户八千，蕃汉转户七千，出骑军六千"；永兴宫，"正户三千，蕃汉转户七千，出骑军五千"。在"宫卫"一项的序中则括而言之曰，诸宫总共"为正户八万，蕃汉转户十二万三千"。此"蕃汉转户"究为何意？所指为何种人户？以前人们曾对此赋予了种种理解，但都未给以史实上的论证。

关于"蕃汉转户"，《辽史》卷三六《兵卫志》"五京乡丁"一项的序中有一段叙述："辽建五京：临潢，契丹故壤；辽阳，汉之辽东，为渤海故国；中京，汉辽西地，自唐以来契丹有之。三京丁籍可纪者二十二万六千一百，蕃汉转户为多。析津、大同，故汉地，籍丁八十万六千七百。契丹本户多隶宫帐、部族，其余蕃汉户丁分隶者，皆不与焉。"由于隶属宫帐、部族的契丹本户及蕃汉户，皆不与诸京丁籍之中，所以，上述诸京蕃汉转户当指不隶宫帐、部族的各族民户；若再参照前述所谓诸宫中之"正户"，便可清楚，诸

---

1 《辽史》中散见于他处的，还有怀州提辖司（卷三一《营卫志》"永兴宫"条）、黑水河提辖司（卷三九《地理志》"黔州"条）等，这或许是由于辽前后期制度变迁、更动，这些提辖司已不复存在，故《营卫志》诸宫所属的提辖司中便不载了。

宫之正户当指各族的宫分户，而蕃汉转户则应是契丹族以外，分布于各京地区的以汉族为主包括其他各民族的一种人户。那么，这种人户之民族成分及定居生活状态，恰与前已述及的提辖司所管民户之民族成分及定居状态相同。

从上面所引《兵卫志》所言"三京丁籍可纪者二十二万六千一百，蕃汉转户为多"中可以看到，蕃汉转户主要分布地区在上京、东京、中京地区。这与前面论证的三京地区存在着大量的提辖司人户之事实又不谋而合。

另外，蕃汉转户与斡鲁朵有着特殊关系，故《营卫志》在每一斡鲁朵条下皆标明蕃汉转户的数字；而提辖司也与斡鲁朵存在着隶属关系。故二者也相吻合。

《契丹国志》卷一〇《天祚纪》载，天庆六年（1116）正月，高永昌叛辽，据辽东五十余州，天祚帝命宰相张琳前去讨叛，"（张）琳先常两任户部使，有东京人望，至是募辽东失业者并驱转户强壮充军。盖辽东夙与女真、渤海有仇，转户则使从良，庶几效命敢战。旬日之间得兵二万余"。[1] 同书卷一九《张琳传》也有类似记载："（张）琳讨永昌，搏手无策，始招所谓'转户军'。盖辽东渤海，乃夙所仇；若其转户，则使从良，庶几捐躯奋命。命下，得兵二万余。"在这里，宋人对"转户"的理解不甚正确。"若其转户，则使从良"，似指将其户"转"而从良，此乃宋人不谙辽朝制度所致。"转户"即应为"蕃汉转户"，本为辽之一种民户身份。尽管宋人的文字有差，但这条记载还是反映了"转户"从良之事。前已论证，提辖司户是不入州县户籍的，是不同于普通州县民户的。"从良"自然是指身份地位、隶属关系之改变，变作普通人之身份。那么，转户从良便意味着原来的"蕃汉转户"与普通人户是不同的。这种不同，表现在他们是定居的，却不隶州县，而属斡鲁朵。这样

1　（宋）叶隆礼：《契丹国志》，第108页。

看来，蕃汉转户又与提辖司人户之状况是等同的。

通过对民族成分、分布地区、隶属关系等方面的对比，可以做出判断：所谓"蕃汉转户"正是诸斡鲁朵提辖司所管之民户。若这一判断不误，那么，就可对诸斡鲁朵的情况增加一层新的认识：诸斡鲁朵拥有着扈从皇帝的宫分户，除去石烈、瓦里、抹里等部落性基层组织之外，还有隶属于它的州县民户，和另一种介于宫分户与州县民户身份之间的提辖司民户。

3. 提辖司的职官、职掌

《辽史》卷四五《百官志》"北面宫官"条下，记提辖司之"官制未详"。这主要是由于元人修撰《辽史》所依据的底本，对这一相对诸斡鲁朵来说并非居于十分重要地位的提辖司未加记载，而修《辽史》者也没有仔细搜集资料加以增补。笔者把现今史籍、石刻中所能搜索到的有关提辖司之职官名称列举如下。

《辽史》卷一〇五《马人望传》载，天祚朝，"宰相耶律俨恶人望与己异，迁南京诸宫提辖制置"。《马直温妻张馆墓志铭》中载："女五人……曰同璋，许适诸宫提辖制置使李贻训男石。"[1] 这两条材料所见为诸宫提辖制置（使）一职。

《刘存规墓志》云："存规，字守范，河间王二十四代孙，大辽间，屡著奇功，拜积庆宫都提辖使。"《王泽妻李氏墓志铭》载："有子二人，并登进士科。长曰纪，前知延庆宫提辖。"[2] 这里所见为某宫都提辖使、知某宫提辖。

《刘日泳墓志铭》云："妻二人，先娶燕京故永兴宫□□使梁公之孟女……有子六人……次曰从文，娶燕京故制衙提辖使梁公之孟女。"[3] 笔者疑此段中"永兴宫□□使"当为永兴宫提辖使；"故制衙提辖使"或为故制置提辖使之误，或为两名称通用。

1 陈述辑校《全辽文》，第 264 页；向南：《辽代石刻文编》，第 635 页。
2 陈述辑校《全辽文》，第 75、161 页；向南：《辽代石刻文编》，第 241 页。
3 陈述辑校《全辽文》，第 371 页；向南：《辽代石刻文编》，第 244 页。

《韩资道墓志铭》云："父造，诸宫制置使。"[1] 又见诸宫制置使一职。

《辽史》卷四五《百官志》在记诸宫机构时，并未有制置司这一官署。那么，提辖与制置关系是怎样的呢?《武溪集·契丹官仪》在列举了余靖使辽时，辽已存在的十斡鲁朵之名后，说道"有十宫院制置司"，并注云："奉圣州、平州亦各有十宫院司。"余靖不言提辖司，只提制置司，且奉圣州、平州亦设制置司，与提辖司设置地点相同。《辽史》卷五一《礼志》在"正座仪"中有这样一段："留守司、三司、统军司、制置司，谓之京官；都部署司、宫使、副宫使，都承以下令史，北面主事以下随驾诸司为武官……"其中"武官"一项中，都部署司、宫使、副宫使皆为宫官，可见"正座仪"中包括了宫官。而"京官"一项中所列的"制置司"，为《辽史》中所仅见。既然是作为京官列出，不可能是一个无所事事的闲衙，那么，它只出现一次的原因，只能是它在《辽史》中不常使用这一名称，却以另一名称的形式出现。而且，它设置的地点是在诸京与奉圣州、平州。这些，都正与提辖司情况完全相同。再据上面所举职官名称中常见提辖、制置连用，这与"某宫使"又称"某宫都部署"，或又连称"某宫都部署使"[2] 同样，应为同一职称的不同称呼。这说明，制置司与提辖司当为同一官署。如此，则知提辖司又可称作制置司，其长官之称谓则有提辖使（制置使），或知提辖、都提辖使等。

提辖司并非诸宫专掌兵事之机构，那么，它的职掌究竟是什么呢? 由于目前尚无直接史料可以对此做清楚的说明，我们不妨征引间接的材料，来对此做些探讨。《宋匡世墓志》载：圣宗年间，"俄属今主上尧阶受册，舜历改元，摄《毛诗》博士，押卤簿道驾。礼

1　陈述辑校《全辽文》，第 190 页；向南：《辽代石刻文编》，第 334 页。
2　详见本书"斡鲁朵内官制考实"一节。

毕，会中宫之爱弟，开外馆以亲迎。户民既益于赋租，钱谷复资于主辖，改授晋国公主中京提辖使"。[1] 由这段记载可以看到，在辽朝，除诸斡鲁朵设有提辖使外，就连晋国公主也有提辖使，自然其他皇亲贵戚设提辖司也不无可能；从另一方面看，宋匡世任晋国公主中京提辖使是由于提辖司之"户民既益于赋租"，故钱谷之事务需要主辖。扩而言之，诸宫提辖使当主辖钱谷事宜，即掌管所属人户的民政、财政事务。那么，相应的提辖司民户必定是从事生产的，特别是从事农耕生产，即所谓"分地耕种"的民户，并非专门的"兵户"。

《辽史》卷一五《圣宗纪》记载，开泰四年（1015）十一月，"命上京、中京泊诸宫选精兵五万五千人以备东征"。本书"斡鲁朵的设置及职能"一节已论证了诸斡鲁朵中之宫分户组成宫分军。但宫分户是不离斡鲁朵的，他们不会分散于上京、中京诸地，所以，开泰四年圣宗诏命当不是对宫分户而言的。据本节前面的论证，隶属诸斡鲁朵的州县民户其身份与普通州县民户是相同的，其军事事宜则分属于各路各京的军事机构，因此也不能称他们为"诸宫"之"精兵"。排除了宫分户与州县民户这两种可能之后，剩下的则应是提辖司民户了。再回顾一下《辽史》卷三五《兵卫志》所言："有兵事，则五京、二州各提辖司传檄而集，不待调发州县、部族，十万骑军已立具矣。"这样看来，开泰四年圣宗诏命所指则非提辖司而莫他属了（"不待调发州县、部族"之语，再一次证实了提辖司是独立于州县、部族之外的管治系统）。也就是说，在开泰四年，圣宗曾命诸宫提辖司在上京、中京选精兵以备参加东征高丽的战争。这就说明，提辖司是兼管部下民户之征兵——军政事务的，而提辖司民户也就相应兼备了兵户之身份了。换言之，提辖司民户也是一身而兼二任——集兵民之任于一身的。从这一点上说，提辖司所体

1　陈述辑校《全辽文》，第 136 页；向南：《辽代石刻文编》，第 181 页。

现的是辽朝立国的根本精神，其民户之两重性与宫分户、部族户毫
无二致。当诸斡鲁朵需要纠集宫分户以外之兵力时，便通过提辖司
来调遣其属下之兵员，这就是所谓"有兵事"由提辖司"传檄而
集"的真相；也仅是从这个意义上说，提辖司长官即"典兵官"。

　　综上所述，我们可以得出如下新的认识：提辖司所管辖的民户
是介于宫分户与隶属斡鲁朵州县民户身份之间的一种民户。他们不
隶属于州县之籍，与宫分户相同，但又不像宫分户那样扈随斡鲁朵；
他们定居于某地从事农耕及其他生产，与州县民户相同，但又不像
隶属斡鲁朵的州县民户那样归属于国家行政系统管辖，而是平时直
接为斡鲁朵提供经济来源，战时直接为斡鲁朵提供兵源。这又与宫
分户的一些职能相同。从某些斡鲁朵户正是从提辖司人户中"析
出"来看，提辖司人户可被称作宫分户的一支后备军。提辖司人
户，在辽朝则获有一个专门称号，即"蕃汉转户"。

　　至于究竟是什么原因导致提辖司之设置、提辖司对其所辖之民
户采取了怎样的管理方式、与斡鲁朵的隶属关系又是怎样的等一系
列问题，限于史料匮乏，目前还难以进行深入的探讨。倘若能早日
对这些问题做出正确的解答，无疑会促进人们对有关斡鲁朵制度获
得更为清晰的认识。

四　释"辽内四部族"

　　《辽史》卷三三《营卫志》"部族"条，在记述辽国各部族的情
况之前，专设一项"辽内四部族"，其下仅举列四部族之名：

　　　　遥辇九帐族；
　　　　横帐三父房族；
　　　　国舅帐拔里、乙室已族；
　　　　国舅别部。

这四部族不入于"太祖十八部"及"圣宗三十四部"[1]之列，显系与诸部族有别。那么，其区别何在？为何又冠以"辽内"之称？对此，《辽史》中再未加一字解释，而以往治《辽史》者也从未有人试图对此进行说明。是因为它难于解释清楚呢，还是因为它无足轻重呢？

实际上，揭开这一史文的谜底，是可以从中取得一些重要信息的。因为，它从另一个方面展示了作为一个游牧集团而四时迁徙的行宫部落的构成，从而也可对《辽史·百官志》记载的一些内容产生若干新的理解。

（一）"辽内四部族"之由来

首先探索一下这四部族的来龙去脉。

契丹族自北魏登国三年（388）见于史书记录之后，经过了数百年，原始畜牧经济的发展、氏族部落的繁衍以及抗御邻族进攻的需要，使契丹族在唐朝初年形成了第一个部落联盟组织。这个部落联盟的首长是由大贺氏显贵家族世选产生的，故这个时期被称作大贺氏部落联盟时期。唐中叶，契丹部落之间爆发了激烈的冲突，斗争的结果，新兴起的遥辇氏家族取代了大贺氏家族为部落联盟首长的地位，此后便是遥辇氏部落联盟时期。史称，遥辇氏传九世可汗（指联盟长）——洼可汗、阻午可汗、胡剌可汗、苏可汗、鲜质可汗、昭古可汗、耶澜可汗、巴剌可汗、痕德堇可汗。[2]遥辇氏建立部落联盟之时，辅立阻午可汗为联盟长的，是迭剌部中耶律氏家族的雅里，因此，整个遥辇氏联盟时期，耶律氏家族便世任契丹诸部中最强大的部落——迭剌部的夷离堇之职。唐末遥辇氏痕德堇可汗之世，耶律氏家族中以阿保机为代表的新兴势力起而推翻了遥辇氏，夺取

---

1 《辽史》卷三三《营卫志》，第436~444页。
2 《辽史》卷四五《百官志》"北面诸帐官"条，第800页。

了联盟首长的地位，进而建立了契丹国家。

但是，退出部落联盟首长地位的遥辇氏家族并不曾因此而消亡，他们依旧存在于契丹部落之中。遥辇九个可汗留下了九支帐族，这便是《辽史》所称的"遥辇九帐族"。

"横帐三父房族"，是指大横帐以外的辽太祖阿保机的伯父岩木、释鲁以及阿保机诸弟的后裔。[1] 此三父房是皇族的近支，与大横帐（阿保机的后裔）统称为皇族四帐。

"辽内四部族"中的另两族是国舅拔里、乙室已族和国舅别部。这应该就是史书所指的"两国舅"。[2] 关于国舅族内部帐房的划分，笔者同意下述这种主张：述律皇后的父族即为拔里族，其中分为大父、少父二房；述律皇后的母前夫之族则为乙室已族，其中又分作大翁、小翁二房。[3] 这两支国舅在辽前期作为二帐存在，《辽史》卷三《太宗纪》所载的"天显十年四月丙戌，皇太后父族及母前夫之族二帐并为国舅，以萧缅思为尚父领之"，反映的就是这一史实。但至圣宗开泰三年（1014）六月，"合拔里、乙室二国舅为一帐，以乙室夷离毕萧敌烈为详稳以总之"，[4] 此后，拔里、乙室已便合称为一帐国舅，成为"辽内四部族"中之一个"部族"。

关于"国舅别部"，《辽史》中对其族属并无明确记载，但如对史料细加剖析，也可以得知其一二。大同元年（947）四月，辽太宗耶律德光南征班师，病死于途中栾城。让国皇帝耶律倍的长子、永康王即位于枢前，是为世宗。在胜利地结束了与应天太后、"自在太子"李胡进行的争夺帝位的斗争之后，世宗于八月壬午朔，"尊母萧

1 《辽史》卷四五《百官志》"北面皇族帐官"条，第 795~796 页。

2 例如，《辽史》卷一七《圣宗纪》太平八年十二月丁亥，"诏两国舅及南、北王府乃国之贵族，贱庶不得任本部官"，其中所说"两国舅"当指国舅拔里、乙室已族和国舅别部。

3 《辽史》卷四五《百官志》中有乙室已大小翁帐、拔里大少父帐各种职官之记载。其内部族属的划分，参见冯永谦《〈辽史·外戚表〉补证》，《社会科学辑刊》1979 年第 3 期。

4 《辽史》卷一五《圣宗纪》，第 191 页。

氏为皇太后，以太后族剌只撒古鲁为国舅帐，立详稳以总焉"。[1] 这无疑是世宗为寻求和扩大自己的势力范围而采取的一项重要措施，因为皇族的斗争直接与国舅族势力相联系。世宗将自己母系——耶律倍妻族的萧氏正式立为国舅，以此对抗应天太后控制下的原国舅二帐。世宗所立的这一国舅帐是游离于太宗所立的二帐国舅之外的（因为若在二帐之内，则既已为国舅，便无须再由世宗命名了），故这一帐必然就是所谓"国舅别部"。《辽史》卷六七《外戚表》"序"中说："世宗以舅氏塔列葛为国舅别部。"《萧塔剌葛传》则云，萧塔剌葛（应即塔列葛），"世宗即位，以舅氏故，出其籍（太祖时没入弘义宫，是时出宫籍），补国舅别部敞史"。这两条记载都清楚地说明，国舅别部是世宗即位后所立之国舅帐，那必定就是《本纪》所记世宗母氏一族了。

　　辽前期，围绕着帝位继承问题，皇族内部一直进行着激烈的斗争。这种斗争必然波及任"以耦皇族"的国舅问题上，[2] 世宗遇弑后，帝位又落入太宗耶律德光一系中——太宗长子即位为穆宗。而继穆宗之后的，又是让国皇帝耶律倍一系，即世宗第二子耶律贤——景宗。景宗登极三个月后，便宣布立萧思温之女燕燕为皇后，[3] 这就是后来赫赫有名的承天太后。查《辽史》各《纪》《传》可知，萧思温一族既不是国舅乙室已之族，也不是拔里之族。那么，这一族是否为国舅别部中的呢？史无明文。但稍加思考即可知其应属国舅别部。因为，景宗若不是在已有的国舅族中选立皇后，必然要宣布皇后之族为国舅族，然而，终景宗之世及圣宗朝，均未有立景宗后（即承天太后）之家族为国舅族之举。不属于拔里、乙室已族的这一支国舅，必定是国舅别部了。而且，景宗从其父亲——世宗所立的国舅族帐中选立皇后，应是顺理成章的事，也是

1　《辽史》卷五《世宗纪》，第72页。
2　《辽史》卷四五《百官志》"北面诸帐官"条"任国舅以耦皇族"，第799~800页。
3　《辽史》卷八《景宗纪》，第98页。

势所必然的事。

这样，就可以清楚了，国舅别部确是与乙室已、拔里并存的另一支国舅帐族。

《辽史》卷一《太祖纪》太祖元年（907）正月庚子，"诏皇族承遥辇氏九帐为第十帐"，于是，遥辇九帐族"居皇族一帐之上"；[1]横帐三父房族乃皇族之近裔；两国舅则用"以耦皇族"。

那么，摆在我们面前的事实是："辽内四部族"均为辽国之贵族，非等闲之辈。

（二）"辽内四部族"是行宫部落中的帐族

辽朝诸帝斡鲁朵中居住着太祖阿保机的后裔，对他们之总称，谓"大横帐"。"大横帐"扈从皇帝四时游牧畋猎。[2]

关于横帐三父房也随从大横帐——诸斡鲁朵一道移动，是不难理解的。因为三父房与大横帐总称为"皇族四帐"，且由大内惕隐司总管政教；若三父房与大横帐不在一处，便不能统称为"大内"，惕隐又如何总管之？因此，三父房与大横帐同作为皇族，生活在行宫之中，也就是生活在同一个游牧集团之中。

在原始的游牧社会中，相互通婚的集团总要协同行动，从而构成一个部落整体。这是原始部落在生产、生活中，在与自然和与人类自身的斗争中，所必然形成的一种制度。建立国家之后的契丹族，基于同原始时期相似的生产和生活形式——以部落为单位的游牧活动，使原始时期的许多习惯法得以在契丹族新的社会形态中延续下来。《契丹国志》卷二三载："番法，王族惟与后族通婚。"辽代皇族是生活在"岁无宁居"的行宫集团之中的，这就要求世世与皇族通婚的国舅帐族也伴随其共同行动，从而构成一个部落——行宫

1　《辽史》卷四五《百官志》"北面诸帐官"条，第800页。
2　详见本书"斡鲁朵的所在地"一节。

部落。

辽代石刻为这一事实之存在留下一条宝贵的文字记录，《妙行大师行状碑》载："师契丹氏，讳志智，字普济，国舅大丞相楚国王之族。其祖久随銮辂。师辽太平三年下生，生时神光满室，从帐顶出，高数十尺，扈从百官，远近咸睹。"[1] 查《辽史》，有辽一代萧氏被封为楚国王者仅萧思温、萧孝忠二人，但萧孝忠死于重熙十二年（1043），死后封楚国王。妙行大师生于太平三年（1023），是时萧孝忠尚在，《行状》不明言与楚国王的关系，而言"楚国王之族"，自不应指萧孝忠，而是指景宗保宁二年（970）已被"盗杀"的萧思温之族。如上文所述，萧思温一族，即国舅别部。由《行状》所记可以清楚地看出，国舅别部是一直随从皇帝行宫的，妙行大师正因出生在行宫旁的庐帐之中，故生时的"神光"，"扈从百官，远近咸睹"。

《辽史》卷一〇《圣宗纪》载，统和元年（983）五月丙辰朔，"国舅、政事门下平章事萧道宁以皇太后庆寿，请归父母家行礼，而齐国公主及命妇、群臣各进物。设宴，赐国舅帐耆年物有差"。按惯例，皇太后是生活在行宫中的，况且此时正当承天太后摄政掌权之际，故承天太后此时必在行宫，万无可疑。而只有国舅帐——承天太后父母家随同在行宫近旁，才能解释上引一条记事。而承天太后是萧思温之女，是国舅别部所出，故又可证明，国舅别部是行宫部落中的一部分。

从文献及石刻的记载中可以得知，终辽一代，国舅的另一支——辽太祖述律皇后的父族（即拔里族）、述律皇后的母前夫之族（即乙室已族）也一直保持着与皇族的通婚关系。例如，圣宗钦哀皇后、兴宗仁懿皇后、道宗宣懿皇后等，均为国舅拔里族人；天祚德妃为国舅乙室已族。那么，作为一个与皇族通婚的集团，国舅

1　陈述辑校《全辽文》，第 299 页；向南：《辽代石刻文编》，第 584 页。

拔里、乙室已帐族也应与国舅别部同样，伴从着皇族，成为同一游牧部落的组成部分之一。

关于"辽内四部族"中的遥辇九帐族，由史籍可考知它也处于行宫部落之中。《辽史》卷四五《百官志》"北面诸帐官"条，在"遥辇九帐常衮司"下有云："辽俗东向尚左，御帐东向，遥辇帐南向，皇族三父帐北向。"契丹族有东向之俗，"遥辇帐南向，皇族三父帐北向"之说恐不足信。[1] 然这条记载毕竟还告诉人们一桩事实，即遥辇九帐、皇族三父房都是与御帐置于一处的，只不过各庐帐的排列位置互不相同而已。

在辽朝，遥辇氏属于耶律姓，即所谓"三耶律"之一。[2] 例如，耶律阿没里，为遥辇嘲古可汗四世孙；[3] 耶律敌剌，遥辇鲜质可汗之子；[4] 耶律弘古，遥辇鲜质可汗之后；[5] 耶律玦，遥辇鲜质可汗之后。[6] 但是，这些遥辇氏的后裔虽然姓耶律，他们却十分清楚自己的族系为遥辇，直至金朝犹数典未忘。如，《金史》卷八三《耶律安礼传》载，耶律安礼，"系出遥辇氏"；《金史》卷八二《耶律涂山传》载，耶律涂山，"系出遥辇氏"；等等。由于契丹族"惟耶律、萧二姓也"，[7] 且耶律与萧世代通婚，故遥辇帐族之与萧姓通婚亦无可疑。又《辽史》卷三二《营卫志》记载："三耶律：一曰大贺，二曰遥辇，三曰世里，即皇族也。"遥辇既属"皇族"，而因"王族惟与后族通婚"，则遥辇帐族也必定与国舅族通婚。

在《辽史》里未留有遥辇帐与国舅帐通婚的任何记载。而在出土的辽代石刻中，却有一个例证，《萧袍鲁墓志铭》载："公姓萧氏，

1　详述见本书"斡鲁朵的所在地"一节。

2　《辽史》卷三二《营卫志》，第 431 页。

3　《辽史》卷七九《耶律阿没里传》，第 1405 页。

4　《辽史》卷七四《耶律敌剌传》，第 1355 页。

5　《辽史》卷八八《耶律弘古传》，第 1480 页。

6　《辽史》卷九一《耶律玦传》，第 1502 页。

7　（宋）叶隆礼：《契丹国志》卷二三《族姓原始》，第 221 页。

讳袍鲁，其先兰陵人也。自遥辇建国已还，洎太祖开国而下，文武奕代，将相盈门。……烈考讳奥斡，仕至遥辇克。"[1] 这段志文表明，萧袍鲁家族自遥辇氏联盟时代以来一直是个显贵家族，至其父奥斡还担任遥辇帐的职官。《墓志铭》后面又云：萧袍鲁，"女二人，长曰渤鲁里，适遥辇耶律猪儿"。这说明，萧袍鲁这个家族是与遥辇帐通婚的。根据这个家族在遥辇时代的地位，可以想见，那时它可能就是与遥辇帐通婚的一个集团。那么，这个家族是否与皇族通婚的所谓后族呢？《墓志铭》记述萧袍鲁之妻云："夫人耶律氏，横帐故前节度使曷鲁不之女。""横帐"是对四帐皇族的总称。在"王族惟与后族通婚"的辽朝，与皇族通婚的萧袍鲁家族为国舅族，是不容怀疑的了。当契丹族仍在一定程度上实行着原始社会遗留下来的部落内婚制的情况下，与国舅族通婚的遥辇帐族，必与国舅族同处于一个部落之中。而国舅族恰是行宫部落的一个组成部分，因此，可以做出这样的结论：遥辇帐族也处于行宫部落之中。

由此进而可以认识到，在行宫部落中，遥辇九帐与四帐皇族、两国舅各自组成两大通婚集团，而分别冠以耶律、萧之姓。[2] 正是在这样一个社会生活的基础上，才得以产生皇族和国舅族所特有的节日："二月一日为中和节，国舅族萧氏设宴，以延国族耶律氏，岁以为常。国语是日为'悍里尀'。'悍里'，请也；'尀'，时也。……六月十有八日，国俗，耶律氏设宴以延国舅族萧氏，亦谓之'悍里尀'。"[3]

1　此墓志见陈述辑校《全辽文》，第237页；向南《辽代石刻文编》，第423页。但陈述辑校《全辽文》萧袍鲁误作萧裕鲁。

2　（宋）叶隆礼：《契丹国志》卷二三《族姓原始》："契丹部族本无姓氏，惟各以所居地名呼之。……至阿保机变家为国之后，始以王族号为横帐，仍以所居之地名曰世里……复赐后族姓萧氏。"（第221页）据此，契丹族的耶律、萧二姓当为建国之后所制定的姓氏，以作为对部落内部通婚双方的标志。皇族虽然也曾与外族人通婚，诸如与奚人、汉人、渤海人等，但在排除政治等其他因素之外，对于皇族来说，这些通婚不过是与国舅族通婚的一种补充形式，而且通婚的具体对象一般也是随从行宫的人，如臣僚及其亲属。

3　《辽史》卷五三《礼志》，第974~975页。

辽帝行宫部落中，不仅有随行的官属臣僚及斡鲁朵人户，还有遥辇九帐族、横帐三父房族和两国舅族，他们"秋冬违寒，春夏避暑"，共同迁徙往来。路振于统和二十六年（1008）出使辽国所记录的"虏小暑则往凉殿，大热则往刑头，官属部落咸辇妻子以从"，[1]正是行宫部落活动的写照。

如果只从部落生活本身进行考察，那么，遥辇九帐、横帐三父房及两国舅族正是以辽帝的行宫为中心组成一个游牧部落，并按照契丹族固有的部落习惯而生活着。维系这个部落的巨大的向心力，便是耶律和萧这两大集团的婚姻关系。在这样一个部落内部，他们既能完成一个游牧社会的物质资料的再生产，也能繁衍生息，完成人类自身的再生产为大规模畜牧业保证足够的劳动力。

皇帝行宫之所在，就是辽国朝廷之所在，辽国政治中心之所在，因而，行宫几乎就是辽国家的象征。与游牧于辽国境内广袤草原上的其他部族、部落相对而言，组成行宫部落的这四个帐族所处的位置，自然就应被称作"内"了。这便是"辽内四部族"得名的缘由。

（三）行宫部落中诸帐族"分地而居"

在探明了"辽内四部族"的概况之后，就不难设想，辽帝的行宫部落是一个多么庞大的游动集团！在这个集团中，有着中央政府的主要官署及其职官，即所谓"扈从百官"；有着皇族成员、诸斡鲁朵人户及数以千计的禁卫士卒；有着"辽内四部族"众多的部落成员；等等。这样一个规模巨大的集团，不要说游动起来，就是原地不动地驻扎，其阵势也应是极为可观的。

但是，对这个特殊的行宫部落，文献记载却与我们的想象大相径庭。例如，宋神宗熙宁年间出使辽朝的沈括，到达正停驻于庆州

1　（宋）江少虞：《宋朝事实类苑》卷七七，第 1015 页。

永安山的辽帝的斡鲁朵时，所目睹的实况是："至单于庭，有屋，单于之朝寝、萧后之朝凡三，其余皆毡庐，不过数十，悉东向。"[1] 这"不过数十"的毡庐怎能容纳得下偌大的一个行宫部落呢？

在原始氏族公社阶段，氏族是部落社会的基本活动单位，若干个相互通婚的氏族共同组成一个部落。同一部落的各氏族是一道行动的，但"合族而处"的各氏族是"分地而居"。[2] 跨入了阶级社会的契丹族，社会性质发生了根本的变革，但是游牧民族所特有的生产方式决定了旧的部落组织外壳，经过改造后又以国家基层行政组织的形式被保留了下来；部落中仍依旧以帐族的形式存在着若干个小的游牧单位。行宫部落也不例外：构成它的各个帐族在"随阳迁徙"时是"同行"的，而到达驻地则"分地而居"。史籍中多有对这一事实的记载。

《辽史》卷五《世宗纪》载，天禄四年（950）二月辛未，"泰宁王察割来朝，留侍"。《察割传》载，这个蓄谋篡位的察割，"以诸族属杂处，不克以逞，渐徙庐帐迫于行宫"。由此看来，当时"留侍"世宗的察割所居之处，距离行宫并不很近，否则，也不必"渐徙庐帐"了。

同一个部落，各帐族之间相距常常也非仅数里之程。例如，自己"拟诸宫例"设有一个文忠王府的耶律隆运，是圣宗朝前期与承天太后同揽朝政的契丹化汉人宰相，他一直生活在行宫中，甚至与承天太后"同卧起，如夫妻，共案而食"。[3]《契丹国志》卷一八《耶律隆运传》载："帝（圣宗）以隆运勋大，恩数优渥，见则尽敬，至父事之。秦国王每日一问起居，至隆运所居帐二里外已去盖下车，徒步而进。暨其回也，列揖于帐外，隆运坐而受之。帝或至其帐，

---

1 （宋）沈括：《熙宁使虏图抄》，（明）解缙：《永乐大典》卷一〇八七七，中华书局影印本，1986，第13页。

2 《辽史》卷三二《营卫志》，第974~975页。

3 （清）徐松辑《宋会要辑稿》蕃夷一之一一〇，"太平兴国九年"条，第7677页下。

亦五十余步下车，隆运出迎尽礼……"[1]秦国王每日一问起居，可见与耶律隆运所居帐相距不甚远，虽如此，也在数里之外，否则他不会至隆运帐二里就去盖下车。又如圣宗死后，法天太后曾预谋废兴宗而立重元，阴谋未得逞，她自己反被幽禁于庆州。数年之后，兴宗将法天太后"迎回"，"然出入舍止，常相去十数里，阴为之备"。[2]随从行宫的法天太后与兴宗相去达十数里，这足以证明，同属于行宫部落的人也是散居于远近不同的各处的。

　　行宫部落中的帐族如此，从行于行宫部落，或赴朝至行宫的官员臣僚的住处也同样。《常遵化墓志铭》载，统和二十五年（1007），归朝履新的常遵化因"忽染小疾"，而"殁于行朝西南五里之隅"。可见赴行在被"授辽西州诸军事、辽西州刺史"的常遵化所居距行宫有五里之远。[3]

　　进行了这番考察之后，《辽史》上一些曾经令人疑惑的记事才可涣然冰释。例如，南枢密院是随从行宫的，[4]可是，在穆宗被弑之际，史籍却记载南院枢密使等朝廷官员率甲骑千人"驰赴"，[5]既曰驰赴，说明南院枢密使等人必居住在行宫部落的另一处；尽管相距不近，然毕竟还是在行宫部落之中，故当夜可获悉内情，并即赶赴行宫。又，道宗清宁九年（1063）七月重元叛乱之前，耶律良密告了一直"未尝离辇下"的皇太叔耶律重元及其子涅鲁古的阴谋，于是，道宗派使者召涅鲁古，"使者及门，涅鲁古意欲害之，羁于帐下。使者以佩刀断帘而出，驰至行宫以状闻"。[6]"驰至行宫"一语，道出了随从行宫的涅鲁古庐帐也并不在行宫近旁的真相。

　　各帐族分地而居，这是游牧社会的特点使然。游牧部落要为自

1　（宋）叶隆礼：《契丹国志》卷一八《耶律隆运传》，第175页。
2　（宋）叶隆礼：《契丹国志》卷八《兴宗文成皇帝》，第79页。
3　陈述辑校《全辽文》，第370页；向南：《辽代石刻文编》，第128页。
4　详述见本书"行朝——辽朝行政制度之特色"一节。
5　《辽史》卷八《景宗纪》，第97页。
6　《辽史》卷九六《耶律良传》，第1539页。

已拥有的畜群占据一个足够使用的牧场，各个帐族作为一个小的游牧团体在结营扎寨之时，互相间便要有一定的距离；在需要变换牧地之时，他们又一同起营，向新的牧场进发。这是游牧、游猎部落中几乎普遍存在的现象。例如，马扩《茅斋自叙》中记载了辽朝末年的女真族部落情况也是如此："自涞流河阿骨打所居，指北带东行，约五百余里，皆平坦草莽，绝少居民，每三五里之间，有一二族帐，每族帐不过三五十家。"[1]

辽帝的行宫部落不仅仅是一个因纯粹政治原因而组成的集团，恰恰相反，它的形成源于部落生活和组织形式，因而它就不会脱离作为一个经济活动集团的性质。这个集团经营着畜牧生产，如《辽史》卷二四《道宗纪》载，大康八年（1082）九月丁未，"驻跸藕丝淀。大风雪，牛马多死，赐扈从官以下衣马有差"。而且，行宫部落中还有着产品交换的商业存在。如《辽史》卷一〇《圣宗纪》所载，统和三年（985）十一月癸巳，"禁行在市易布帛不中尺度者"。说明行在市场有布帛之交易。沈括《熙宁使虏图抄》也记述了行宫附近的市场："（单于）庭之所依者，曰犊儿。过犊儿北十余里曰市场，小民之为市者，以车从之于山间。"对于行宫中的市场，还设有专门的管理官吏，如，《王悦墓志铭》记载他曾"复充行宫市场巡检使。泊于守职，惊若循墙，损贫奉富之俦，都然屏迹"。[2]

至此，史实就十分明朗了。以"辽内四部族"为"外围"，以诸帝斡鲁朵为核心的行宫部落，是由若干个分散驻扎的大小不等的族帐组成的一个游牧经济联合体。部落下属的聚族而居的小的游牧集团，或许即是《辽史》上所称的"石烈"。[3]沈括在辽帝行宫驻地之所以只见到为数不多的毡帐，正是因为部落中还有相当一部分族

---

1 （宋）徐梦莘：《三朝北盟会编》卷四"宣和二年（1120）十一月"条，上海古籍出版社，2008，第14页。

2 陈述辑校《全辽文》，第108页；向南：《辽代石刻文编》，第113页。

3 《辽史》卷三一《营卫志》等。

帐虽散居在他所见到的毡帐附近，但已越出了其视野的缘故。换句话说，沈括所见到的并不是行宫部落的全部。

（四）谈《辽史·百官志》所记载的北面官

《辽史·百官志》共四卷，按照修撰者的意图，是以北面官、南面官为分界，各占一半篇幅的。记载北面官内容的第一卷（即《辽史》卷四五《百官志一》）似乎与第二卷不同，着重记载的是北面中央官，而笔者所要论述的问题就在这一卷中。

《百官志一》开卷所列的一些官署是：契丹北南枢密院、北南宰相府、北南大王院、宣徽北南院、大于越府、惕隐司、夷离毕院、大林牙院、敌烈麻都司、文班司、阿札割只等所谓"北面朝官"，[1]这些官署的记载显然有许多讹谬、重叠之处。例如，契丹南枢密院应即南面官中的汉人枢密院，[2]按《百官志》的编修体例不应列于此，更不应冠以"契丹"字样；大惕隐司与后面"北面皇族帐官"中之大内惕隐司实为一机构，乃重出；[3]而所谓文班司、阿札割只等，《百官志一》本身就语焉不详，不知其确有与否，更无从知所掌为何了。

《百官志一》在"北面朝官"之后，所列为"北面御帐官""北面著帐官""北面皇族帐官""北面诸帐官""北面宫官"诸项，其

---

1 《辽史》卷四五《百官志》原只列官署名称，无"北面朝官"总目。今中华书局标点本《辽史》由校勘者增列此目。

2 见本书"枢密院、中书省探讨"一节。

3 冯家昇《辽史校勘记》曾指出大内惕隐司即大惕隐司。此说甚是。但冯氏未举实例为之证明。今按：《辽史》卷六四《皇子表》安端于神册三年（918）为惕隐，卷一《太祖纪》神册三年正月安端为大内惕隐；1967年发现的《耶律宗政墓志》云，清宁四年（1058）冬复拜大内惕隐（向南：《辽代石刻文编》，第307页），《辽史》卷二一《道宗纪》则记为惕隐（宗政，契丹名为查葛）；《辽史》卷九〇《耶律义先传》载，重熙二十一年（1052）耶律义先拜惕隐而薨，而《耶律仁先墓志铭》记载其义弟义先死前的职衔是大内惕隐；《耶律宗允墓志铭》记载其兄宗德（契丹名为遂哥）为大内惕隐，而《辽史》记为惕隐。诸如此类，皆为大内惕隐即惕隐之证。故大内惕隐司即大惕隐司。

下各自详列了若干官署及职官。

正是根据这样一份官制记述，日本学者岛田正郎曾得出结论说："观察《辽史·百官志》时，任何人皆可发现一项事实，此即专以诸帐族为对象的机关能在北面朝官，即以契丹人以次的游牧民族为对象的中央政府机关中，与纯政府机关并立而占据极大的比重，此系辽国北面官制的最显著之特色。"经过对这些机关的逐一分析之后，岛田氏又云："综上所述，虽云太宗晚年业已形成中央集权的专制国家体系，事实上尚有辽室君主权无法控制的各种集团存在，此即诸帐官能在北面中央政府机关中与纯政府机关并立，而占据极大的比重之理由。迄于圣宗开泰以后，该等官职虽已丧失原来特权集团本身所具有的官署功能，但仍作为不隶属北枢密院的特殊机关而继续存在，此即辽制上北面官制的一项特色。"[1]

岛田氏从《辽史》记载的官制文字中发现北面中央官制中族帐官占据了很大的比重，从而认其为辽代官制的显著特色，这似乎是他的独到之处。但是，他虽曾注意到契丹族是个"骑马"民族这一特点，却在对具体历史现象的研究中，脱离了辽朝的国情，脱离了以契丹族为主体的辽统治集团所具有的游牧性质，因此，他对此现象的阐释就难免穿凿附会了。

《百官志一》所记载的"北面朝官"的那些官署，诸如枢密院、宣徽院、林牙院……皆是设置在行宫部落中的机构。而《百官志一》所记的"北面御帐官"机构，作为皇帝的禁卫力量，更是须臾不离"御帐"；"北面宫官"中的官署和官员本来就是为管理行宫而设置的；"北面著帐官"则是没为"著帐"的叛逆家属，他们"执事禁卫"，作为宫廷役使人员的管理部门，无论如何也是不会置身于行宫之外的。

根据本文前面的论证，遥辇九帐、横帐三父房及国舅拔里、乙

1　島田正郎「遼の北面中央官制の特色」『法制史研究』第 12 号，1962 年，1-28 頁。

室已帐、国舅别部这所谓"辽内四部族"是行宫部落的重要组成部分。但对于他们的管理，并不归属"宫官"，而设置有专门的"族帐官"。余靖《武溪集·契丹官仪》中记道："胡人从行之官，大臣之外，惕隐司掌宗室，国舅司掌萧氏，常衮司掌庶姓耶律氏。其宗室为横帐，庶姓为摇辇。"这里不但清楚地说明惕隐司、国舅司、常衮司（遥辇常衮司）及其职官是"从行"的，而且又一次间接地证实了前面的结论——由这些机构所掌的"辽内四部族"也都"从行"。余靖所记的掌管四部族的这些机构，在《辽史·百官志一》中则分别列于"北面皇族帐官""北面诸帐官"条下。

基于这些史实，重新观察《辽史·百官志一》所记，除去其中的误记、重记之外，[1]显而易见，基本上是著录随从行宫的北面官署，其中既有掌管全国事务的中央朝廷各官署，又包括掌管行宫部落中各族帐、各集团的宫署。岛田氏所发现的在中央官制中占很大比重的恰恰就是这"辽内四部族"的官署。实际上，这些族帐官所管辖的是本族帐的事务，从严格意义上讲，不应属于中央官，因此，把这些族帐官作为中央官制的显著特色是不确切的。

"辽内四部族"的存在，及掌管其事务的族帐官之存在，绝不仅仅是因为"皇族帐、国舅帐、遥辇帐的诸机关皆分别源出固有的官署或官职。前二者系协助耶律氏的兴起特具功劳的特权家系，后者系契丹旧势力的家系，均属分别拥有私民与私产的集团。彼辈乃是耶律氏在取代旧势力而逐渐抬头的过程中，一方面为怀柔招抚旧势力而保存的势力，一方面为对于协力合作的同族论功行赏的结果而产生的势力"。[2]从整个辽代的契丹族是以部落为组织而生产、生

1　诸如《百官志二》"北面部族官"一项中记载了北南大王院，而《百官志一》已将其记入中央官中；《辽史》卷三《太宗纪》天显六年（931）四月"置中台省于南京"（此南京辽阳，辽会同元年后改为东京），这中台省是治理东丹国的机构，而《百官志一》误将其列入"北面皇族帐官"中；"北面宫官"条内有多项重复；等等。

2　岛田正郎「遼の北面中央官制の特色」『法制史研究』第 12 号，1962 年，19-20 頁。

活这一观点出发，可以知道"辽内四部族"之存在，是契丹族固有的经济生活、社会结构乃至于心理因素造成的必然历史现象，只要契丹统治者身居游牧部落，这些族帐就要继续存在，而相应的各族帐的管理机构，作为国家机器的组成部分也要存在。直至辽末，契丹族皇帝仍未改变自己游牧的生活习俗，依旧生活在行宫部落之中，因而，遥辇帐、国舅帐等四部族乃至其官署也就一直没有"丧失原来特权集团本身所具有的官署功能"。[1]

簇拥着皇帝的行宫部落，乃封建史官记录的主要目标。因为行宫是辽朝政治的主要活动舞台，有辽一代统治集团的一系列重大政治事件，几近发生于行宫部落之中。而"辽内四部族"在行宫中位居要地，其职官非等同于一般部落职官，因此，为着要记录随同行宫的各种官署及其职官的情况，行宫部落的重要组成部分——"辽内四部族"的官制自然便被留下了较之其他更为翔实的记载。这就是《辽史·百官志一》之所以主要记载设置于行宫中的辽朝中央官署，以及"四部族"的族帐官占据很大比重的原因。

一个岁无宁居、四时迁徙的游动皇帝，率领着一个游动的政府机构；拱卫这个辽国核心的是由若干个游牧集团组成的一个行宫部落。如果要说"辽朝中央官制的特色"的话，大概这种所谓"官属随帐"[2]——中央主要官署都在游动，倒是可以称为特色的。以一个游动在北方浩瀚的大漠草原上的政权，实施了对以契丹族为主的游牧民族和以汉族为主的农耕民族二百余年的统治，这不能不说是大辽王朝进行的成功的历史实践和取得的辉煌业绩。

1　島田正郎「遼の北面中央官制の特色」『法制史研究』第 12 号，1962 年，19-20 頁。

2　（清）徐松辑《宋会要辑稿》蕃夷二之三八，景德四年李维《上虏中事》，第 7691 页下。

第二篇　官制及行政制度

一　行朝——辽朝行政制度之特色

在"斡鲁朵制度"篇我们详细论证了辽朝最高统治者是处于随阳迁徙、靡无定所的运动之中的。对于这一点，前此已有学者深刻领悟，并做了某些阐释：辽朝二百余年统治权牢牢掌握在契丹皇帝手中，但契丹皇帝发号施令的中心不在汉人式的三京或五京，而在契丹式的春夏秋冬四季捺钵。[1]这不愧是真知灼见。但是，居于草莽山川之中的契丹统治者是如何控制其政府以有效地行使其最高统治权力的呢？学界有人做过一些解释，大致以为，辽国北

---

[1]　参见傅乐焕《辽代四时捺钵考五篇》，收于氏著《辽史丛考》；姚从吾《契丹捺钵文化的施政中心与两元的政治制度》，《姚从吾先生全集》第 2 集，台北：正中书局，1976。

面事务由皇帝及其北面官僚随时随地处理；对于幽云十六州地及汉人事务——南面事务，皇帝并不直接处理，而由设置在京城的南面官署代行处理。即，契丹帝国，一由契丹人和不包括汉人的各族人组成，由辽帝自行统治之；一由汉人组成，由辽帝转委汉大臣统治之。[1] 然而，对辽朝中央统治机构仅做这样的解释，还不能给人们指出深入认识这个政权的途径。因此，本节试图通过对辽朝中央政府的一系列考察，来了解这个国家的政权特色。

（一）枢密院、中书省官署究竟设在何处

枢密院、中书省是辽朝的最高政权机构，它之所在直接标志着辽国政治中心之所在，关系到辽国国家机器运转的方式及政权构成的模式等一系列重大问题。

《辽史》卷四五《百官志》的"北枢密院"条云："以其牙帐居大内帐殿之北，故名北院"；"南枢密院"条云："以其牙帐居大内之南，故名南院。"[2] 这里简单明了地告诉人们：北南枢密院是"牙帐"，即已意味着它们不是长期固定于某处的官署；皇帝大内是"帐殿"，即毡帐之殿。辽帝所居斡鲁朵——行宫是四时游徙，"岁无宁居"的，位于这样一个游动的帐殿之南北，南北枢密院自然是要跟从着而不断变换地点的。

南宋人李焘的《续资治通鉴长编》，对此也有几乎相同的记载。《长编》卷一一〇"天圣九年（1031）六月"条载："其官有契丹枢密院及行宫都总管司，谓之北面，以其在牙帐之北，以主蕃事；又有汉人枢密院、中书省、行宫都总管司，谓之南面，以其在牙帐之南，以主汉事。"[3]

《长编》的这一条记载未言所据何书。出现在元朝中叶的《契

1　傅乐焕：《辽史丛考》，第 96 页。
2　《辽史》卷四五《百官志》，第 774、776 页。
3　《长编》卷一一〇，第 2560 页。

丹国志》卷二三的《建官制度》条的开头几句,与《长编》的这段记载文字全同。很可能,这两书都是抄自赵志忠的《虏廷杂记》的。

《长编》和《契丹国志》的记载,又进一步说明,不仅北南枢密院,连中书省以及契丹、汉人行宫都部署司也都是设置在行宫南北、随从游动的官署。[1]

依据上述资料,有理由相信,以枢密院、中书省为主要代表的辽朝中央政府既未固定于某一京城,也未固定于任何一个"捺钵"中,而是一个活动政府。

这样的事实,对于辽朝包括汉人在内的各族人民来说早已习以为常,同时代的宋人也毫不以为可怪。可是对后人来说,则成为一种不可思议之现象:一个能与大宋王朝相抗衡、占据整个北方立国二百余年的辽朝,其中央政府竟然未有一个固定的地点。这不但是任何一代汉族中原王朝所没有的现象,就是那些割据边陲、少数民族建立的政权也少有这种情况。如果仅是北面治理部族事务的官署随从行宫迁徙不定,还容易为人们所理解;而南面官的最高衙署——南枢密院和中书省也移徙靡定,就很难为人们所接受了。大概正是这一缘由,使《辽史》及宋人对于辽枢密院和中书省位于皇帝牙帐之南北的记载,终被视为不足信的了。

清代永瑢等奉敕修纂的《历代职官表》卷四,在"叶隆礼《契丹国志》中书省谓之南面,以其在牙帐之南"条下加按语曰:"辽以北面官治宫帐部族,南面官治汉人州县,盖以所掌事宜为分别,并非指省署建置之地而言。叶隆礼所云乃臆测之词,不足据也。"此后,不少人都做了一些努力,企图将辽代枢密院及中书省强行固定在某一地方。

张亮采先生在《辽代汉人枢密院之研究》一文中说道:"汉人

---

1 关于契丹、汉人行宫都部署司随从行宫的论证见本书"斡鲁朵内官制考实"一节。

枢密院之设置当在太宗会同元年，院址最初或设于南京，此就辽代初期史文，犹可约略得之。世宗天禄初年，院址又有北移上京之趋势，故得简称为南院，以与始设之北院相对举也。"[1]

谭其骧先生则以为：任何国家不可能没有一个中央政府的常驻地，辽后期中央政府的常驻地是中京，并举例牛温舒在寿隆（昌）中曾拜参知政事兼同知枢密院事、摄中京留守，来证明当时中央政府在中京。可以看出，谭先生是主张辽中央政府的最高机构——枢密院应在中京。[2]

但是，只要对各种文献及金石刻辞中的一些记录进行考察，寻找和捕捉枢密院与中书省的踪迹，便可进一步得出论证枢密院与中书省固定于某处的任何尝试都不是成功的结论。

谭其骧先生曾以道宗大康二年（1076）六月出北院枢密使耶律乙辛为中京留守，十月召还耶律乙辛复为北院枢密使这一事件，论证了当时辽国之都城在中京。按谭先生的意见，包括枢密院在内的中央政府便也在中京。可是，当耶律乙辛任中京留守时，担任其幕职——留守推官的是贾师训，在《贾师训墓志铭》中有这样的记载："乙信被召再入为枢密使，将行，寮属饯之都外。"乙信要赴任的北枢密院若在中京城里，中京留守府中的寮属何以要到"都外"为他饯行呢？

天禄五年（951）九月，辽世宗被察割弑于归化州祥古山之行宫中。[3]扈从行宫的百官将领们连夜起兵平乱，翌日便诛杀了察割。[4]世宗朝，北院枢密使的首任者是耶律安抟，《辽史》卷七七《耶律安抟传》中记载他在这场突如其来的变故中，不能奋起讨敌，"由是中外短之"。这是因为身为北院枢密使的耶律安抟在事发之时也正在

1 《东北集刊》第 1 期，1941 年 6 月。
2 谭其骧：《辽后期迁都中京考实》，《中华文史论丛》1980 年第 2 辑。
3 《辽史》卷五《世宗纪》，第 74 页。
4 《辽史》卷七七《耶律屋质传》，第 1388 页；卷一一二《耶律察割传》，第 1651 页。

皇帝行宫附近，故人们才会对他加以指责。北枢密院之长官随同着行宫，那么，其官署是不会固定在另一处的。

如果说，上举的事实只能证明北枢密随从四时迁移的行宫，且易为人们所承认；那么，再寻找一下南院枢密使的行踪：

应历十九年（969）二月己巳夜，穆宗遇弑于行宫。当夜，耶律贤（即位为景宗）"率飞龙使女里、侍中萧思温、南院枢密使高勋率甲骑千人驰赴，黎明，至行在"。[1]南院枢密使在闻讯后夜间驰赴行宫，黎明抵达，说明南院枢密使与行宫正在同一区域之内，相距不远。[2]

《辽史》卷一〇三《李瀚传》记载，穆宗即位后，"晋亡归辽"的李瀚欲遁归汴，事觉，被械赴上京，"及抵上京，帝欲杀之，时高勋为枢密使，救止之"。从高勋救李瀚这一事件来看，南院枢密使是在上京。但这不表明南枢密院就固定在上京，因为是时穆宗正在上京，作为南院枢密使的高勋因须扈从皇帝，所以也来到了上京。不论皇帝是留居京城，还是离京他往，中央政府及其官员都必须随扈而至；高勋之在上京，恰恰说明南院枢密使是随从皇帝的。

清宁九年（1063）七月发生了重元之乱，正在秋山游猎的道宗突然遭受耶律重元及其子涅鲁古（涅里骨）为首的叛乱集团的袭击。在此危急关头，立即率宿卫士抵御来犯之敌的是南院枢密使耶律仁先。《耶律仁先墓志》生动地描绘了这一战斗情形："涅里骨授军领数骑来袭御幄，王（指仁先）呼蒙舍拔枙木以御之，徐得弓矢，涅里骨中流镝，殂于地。刃其首以进。"[3]这是南院枢密使随从行宫之又一证。

曾辅佐圣宗、兴宗二朝，"德重位尊"一时的汉人宰相张俭，于

1　《辽史》卷八《景宗纪》，第97页。
2　关于行宫部落及内部各集团驻地相隔一定距离，见本书"释'辽内四部族'"一节。
3　向南：《辽代石刻文编》，第353页。

太平六年（1026）三月任南院枢密使、左丞相。[1] 恰在他这一任职期间，其次子张嗣甫死于家中。据《张嗣甫墓志》载，张嗣甫"太平九年四月十三日寝疾卒于中京之私第，享年一十有四。时中令方专掌于化，权阻告归于营葬。一昨上代乞骸，中堂解印，遂辞荣于玉陛，来致仕于金台，既退老于故乡，思送终于爱子……以重熙五年九月二十八日葬于燕京幽都县礼贤乡胡村里，就太傅先茔北吉地"。[2] 身为南院枢密使的张俭，当其子嗣甫死于中京时，却未能为之营葬，正说明他未在中京，且自太平九年（1029）至重熙四年（1035）春致仕前，[3] 他都一直未归中京，直至"中堂解印"后，他才安葬其子于南京。在张俭任职期间，适逢圣宗死于大福河之行宫，他受圣宗遗诏辅立了兴宗，被称有"翼亮之功"。这些不正好说明张俭在任南院枢密使期间，一直跟从在圣宗、兴宗身边吗？

　　正因为上述事头，即北南枢密院既未常设于某一京城，也同样未固定于某一捺钵，而是随从皇帝；皇帝之所在便是枢密院衙署之所在，故皇帝才有可能随时与南北枢密使共同商议国政。《辽史》多有此类记载，如：重熙十年（1041）十二月乙未，"上闻宋设关河，治壕堑，恐为边患，与南北枢密吴国王萧孝穆、赵国王萧贯宁谋取宋旧割关南十县地"。[4] 重熙二十一年（1052）七月甲辰，"召……南院枢密使萧革、知北院枢密使事仁先等，赐坐，论古今治道"；己酉，"诏北南枢密院，日再奏事"。[5] 咸雍八年（1072）二月丙辰，"北南枢密院言无事可陈"。[6] 大康九年（1083）九月，"召北、南枢

1　《辽史》卷八〇《张俭传》，第 1407~1408 页；《张俭墓志铭》，陈述辑校《全辽文》，第 128 页；向南：《辽代石刻文编》，第 267 页。

2　齐心：《北京出土辽张嗣甫墓志考》，《考古》1983 年第 11 期。

3　《张俭墓志铭》，陈述辑校《全辽文》，第 128 页；向南：《辽代石刻文编》，第 267 页。

4　《辽史》卷一九《兴宗纪》，第 259 页。

5　《辽史》卷二〇《兴宗纪》，第 278 页。

6　《辽史》卷二三《道宗纪》，第 311 页。

密院官议政事"。[1]等等。

据《辽史》卷三一《营卫志》所记，辽帝每年于冬夏两季在捺钵中召集北南大臣会议国政。枢密院及其职官是不是冬夏赴行在，而其余时间则另有常驻地呢？回答是否定的。因为从上引诸史料看，北南枢密院出现在皇帝身边的时间已不仅限于冬夏两季；在下面引用的几条材料中，更可明确看到枢密院的职官在冬夏捺钵之外，也扈从皇帝四处游徙。

《贾师训墓志铭》载，贾师训被"授太常少卿、枢密都承旨，寻扈驾春水，诏委规度春泰两州河堤及诸官府课役"。作为枢密院的官吏——枢密都承旨贾师训扈驾到了春水。

《王师儒墓志铭》载："初，公接伴宋使钱勰者……到阙，馆宴次，故相国窦公景庸时任枢密直学士，方在馆……"查《长编》，钱勰是大康七年（宋元丰四年，1081）来贺正旦的使臣。据《辽史》卷二四《道宗纪》，是时道宗正在春水混同江。钱勰之"到阙"，无疑正是到达皇帝行在，而在此却遇见了枢密直学士窦景庸，说明枢密直学士扈从在皇帝身边。

《辽史》卷八九《耶律庶成传》载，耶律庶成"重熙初，补牌印郎君，累迁枢密直学士。……时入禁中，参决疑议"。卷二五《道宗纪》大安四年（1088）四月癸卯，"西幸。召枢密直学士耶律俨讲《尚书·洪范》"。能够"时入禁中"，且在皇帝西幸之时为皇帝讲《尚书·洪范》，只有随从者才能做到这一点。

《辽史》卷五〇《礼志》记载"高丽、夏国告终仪"："先期，于行宫左右下御帐，设使客幕次于东南。至日……使者至幕次，有司以嗣子表状先呈枢密院，准备奏呈。"很显然，高丽、夏国告终仪是在行宫所在地举行的。在举行仪式的当日，嗣子表状要先呈枢密院，然后奏呈皇帝。这也证明枢密院是随从皇帝移徙的。

---

1 《辽史》卷二四《道宗纪》，第 327 页。

　　但是，我们还必须对《辽史》中《牛温舒传》和《韩匡嗣传》的有关记载做出合理的解释，说明它们不能作为辽的枢密院固定设置在南京或中京的根据。

　　《辽史》卷八六《牛温舒传》记载："寿隆（昌）中，拜参知政事兼同知枢密院事，摄中京留守。部民诣阙，请真拜，从之。召为三司使。乾统初，复参知政事，知南院枢密使事。"仔细分析这段记载，可以得出这样的结论：牛温舒以参知政事兼同知枢密院事的身份而摄中京留守，摄职乃是一个临时性的任务，是在中京留守缺员的情况下，派他前去中京主持事务，并非"真拜"留守之职。[1]"部民诣阙，请真拜"，可见，中京还不是"阙"。在他真拜中京留守之后，又"召为三司使"，可知，到他做三司使时，便不再在中京了。从他于乾统初"复参知政事、知南院枢密使事"来看，当牛温舒真拜为中京留守以及后来任三司使时，其参知政事、同知枢密院事二职已被免除。所以，这不但不能说明枢密院或其他中央政府在中京，而且恰好证明枢密院等机构不在中京，故使知枢密院事、参知政事与中京留守三职无法同时兼任。

　　《辽史》卷七四《韩匡嗣传》说，景宗即位，韩匡嗣"拜上京留守，顷之，王燕，改南京留守。保宁末，以留守摄枢密使"。如果不做深入分析，这段记载中"以（南京）留守摄枢密使"一句，可作为枢密院设在南京的一个坚强根据。但事实并不是这样。韩匡嗣以南京留守摄南院枢密使，[2]是在一个特殊条件下出现的现象：韩匡嗣虽身为南京留守，但这时他却恰好离开了任所而扈从在皇帝身旁，即在行宫中。关于这一点，在《辽史》卷八六《刘景传》中留下了一条明确的说明：刘景在景宗朝"为南京副留守。时留

---

[1]　《道宗纪》记载此事为寿昌四年（1098）六月甲午，"以参知政事牛温舒兼知中京留守事"（第349页），其言含混不确。

[2]　北院枢密使皆契丹人所任（有辽一代，只有韩德让、刘霂作为例外，为汉人任北院枢密使），故韩匡嗣所摄任为南院枢密使。

守韩匡嗣因扈从北上，景与其子德让共理京事"。正在扈从皇帝的韩匡嗣摄枢密使，只能又一次证明枢密院在行宫，而不在南京；并且，正因为枢密院不在南京，所以，身为南京留守的韩匡嗣只是在扈从行宫时，因枢密使职位空缺而临时摄任，却又不能常兼此职。不出多久（在同年内），南院枢密使便正式由郭袭出任了。[1]这样看来，韩匡嗣"以留守摄枢密使"一例，不但不能推倒笔者对枢密院所在地做出的结论，相反，却进一步逆证了笔者结论的正确性。

在证明了辽朝北南面最高机构——北南枢密院是伴随皇帝而活动的官署后，我们再来论证南面官署中另一重要机构——中书省（重熙十二年十二月以前名为政事省）是与北南枢密院一起扈从皇帝的。

辽圣宗开泰三年（1014）七月壬辰曾下诏："政事省、枢密院，酒间授官释罪，毋即奉行，明日复奏。"时值秋季，《本纪》谓圣宗正在平地松林。辽时所称之"平地松林"，乃为潢河源头所在，[2]即使距离其最近的京城——上京，也绝非一日之程。倘若枢密院、政事省远在某一京城，圣宗酒间授官释罪之诏旨根本不会即刻奉行，又何能明日复奏？

因中书省、枢密院同在一处——一同移动，一同驻扎，故一人可兼此二官署之事。《王师儒墓志铭》载，大安十年（1094）"授参知政事签枢密院事"；寿昌初年（1095），"再知枢密副使，签中书省事"。《梁援墓志》载："寿昌六年（1100）夏，诏至阙，拜枢密副使……签中书省事。"此诸事正可为证。

在辽宋一百六十余年的和战对峙之中，双方曾不断派遣使者交互往返于两国之间。从保留下来的宋人文献记载中，我们可以知

1　《辽史》卷九《景宗纪》保宁十一年（是年十一月辛丑改元乾亨）十一月，便有南院枢密使郭袭云云事。

2　《辽史》卷三《太宗纪》天显十二年夏四月甲申条记：太宗幸"平地松林，观潢水源"，第43页。

道，当年的宋朝使者不仅耳闻过辽朝的行宫政府，而且亲眼看见了这一事实。例如，熙宁八年（辽大康元年，1075）使辽的宋代著名的大学者沈括在他的《熙宁使虏图抄》中，曾细致地描述了正依栖于挞儿山下的辽行宫中央政府的情形："单于庭，有屋，单于之朝寝、萧后之朝寝凡三；其余皆毡庐，不过数十，悉东向。庭以松干表其前，一人持牌立松干间，曰阁门。其东向六七帐，曰中书、枢密院、客省，又东毡庐一，旁驻毡车六，前植纛，曰太庙，皆草莽之中。"沈括亲眼见到草莽之中的中书省、枢密院等官署的"毡庐"，总不会是不足据的臆测之辞吧！

（二）随从行宫的其他中央官署

辽朝中央首脑机构——枢密院、中书省的官署及其官员是扈从皇帝的，那么，作为中央政府不可缺少的其他相应官署也是不可不随从皇帝行宫的。

辽模仿中原制度，也设置了素有"内相"之称的翰林学士及其官署翰林院。按照唐宋之制，翰林学士为"内制"。辽制是否如此呢？《辽史》卷八六《刘景传》载，刘景于穆宗朝任翰林学士，"一日，召草赦；既成，留数月不出。景奏曰：'唐制，赦书日行五百里。今稽期弗发，非也。'上亦不报"。这样看来，辽翰林学士也担负起草赦书等职任，即所谓"内制"之职。既然如此，应侍从于皇帝左右，随从行宫。这由关于翰林学士的其他记载也可以证实。《辽史》卷七九《室昉传》载："应历间，累迁翰林学士，出入禁闼十余年。"卷八〇《马得臣传》载："保宁间，累迁政事舍人、翰林学士，常预朝议，以正直称。"卷一〇四《王鼎传》载，道宗朝，"累迁翰林学士，当代典章多出其手，上书言治道十事，帝以鼎达政体，事多咨访"。

辽朝翰林院中还有其他一些职官，他们也都是皇帝的扈随侍臣。据《辽史》卷一〇三《萧韩家奴传》可知，重熙年间，萧韩家奴"擢翰林都林牙，兼修国史。仍诏谕之曰：'文章之职，国之光华，非才不用。以卿文学，为时大儒，是用授卿以翰林之职。朕之起居，悉以实录。'自是日见亲信，每入侍，赐坐"。"韩家奴每见帝猎，未尝不谏。会有司奏猎秋山，熊虎伤死数十人，韩家奴书于册。帝见，命去之。"翰林都林牙为翰林院之职，身当此职的萧韩家奴一直未离兴宗左右。卷二四《道宗纪》载，大安二年正月道宗到达春捺钵混同江，"召权翰林学士赵孝严、知制诰王师儒等讲《五经》大义"。这说明权翰林学士赵孝严以及任翰林院知制诰一职的王师儒都随同着道宗。宋元祐四年（辽大安五年，1089）出使辽国的苏辙回宋后著《论北朝所见于朝廷不便事》言，他在到达道宗幹鲁朵时，由王师儒为馆伴。[1]查《王师儒墓志铭》，知王师儒是时权翰林侍读学士[2]（此职《辽史·百官志》失载）。《辽史》卷八〇《马得臣传》亦载，景宗朝为翰林学士承旨的马得臣，圣宗即位时，"兼侍读学士。上阅唐高祖、太宗、玄宗三纪，得臣乃录其行事可法者进之"。连圣宗南征，他也"扈从"。翰林院中诸职官皆随从皇帝，那么，其官署当然是行宫官署之一了。

　　与翰林院相同，记录皇帝起居言行及修国史的史馆（《辽史·百官志》记有"国史院"）各职皆扈随皇帝。前述萧韩家奴兼修国史为皇帝"亲信"，他及时将兴宗秋猎熊虎伤死数十人事书于史册，即为一例。据《辽史》各《本纪》载，统和二十年（1002）三月，诏修《日历》官毋书细事；统和二十九年（1011）五月，诏已奏之事送所司附《日历》；清宁二年（1056）六月，罢史官预闻朝议，俾问宰相而后书。可见道宗清宁二年六月之前，史官不但随从皇帝，且预闻朝议。辽代石刻中也有关于史官扈从皇帝的详细记述。例如，《王师儒墓志铭》云，王师儒于道宗朝任宣政殿大学士判

1　（宋）苏辙：《栾城集》卷四一，商务印书馆，1936，第567~568页。
2　陈述辑校《全辽文》，第290页；向南：《辽代石刻文编》，第646页。

史馆事时，"编修所申，国史已绝笔。宰相耶律俨奏，'国史非经大手笔刊定，不能信后'。拟公再加笔削，上从之。每豫游闲逢宴会，入宿阁夜饮，召亲信者侍坐，则公必与焉。上方洽，命公进酒及索歌以佐之，公止赋诗代唱，御览无不称善"。《王泽墓志铭》载，太平七年"宣召授都官员外郎，充史馆修撰，与故翰林学士承旨陈公邈同典是职，左言右动，直笔而记。……宸题颁谕，承命摛藻，多中旨"。[1] 从中可以看出，史官是不离皇帝左右的。

辽朝御史台为中央政府之监察机构，也设置于行宫之中。《辽史》一〇《圣宗纪》载，统和元年（983）十二月甲辰，"敕诸刑辟已结正决遣而有冤者，听诣台诉"。这道敕书，又见于卷六一《刑法志》，所云比《本纪》略详："敕诸处刑狱有冤，不能申雪者，听诣御史台陈诉，委官复问。"说明"诸处"——各地刑狱有冤者，可直接赴御史台来申诉。而御史台设于何处呢？《辽史》无明载。但据《圣宗纪》可知，圣宗在发这道敕书之际，正在显州附近游幸。倘若御史台不在皇帝身边，而在远隔重山叠水的某一京城，譬如上京，其申诉后何能得皇帝"委官复问"呢？因此，是时御史台只能在显州——皇帝游幸之所在。《辽史》卷七八《萧护思传》载，应历年间，萧护思"拜御史大夫。时诸王多坐事系狱。上以护思有才干，诏穷治，称旨"。诸王皆为皇族，皇族诸帐扈从行宫。[2] 御史大夫治诸王狱，也正说明御史台在行宫。

《张俭墓志铭》载，统和年间，张俭"以字民迁监察御史，供职行在，簪笔以肃朝宪"。[3] 按唐制，御史台有台院、殿院及察院，监察御史为察院之职官。辽朝是否完全模仿唐制设三院，尚无法确定，然张俭所任监察御史应是御史台之职官无疑。张俭因任御史台之监察御史，而供职行在，正说明监察御史在行宫。《梁援墓志》

1　陈述辑校《全辽文》，第 164 页；向南：《辽代石刻文编》，第 260 页。

2　详见本书"斡鲁朵的所在地"一节。

3　陈述辑校《全辽文》，第 128 页；向南：《辽代石刻文编》，第 266 页。

则云，咸雍五年（1069）以知制诰兼兵刑房承旨等职的梁援，"从驾春蒐，兼权行宫御史台"。[1]此处一语道明，御史台正在行宫。

但史籍中还有这样的记载。如《辽史》卷九八《耶律俨传》载，大安二年（1086），"（耶律俨）改御史中丞，诏按上京滞狱，多所平反"。御史中丞理上京之狱案，并不意味着御史台即设在上京，他只是作为中央官员被派往上京去审理地方滞狱而已。

作为中央司法机构的大理寺，同样是随从行宫的。《辽史》卷一三《圣宗纪》载，统和十二年（994）十月丁未，"大理寺置少卿及正"。对这一官制之更张，《辽史》卷六一《刑法志》做如下说："往时大理寺狱讼，凡关复奏者，以翰林学士、给事中、政事舍人详决；至是始置少卿及正主之。"翰林学士是皇帝之近臣，不离行宫；能以翰林学士、给事中、政事舍人详决大理寺狱讼，足见大理寺设在行宫。统和十二年设大理寺少卿及正之后，大理寺仍位于行宫之中。这由任职者的行踪可以得知。如，《王泽墓志铭》载，太平年间，在行宫中充史馆修撰的王泽兼权大理少卿。[2]又如，《辽史》卷九八《刘伸传》云，重熙年间，任大理正的刘伸"因奏狱，上适与近臣语，不顾，伸进曰：'臣闻自古帝王必重民命，愿陛下省臣之奏。'上大惊异"。这是大理寺职官在皇帝近旁之证。再如，重熙十二年（1043）十月，驻跸在中会川的兴宗"诏诸路上重囚，遣官详谳"。[3]如果大理寺未随行宫来到中会川，而是设在某一京城的话，兴宗此诏就将毫无意义。各种迹象表明，在辽代，与出任地方、京城及其他设在京城的职官相对，凡授命迁任扈从行宫的职官者，皆可称作"入"为某官。这样，由升任大理寺官被称作是"入"，也可证实大理寺是设在行宫中的。如，《辽史》卷八九《杨佶传》云，圣宗朝开泰年间，"出知易州……入为大理少卿，累迁翰林学士，文

1　向南：《辽代石刻文编》，第520页。
2　陈述辑校《全辽文》，第164页；向南：《辽代石刻文编》，第260页。
3　《辽史》卷一九《兴宗纪》，第262页。

章号得体"。《贾师训墓志铭》亦云："入为大理寺丞，持法强固，不为权势沮夺。"正因为大理寺之职官在行宫，故皇帝在行宫接见宋使时，可以大理寺官为馆伴使臣。《梁援墓志》载，大康元年（1075），梁援"提点大理寺，因馆伴能以语辩屈宋人，超拜翰林学士"。当然，作为中央官员的大理寺官，也常受命去处理地方的重大事件。例如，《孟有孚墓志铭》载，道宗朝，孟"用为大理正。公亦毅然自奋，盖欲有所立。时朝廷命复庆陵之逋民，诏公乘驿以督之"。[1]

《辽史·百官志》共四卷，其中记宣徽院者有四处：在"北面朝官"部分记有"宣徽北院""宣徽南院"；在"南面朝官"部分记有"宣徽院"；在"南面京官"部分中又记载有"南京宣徽院"。而《辽史》卷三一《营卫志》"行营"一项中更有一段记载云："皇帝四时巡守……汉人宣徽院所管百司皆从。"这很容易给人们一个错觉，以为随从行宫的是四个宣徽院中的某一个。但经笔者考证认为，《辽史·百官志》的记载是重复的，实际上，辽朝只有一个宣徽院。其源出，也是学习中原政权的设置，而按照中原政权的制度，这个宣徽院内部分作北、南二院。[2]所谓南京宣徽院，则是当皇帝至南京时，宣徽院在京的衙署。[3]将《营卫志》中宣徽院冠以汉人之称，由此可见，它应属南面官，它就是辽朝唯一的并且随从皇帝四时巡守的宣徽院。我们征引以下材料，可证实宣徽院是随从行宫的。

《王说墓志铭》有"权宣徽及五宫院事"之文字。五宫院皆扈从皇帝，宣徽也只有是扈从机构，才能由一人总权这些事务。又，《辽史》卷七九《耶律阿没里传》载，统和年间，阿没里"迁北院

1　陈述辑校《全辽文》，第 248 页；向南：《辽代石刻文编》，第 471 页（二者所录志文略有不同）。

2　《资治通鉴》卷二四三"穆宗长庆三年四月丙申"条胡注，第 7825 页；（元）马端临：《文献通考》卷五八《职官考十二》"宣徽院"条，《景印文渊阁四库全书》第 611 册，第 342 页。

3　当宣徽院随从皇帝巡幸时，南京的宣徽衙署中留有守衙官吏，命以左右宣徽使之名。但并非行宫中各宫署在京城都有相应衙址。

宣徽使……十二年，行在多盗，阿没里立禁捕法，盗始息"。另据近年北京西郊出土的《韩佚墓志》云："公贵介二人，仲曰倬，宣徽北院使、镇安军节度使、太尉……入侍宸严，委佩无先于贵宠，出膺朝寄，举纲克振于徽猷。"[1] 这里所言"入侍宸严"，显然是指韩倬任宣徽北院使之事。了解耶律阿没里、韩倬等任宣徽使职时的情形就可把握宣徽使处于皇帝行在的事实。

《辽史》同样为我们提供了说明上述结论的材料。卷八七《萧撒八传》载，萧撒八为"北院宣徽使，仍总知朝廷礼仪"；卷九〇《耶律义先传》载，义先于重熙年间为"南院宣徽使。时萧革同知枢密院事，席宠擅权，义先疾之，因侍宴，言于帝……"宣徽使为朝廷中掌礼仪、侍宴会之职官。《辽史·礼志》详载辽朝的各种礼仪，大都有宣徽使司掌仪式，而这些礼仪主要都是在行宫中进行的。出使辽国的宋使对行宫中的宣徽使曾有如下描述："宣徽使惟掌宣传诏命而已，文宴侍立如门使之比。"[2] 而门使也不过是"（单于）庭以松干表其前，一人持牌立松干间，曰阁门"而已。[3]

行宫即辽朝廷之所在，因为辽朝模仿中原政权的政府设置，各机构在斡鲁朵中几乎应有尽有。诸如，学习中原王朝的客省，辽朝在行宫中也设置了客省的办公毡庐。大康三年（1077），宋使沈括来到永安山下道宗斡鲁朵所在地，见"其东向六七帐曰中书、枢密院、客省"。[4] 此前，咸雍三年（1067），宋使陈襄到达道宗夏捺钵处，记其经过云："六月十五日黎明，馆伴使副与臣等自顿城馆二十里诣帐前，引至客省，与大将军、客省使耶律仪、赵平相见，置酒三盏。……二十一日，入至客省帐前，置酒三盏。……"[5] 是乃陈襄亦

1 见北京市文物工作队《北京西郊辽壁画墓发掘》，《北京文物与考古》第1辑，1983年。

2 （宋）余靖：《武溪集》卷一八《契丹官仪》，《景印文渊阁四库全书》第1089册，第173~175页。

3 （宋）沈括：《熙宁使虏图抄》，（明）解缙：《永乐大典》卷一〇八七七，第13页。

4 （宋）沈括：《熙宁使虏图抄》，（明）解缙：《永乐大典》卷一〇八七七，第13页。

5 （宋）陈襄：《使辽语录》，金毓黻编《辽海丛书》，辽沈书社，1933~1936，第67册，第5~6页。

在捺钵处受客省之接待。由于朝廷各种礼仪大都举行于行宫中，掌管礼乐郊庙社稷事宜的太常寺等机构都随行宫。《马直温妻张馆墓志铭》记其妹夫是"知随驾太常礼院韩君详"。[1]不仅上述机构如此，连太庙的庐帐都是随着皇帝四时游动的，[2]故祭祀是可随时随地举行的。行宫中也有教坊之设，其歌舞乐人随帐行止。《演繁露》就曾记有"武珪在虏十余年，以善歌隶帐下，故能习虏事详悉"云云事。掌卤簿仪仗之仪鸾司也是随驾的。《赵匡禹墓志铭》就有"随驾仪鸾副使赵为带"等文字。[3]宫廷内侍诸局更是皆备于行宫，只是当辽国将亡，天祚帝仓皇西逃之际，身边之侍从才纷纷鸟散：保大二年（1122）三月，天祚帝"以诸局百工多亡，凡扈从不限吏民，皆官之"。[4]

　　实际上，连一些府库也都是活动的庐帐，行宫中有各种"随驾库""颁给库"等。[5]

　　总之，正如宋人李维一言以蔽之的，辽朝是"官属随帐"——中央政府随皇帝之"帐"一道行动，皇帝游幸之处，便是朝廷所在之地。对这样一个游动的中央政府，辽人自己就有一个十分恰当的称呼，叫作"行朝"。[6]

（三）有关中央政府的其他问题

　　"官属随帐"，是辽朝中央政府的一个基本特征。但这样一个

1　陈述辑校《全辽文》，第264页；向南：《辽代石刻文编》，第635页。
2　详见本书"五京的建置及在辽朝政治中的作用"一节。
3　陈述辑校《全辽文》，第373页；向南：《辽代石刻文编》，第300页。
4　《辽史》卷二九《天祚帝纪》，第385页。
5　如《辽史》卷五七《仪卫志》"符印"项载：玉印"藏随驾库"；《奉为内翰侍郎太夫人特建尊胜陁罗尼幢记》中有"随驾锦透背皮毛库"（陈述辑校《全辽文》，第314页；向南：《辽代石刻文编》，第617页）；《李知顺墓志》记李知顺曾任"颁给库使"（陈述辑校《全辽文》，第139页；向南：《辽代石刻文编》，第188页）。
6　《常遵化墓志铭》云，常遵化"殁于行朝西南五里之隅"（陈述辑校《全辽文》，第370页；向南：《辽代石刻文编》，第128页）；《创建静安寺碑铭》有"先是夫人之男辄供职于行朝"（陈述辑校《全辽文》，第200页；向南：《辽代石刻文编》，第361页）云云事。

行宫政府及其机构的增置是有一个历史的过程的，是根据辽国国情的需要不断发展而臻于完备的，并不是也不可能在建国之初或行宫制度建立伊始就建置和完善了的。辽太宗会同元年（938）十一月，辽在对地方行政组织及官制进行大规模改造的同时，对中央政府也进行了充实，新设置了一大批机构、职官，如"置宣徽、门使、控鹤、客省、御史大夫、中丞、侍御、判官……"[1] 而辽朝的最高军政机构——北南枢密院是在辽建国三十多年后的世宗朝才正式建置的。[2] 即使像大理寺这样早已设置的机构，也是迟至圣宗统和十二年（994）才增设了大理正及大理少卿等，说明其机构本身也是根据现实之需要而不断完善起来的。

　　但是，另外一种情况，也是应加以特别说明的。由于行宫政府受各种条件的限制，以及辽国所统治的地域、民族等特殊性所决定，一些在中原封建政权中是作为中央组织的机构，在辽朝并未尽设于"行朝"之中。这些机构有的形式上仍用"朝官"的名义，却设置于诸京，实际上变成了一种高级地方官。例如，唐末以来，中原王朝的中央政府中，形成了以三司主掌全国财政的制度。辽朝早在太宗朝幽云十六州地入辽版图不久，也设置了这一机构，但并不随从行宫，其官署在南京。辽朝的三司，不是全国最高之财政机构，只是与其他四京相应的财政机构——上京盐铁使司、东京户部使司、中京度支使司、西京计司（都转运使司）——平行的、[3] 各总一道财政的机构。余靖《武溪集·契丹官仪》对此记载得很清楚："胡人司会之官，虽于燕京置三司使，唯掌燕、蓟、涿、易、擅、顺等州钱帛耳……中京置度支使，宜、霸等州隶焉；东京置户部使，辽西、川、锦州等隶焉；上京置盐铁使，饶、泽等州隶焉；山后置转运使云、应等州隶焉。置使虽殊，其实各分方域，董其出纳也。"

1　《辽史》卷四《太宗纪》，第 49 页。
2　详见本书"枢密院、中书省探讨"一节。
3　参见向南、杨若薇《辽代经济机构试探》，《文史》第 17 辑，1983 年。

各京财政机构名称不同，其实皆掌一地区三司之事务。再如，隋唐以来，国子监为中原封建王朝设立的教育管理机构和最高学府。但辽朝并未将这一机构照中原王朝的样子设置于中央政府之所在——行宫中，而是将国子监设于京城中。据《辽史》可知，上京、中京置有国子监，南京则有太学，东京、西京各有京学。迄今并无迹象表明，上京、中京之国子监辖南京太学及东、西京京学。其实各京教育机构虽名称不一，实皆为诸京道之最高学府。故其职官应为京官而非朝官。因为中央政府的主要部分跟从着皇帝处于不断运动之中，故任何一个京城都不具中央政府必然驻地之地位，五京只是根据需要设置相应的某些机构。弄清楚了"随宜设官"的缘由，便可明白各京"为制不一"现象产生的背景。[1]如礼部贡院作为中央政府下属之一机构却设置于南京，《辽史》所载诸如保宁八年（976）十二月戊午，"诏南京复礼部贡院"；[2]重熙五年（1036）十月，兴宗幸南京，"宰臣张俭等请幸礼部贡院，欢饮至暮而罢，赐物有差"，[3]等等情形，也就很好理解了。

　　辽帝终年游猎不止，即使在冬夏捺钵中，聚朝会议重大军国事宜之际，也仍不辍畋渔之行，即所谓"与北南臣僚议国事，暇日游猎""与北南大臣会议国事，时出校猎讲武"等。[4]既要游猎不停，又要统治国家的辽帝，要控制百官，只有将政府携带身旁。这似是辽帝的权宜之计，其实乃为其治国安民的长久之策。路振《乘轺录》言："虏（指契丹主）所止之处，官属皆从。"但跟从着这样的"岁无宁日"、终年奔驰的皇帝，中央政府将如何办公呢？其实，所谓"官属皆从"，并非寸步不离皇帝。皇帝到达某一捺钵，中央官署便安顿于是处，行使政府之各项权力，处理国家日常事务，此地

---

1 《辽史》卷四八《百官志》"南面京官"序，第812页。

2 《辽史》卷八《景宗纪》，第895页。

3 《辽史》卷一八《兴宗纪》，第246页。

4 《辽史》卷三二《营卫志》"行营"，第424、425页。

便成为此时之朝廷所在；皇帝起驾转向另一捺钵，中央官署便也随
之转移于彼处办公，彼地成为彼时之朝廷所在。皇帝转换捺钵并不
是出于要寻找一更适应中央政府办公地之目的，而是为便于其游牧
射猎。因而，到达捺钵，皇帝并非蛰居斡鲁朵中日理万机，而经常
是日夕畋猎于丛山莽原之中。这时，除了皇帝的扈卫人员之外，作
为政府官署的庐帐，依旧扎寨于捺钵，政府官员在各自岗位上履行
职守，保证国家机器按其正常秩序运转。以下材料可对此加以说
明。《梁援墓志》云："乾统元年八月五日，中书梁公薨于位，驰
奏于秋峦之行在所，天子闻之，抚几震悼。"查《辽史》卷二七
《天祚帝纪》是年八月，天祚帝"谒庆陵"，即在庆州秋山行猎。
身为宰相的梁援薨于中书官署所在处，故需"驰奏"正在山中行
猎的天子。又，《辽史》卷一〇三《萧韩家奴传》载，清宁年间，
萧韩家奴为北院宣徽使。"（清宁）九年，上猎太子山。闻重元乱，
驰诣行在。帝仓卒欲避北、南大王院，与耶律仁先执辔固谏，乃
止。"从这段记载可以知道，道宗猎太子山时，身为行宫官员、宣
徽使的萧韩家奴并未从行；当重元以迅雷不及掩耳之势爆发叛乱
之时，萧韩家奴又能"驰诣行在"。显然，他离皇帝秋猎之处不甚
太远，或即在斡鲁朵所在处，故能迅速奔赴猎所。可见，皇帝出
猎之际，一般官署之官员仍留在驻地，处理日常公事。

因中央政府随皇帝行帐，其官署亦皆为庐帐，故京城中少有
中央官署之建筑。只有留守司为京城常设机构，此为《辽史·地理
志》于各京建筑规制条下多记录留守司衙地点的缘故。[1] 然当皇帝驻
跸某京之际，随"帐"之中央各官署又如何安置呢？

《辽史·地理志》于上京临潢府、东京辽阳府、南京析津府条
下明文记载建有大内。中京有皇宫大内。此事于其他史籍也可征见；
《长编》载，大中祥符元年（辽统和二十六年，1008）三月，宋抟

---

1 《辽史·地理志》"上京""东京""西京"条分别记有留守司之地点。

使辽，见中京"宫中有武功殿，国主居之，文化殿国母居之"。同年十二月，路振也"见虏主于武功殿"，"见国母于文化殿"。唯有升为京城较晚的西京大同府，尚不知其是否有大内之建置。既然京城有大内，那么，皇帝在巡幸诸京时，居于大内自是情理中事。例如，重熙五年五月壬戌，"诏修南京宫阙府署"。[1]这是为十月兴宗幸燕做准备的。由于皇帝长期不居京城，宫阙久搁不用，一旦用之，需加修缮。正是在这次修缮工程中，宣徽南院使韩橁劳疾而死。据《韩橁墓志铭》云："重熙五年，在燕京也，备清跸之来临，溪翠华之降幸，茸修宫掖，仰期饮镐……以九月二十五日，橁告薨于宣徽衙之正室。"本为扈从皇帝的宣徽使却薨于南京宣徽衙中，说明宣徽院在南京有"府署"。在随从皇帝到达南京之后，宣徽院进入自己在京城中的"府署"。但是，随从皇帝的中央各官署并非皆能"对号入座"，并非京城中皆有它们的"归宿"。统和二十六年（1008）使辽的路振在其《乘轺录》中明确记道：中京里民所言，"虏所止之处，官属皆从。城中无馆舍，但于城外，就车帐而居焉"。显然，皇帝入中京后，各官署则在城外依旧居于车帐之中。倘若这种状况用当时中京初建不久，草创之际不得不如此来解释的话，面对后来依旧如此的材料，就很难自圆其说。《耶律宗允墓志铭》载，圣宗皇太弟耶律隆庆之子耶律宗允为参加咸雍元年（1065）正月在中京举行的道宗大册礼，从他的任所彰国军赶赴中京，但还没等到典礼的举行，他却"薨于行帐"。[2]从到达中京的耶律宗允死于"行帐"可见，即使皇帝到达京城，百官僚属却依旧住在城外庐帐之中（而这一点，也可证明辽后期未以中京为固定首都）。

在京城中，辽朝一些皇亲贵戚分别建有私宅。如上京有齐天皇

---

1 《辽史》卷一八《兴宗纪》，第245页。点校本《辽史》修订本校勘记：此应为"六月壬戌"，第254页。

2 陈述辑校《全辽文》，第183页；向南：《辽代石刻文编》，第321页。

后故宅，法天皇后宅；[1]在南京有随从道宗行宫的秦越长公主"所居第宅"；[2]等等。随从皇帝入京时，这些私宅成为宅主的居所。但这并不等于说宅主终年居于此处。况且，这种私宅为数有限，连皇亲贵戚也不能全部容纳得下。因此，当皇帝到达京城之后，行宫部落中官署、族帐一般并不随之进城。例如，《辽史》卷一一一《圣宗纪》载，统和四年（986）十月乙卯，幸南京。而在此前五天，圣宗"命皇族庐帐驻东京延芳淀"（此处东京为南京之误）。可见，此次圣宗进南京，皇族帐则居于离南京城外的延芳淀（据《辽史》卷四《地理志》，延芳淀在南京析津府辖下潞阴县之境）。苏辙出使辽国时，听说："契丹之人，每冬月多避寒于燕地牧放，住坐亦止在天荒地上，不敢侵犯税土。"[3]大概也是皇帝进京后行宫部落仍驻扎城外的情形。这就是辽帝出入于五京之际，却未见民有扰乱之忧的原因所在。

其实，到达京城后，即使皇帝本人有时也仍住庐帐。例如，《旧五代史》曾记载："永康王至辽阳，帝与太后并诣帐中。……及永康王发离辽阳，取内官十五人、东西班十五人及皇子延昫，并令随帐上陉。"这里的永康王，时已即位为辽世宗。"帝与太后"指被辽所俘虏的晋出帝石重贵与其母，石重贵与其母在东京辽阳仍于帐中见世宗，足见世宗在辽阳时，是居于庐帐之中的。

终年游动的辽帝，没有固定居点，其斡鲁朵总是在运动，在"行"，所以，辽帝的住处总是被称作"行宫"。即使在京城，其所居之宫也照样被称作"行宫"。《辽史》卷九一《耶律韩八传》载："太平中，游京师，寓行宫侧，惟橐衣匹马而已。帝微服出猎，见而问之曰：'汝为何人？'韩八初不识，漫应曰：'我北院部人韩八，来觅官耳。'"是为辽帝在京师，居处仍称作"行宫"之佐证。

1　《辽史》卷三七《地理志》，第 499 页。
2　《妙行大师行状碑》，陈述辑校《全辽文》，第 299 页；向南：《辽代石刻文编》，第 586 页。
3　（宋）苏辙：《栾城集》卷四一"论北朝政事大略"，第 568~569 页。

（四）对一条史料的解释

《辽史》卷三二《营卫志》中有一条引人注目的史料：

> 皇帝四时巡守，契丹大小内外臣僚并应役次人，及汉人宣徽院所管百司皆从。汉人枢密院、中书省唯摘宰相一员，枢密都副承旨二员，令史十人，中书令史一人，御史台、大理寺选摘一人扈从。每岁正月上旬，车驾启行。宰相以下，还于中京居守，行遣汉人一切公事。除拜官僚，止行堂帖权差，俟会议行在所，取旨、出给诰敕。文官县令、录事以下更不奏闻，听中书铨选；武官须奏闻。
>
> 五月，纳凉行在所，南北臣僚会议。十月，坐冬行在所，亦如之。

这段记载曾被作为辽中央政府设置于京城以及辽后期迁都中京的一个主要证据。但是，人们并没有注意到，这段记载是不能完全凭信的。除了前所论证的以枢密院、中书省为主的辽朝中央政府基本上都设置于斡鲁朵中的事实，已对这条记载做出了有力的反驳外，我们还获得以下史实，同样可以证实这条记载是不准确的。

《营卫志》所云"汉人枢密院、中书省唯摘宰相一员……扈从"。可是，在有关辽帝行宫活动（且非在冬夏之际）记载的一些史料中，所见到的中书省、枢密院之官吏并非仅仅宰相一员。例如，《长编》庆历二年（1042）九月癸亥条记载："富弼、张茂实以八月乙未至契丹清泉淀金毡馆。……翌日，引弼等见虏主。太弟宗元、子梁王洪基侍，萧孝思、孝穆、马保忠、杜防分立帐外。"查《辽史》卷八六《杜防传》知，汉人杜防此时正当"参知政事"之任，是副相而非宰相；[1] 又从卷一七《圣宗纪》知，马保忠在太平十

---

[1] 见本书"枢密院、中书省探讨"一节。

年（1030）就曾有"宰相兼枢密使"之衔，因而，此时与北面高级官萧孝思、孝穆及杜防共同分立辽帝帐外之马保忠也应是南面官中一员要臣。富弼、张茂实出使时，正值秋季，辽行宫中的枢密院、中书省汉官却非一员宰相在皇帝近旁。同样的材料还见于《贾师训墓志铭》，任副相——参知政事的贾师训"再扈蒐跸，幸韶阳开宴。上敕公进酒……"韶阳即长春州，为辽帝主要春捺钵地。若按《营卫志》的上述说法，贾师训根本不可能在春捺钵地出头露面，何谈还能与宴为辽帝进酒！

《营卫志》还云："每岁正月上旬，车驾启行。宰相以下，还于中京留守，行遣汉人一切公事。除拜官僚，止行堂帖权差……"所谓"堂帖"，《梦溪笔谈》解释说："唐中书指挥事谓之堂帖子"，即宋时的堂札、省札，[1]是指中书省所发布的帖子。"除拜官僚，止行堂帖权差"，是指中书省在中京行使除拜官僚权。我们姑且不顾对有关中书省之所在地的论证，仅从官僚之除拜是否在中京来看《营卫志》的叙述与事实究竟有无出入。

《耶律宗允墓志铭》载："以王联从父之亲，久镇方面。清宁初，遂驿召归阙，拜为南宰相。"《梁援墓志》载："寿昌五年……同中书门下平章事判辽兴军节度使事。六年夏诏至阙，拜枢密副使。"这里表明，耶律宗允、梁援被除授官职都是到达了皇帝所居行宫中，而不是到中京。倘若说，这是因为耶律宗允、梁援这类高级官员之除代需"至阙"的话，那么，我们还可以看到一些身份并不高的地方官员也同样来到"行朝"受命任职：《常遵化墓志铭》载："（统和）二十四年，奉命授朔州榷场都监……年终官毕，返驾归朝，圣睠益隆，群望允瞩。至二十五年，授辽西州诸军事辽西州刺史……忽染小疾，药无征愈，于当年六月二十五日殁于行朝西南五里之隅。"常遵化之任州刺史，受命于行朝而非中京，且从年终归朝至

---

1 《资治通鉴》卷二七七"后唐明宗长兴元年四月"条胡三省注。

其死于次年六月间，约半年之久是留在"行朝"的。又如，《孟有孚墓志铭》载，孟有孚"为辰渌盐院使。会车驾路出于金山，问其政于民，乃召赴行在所。未及至，授同知泰州军州事"。身为官品不高的辰渌盐院使的孟有孚，在道宗游幸途经其任所附近时，被召赴行在所（尽管未及至）重新授命任职，亦无须再到中京。《耿延毅墓志》载："（统和）二十三年受代，来朝燕京，寻除控鹤都指挥使，进位左领军卫大将军。"统和二十三年正月至五月，正值圣宗在南京，[1] 受代的耿延毅便赶往当时"行朝"之驻地——南京，接受新任。以上确凿的史料证明《营卫志》中汉官居中京之记载是失真的。

其实，基于对辽朝史实的一般性分析，也可明白《营卫志》的记载是难以说得通的。因为中京建成于圣宗统和二十五年（1007），是时已为辽代中期。倘若此时辽中书省等中央政府机构始迁于中京小公，那么，在此之前势必有一个中央政府固定常驻的京城，而可作为考虑的只有上京和南京两个京城。但是，没有任何史料可以说明当时的辽中央政府设于这两京，不但《辽史·地理志》对这两京之城郭规制的叙述里未见中央官署建筑的记载，就连亲身到过辽上京（或南京）的汉人，诸如胡峤以及其他中原使臣在他们留下的文字中，也都未对上京与南京的中央官署有任何描述，岂非咄咄怪事？另外，如果这个政府是设置于京城的，则主要应是因其要治理南面汉人事务。那么，若设于上京，距其要治理的汉人、渤海人地区——幽云十六州及东京地区仍是远隔千里，有何特殊意义？若设于南京，在当时的历史条件下，以上京附近地区为"穴窟"的辽帝，对这个中间隔着大片奚地的、远处千里之外的南京中央政府又如何驾驭呢？果真如此，辽国岂不存在两个发号施令的"中央"？

前已述及，辽是个游牧国家，其政权赖以存在的根基是草原，

---

1 《辽史》卷一四《圣宗纪》，第175页。

而不在农耕土地上。汉地的农业经济始终无法完全取代草原游牧经济，终辽一世也未成为其立国的根本。辽朝的政治中心虽处于不断的移徙中，但也一直未离草地。以契丹及北方各部族为重点治理对象的辽政权，尽管拥有大片汉地和众多的汉民，然后者只是其统治重心的附属部分。若依《营卫志》所载，辽中央北面官属皆随从行宫，即中央官属的最重要的一半已在行宫了，而另一半——南面官中的主要官员（包括宰相等）也留在行宫一部分。显而易见的是，这里所谓"还于中京居守"的，只是些无关紧要的南面官员，何况他们于冬夏二季也要奔赴行在所。那么，这些官员之"居守"中京又有何意义呢？由此看来，很难能用《营卫志》的这条史料来说明辽朝政府的实际情况。

以上反复论证《营卫志》"行营"一项关于辽帝巡守时情况的记载是不准确、不可信的。至于其因何而致误，目前尚未找到确凿的根据。笔者只能试做一分析推论：与《辽史》诸志的编撰情况相同，《营卫志》的编撰也是草率而成的，其中除"部族"一项当有耶律俨《实录》为底本外，其他诸项乃出于元人之手。元人修史时，无暇旁搜、考订，只拼凑当时已有材料，未及审核便连缀成篇。从"行宫"项记述四季捺钵的那些内容看，似是拼凑不同作者的、不同时期的不同记载而成的。例如，"夏捺钵"一条便是仅叙述道宗夏捺钵之情况。以此推测，"行营"一项最后关于皇帝四时巡守、汉官宰相以下还于中京居守云云，或许也是拼凑了某些现成史料而填加到"行营"一项中去的。《营卫志》所记辽帝扈从官的这一史料如果不是杜撰的，那就只能是对某一时期、某一次皇帝游猎至中京附近时，对其百官僚属安排情形的记录，而非辽朝之通例，只是由于元人修史时径自取来窜入"行营"一项中，故给后世造成了诸多误解。

（五）斡鲁朵政治

中央政府设置于由皇帝的斡鲁朵及四部族共同构成的行宫部落

之中，[1] 这个行宫部落无疑是辽国政治之中心——拥有最高权力的代表者皇帝和对全国实施统治权力的中央政府。尽管行宫部落有着特殊的政治意义，但从它作为部落组织的角度来看，这个部落又与北方草原上其他游牧部落同样，是一个庞大的畜牧生产集团。根据畜牧生产周期的特点，游牧部落一年四季总是处于从一个牧场到另一个牧场的迁移流动之中，这不仅是为了避寒暑，还是为了保证牲畜获得足够饲料，另外也有保持和恢复牧场肥力的考虑，以便在下一个生产周期的相应季节重回故地放牧。从当时生产力水平出发，这是使牧场恢复地力的最为有效的方法。因此，不能说辽帝的四时游徙主要是出于个人的性格与嗜好，而是由他生活的环境、生产条件、历史状况所决定的。这样的生产形式使行宫部落呈现一种动态，又因主宰国家事务的朝廷也设置于这个部落中，所以辽国最高政权机构亦处于行宫部落的同步运动之中。正是在这个意义上，形成了与基于农业经济基础之上的中原封建政权截然不同的辽国行宫政治。

有游动的朝廷——行朝，便有游动的朝殿——行殿。所谓"行殿"，不外乎是草原通用的活动建筑——庐帐。《辽史》卷三二《营卫志》记冬捺钵的行宫中殿堂的构造、规模和型制：皇帝牙帐之南，"有省方殿，殿北约二里曰寿宁殿，皆木柱竹榱，以毡为盖，彩绘韬柱，锦为壁衣，加绯绣额。又以黄布绣龙为地障，窗、槅皆以毡为之，傅以黄油绢。基高尺余，两厢廊庑亦以毡盖，无门户。省方殿北有鹿皮帐，帐次北有八方公用殿。寿宁殿北有长春帐，卫以硬寨"。对行殿的建制，出使辽朝的宋使也留有不少详细的描绘。例如，开泰九年（宋天禧四年，1020）宋绶使辽，记其所见云："木叶山……又云祭天之地，东向设毡屋，题曰省方殿，无阶，以毡藉地。后有二大帐，次北又设毡屋，曰庆寿殿。"[2] 大安七年（宋元祐

1　详见本书"释'辽内四部族'"一节。

2　《长编》卷九七，第 2254 页；《文献通考》卷三四六《四裔考二三》，《景印文渊阁四库全书》第 616 册，第 793 页。

六年，1091），彭汝砺使辽，作《广平甸诗》，其序云："初至单于行在，其门以芦箔为藩垣，上不去其花以为饰，谓之羊箔门。……殿曰省方殿。……山棚之前作花槛，有桃、杏、杨、柳之类。前谓丹墀，自丹墀十步谓之龙墀。殿皆设青花毡。其阶高二三尺，阔三寻，纵杀其半。由阶而登，谓之御座。"[1] 而撰《辽史》者则把这些木柱竹椽，以毡为盖的活动建筑径记为"行殿"。如，《太宗纪》会同五年正月丙辰朔，"上在归化州，御行殿受群臣朝"。如果说行宫是辽国政治的中心，那么，行殿便是这个中心的舞台。其实，借用"运筹决策于帷幄之中"这句古语，来描述辽国最高统治集团的活动的倒是最恰当不过的了。

　　据《辽史》卷三二《营卫志》"行营"一项记载，辽帝只在冬夏捺钵时"与北南大臣会议国事"，春秋则钓鱼射鹿，纵猎于山水之间。其实也并非完全如此。既然中央政府设在行宫之中，议政及处理政务乃随时可行，不必非要等到冬夏两季。《辽史》就有辽帝在春秋二季召集大臣议政的大量记载。如天显六年（931）三月辛未，召大臣议军国事；七年七月丙戌，召群臣耆老议政；会同八年（945）九月壬寅，次赤山，宴从臣，问军国要务；天禄三年（949）九月辛丑朔，召群臣议南伐；大康九年（1083）九月壬申，召北南枢密院官议政事；大安二年（1086）九月辛巳，召南府宰相议国政；[2] 等等。辽帝在春秋之际不仅召集大型国事会议，而且也同样听政和处理日常事务。《圣宗纪》记载：统和三年（985）七月丙寅，"驻跸土河。以暴涨，命造船桥，明日乘步辇出听政"。这是由于捺钵处无城郭沟池、高墙深院做蔽障，所以在行宫处理政务常常还要克服自然条件造成的困难。当秋季河水暴涨之际，圣宗为不误听政，从自己所居之斡鲁朵乘步辇前往行殿；统和十六年（998）秋七月丁巳

1　（宋）彭汝砺：《鄱阳集》卷八，《景印文渊阁四库全书》第 1101 册，第 258 页。
2　以上均见《辽史》各《纪》。

朔，"录囚，听政"；开泰八年（1019）十月乙酉，"诏诸道，事无巨细，已断者，每三月一次条奏"。这说明，连诸道地方事务也并不只等到冬夏才"会议行在所"。至于《辽史·穆宗纪》有多处秋季"不视朝""不听政"之记载，并不是辽帝春秋二季不视朝的通例，恰恰相反，这是因为昏庸无度的穆宗不理朝政被看作是一种反常现象，才被史官特别加以记载的。

辽朝的各级官吏之除授、更代例须赴行朝受命，出任外职的官员也有朝觐制度。这种朝觐，自然是赴"行朝"，故辽代所谓"入朝""诣阙"，即指赴行宫。这种朝觐也并不仅仅限于冬夏捺钵，一年四季"来朝""入朝"之记载在史籍上屡见不鲜。特别是当朝廷举行隆重大礼之际，正是内外百官从四面八方奔赴行宫、会聚一堂之时。正因为皇帝久居行宫，罕幸京城，因此在接见来自京城州县的臣僚仪式上，形成了一种别有风味的固定慰劳语。皇帝对赴朝之地方官员说："卿等久居乡邑，来奉乘舆。时属霜寒——或云炎蒸，谅多劳止。卿各平安好，想宜知悉。"[1]

自保宁八年（976）十二月，"诏南京复礼部贡院"，统和六年（988）"诏开贡举"之后，辽朝在全国普遍实行科举制度，"以登汉民之俊秀者，榜帖授官，一效中国之制"。[2] 这是一套主要用来招徕汉人文学之士加入统治行列的办法。但辽朝放进士之仪式也仍在行宫举行。据《辽史》，除兴宗即位时，于上京"御宣政殿放进士刘贞等五十七人"，重熙五年十月在南京"御元和殿，御试进士"数条记载外，放进士仪式几乎都是六月份在行宫举行的：

　　重熙七年（1038）六月乙亥，御清凉殿试进士，赐邢彭年以下五十五人第（是时辽帝在金山。清凉殿为行殿）；

---

1 《辽史》卷五一《礼志》，第 943 页。

2 （宋）路振：《乘轺录》，见（宋）江少虞《宋朝事实类苑》卷七七，第 1015 页。

　　重熙十一年（1042）六月壬午，御含凉殿，放进士王寔等
六十四人（是时辽帝似在鸳鸯泺）；

　　重熙十五年（1046）六月戊辰，御清凉殿，放进士王棠
等六十八人；清宁元年（1055），御清凉殿放进士张孝杰等
四十四人；

　　清宁八年（1062）六月，御清凉殿放进士王鼎等九十三人；
　　…………

　　《辽史》还有许多放进士的记载，虽未明言时间、地点，但皇
帝通年不曾临幸京城，放进士仪式自然亦是举行于行宫中了。正因
如此，"进士接见仪"是以在"御帐"前举行为定式的。[1]

　　辽帝还在四季捺钵中接待各国及各边境民族的朝贡使节。关于
这一点，《辽史》记载比比皆是，仅以天祚帝天庆二年（1112）为
例：春正月己未朔，如鸭子河。丁丑，五国部长来贡；二月丁酉，
如春州，幸混同江钓鱼，界外生女直酋长在千里内者，以故事皆来
朝；夏六月庚寅，清暑南崖。甲午，和州回鹘来贡。甲辰，阻卜来
贡；十月，高丽三韩国公王俣之母死，来告，即遣使致祭，起复。
是月，驻跸奉圣州。[2]辽帝接待宋使也多在行宫，故宋人奉使契丹，
有"行行至穹庐"之语。[3]因为辽朝主要是在行宫举行接待来宾的活
动，并进而形成了一套固定仪式，故后来投降宋朝的辽人武珪就曾
绘制一幅"契丹广平淀受礼图"献于宋廷。[4]

　　因为辽国各种重大的朝廷礼仪几乎都在行宫举行，《辽史·礼
志》保留了一系列有关行宫礼仪制度的宝贵记载，其中有：

---

1 《辽史》卷五三《礼志》，第967页。
2 《辽史》卷二七《天祚帝纪》，第364~365页。
3 （宋）梅尧臣：《宛陵集》卷三〇"送韩仲文奉使"，《景印文渊阁四库全书》第1099册，第227页。
4 （清）徐松辑《宋会要辑稿》蕃夷二之一九，"嘉祐六年三月"条，第7701页下。

问圣体仪：皇帝行幸，车驾至捺钵，坐御帐。臣僚公服，问"圣躬万福"；

皇后生辰仪：臣僚昧爽朝，皇帝、皇后大帐前拜日，契丹、汉人臣僚陪拜；

高丽、夏国告终仪：先期，于行宫左右下御帐，设使客幕次于东南；

重午仪：至日，臣僚昧爽赴御帐，皇帝系长寿彩缕升车坐，引北南臣僚合班，如丹墀之仪；

重九仪：北南臣僚旦赴御帐，从驾至围场，赐茶；

藏阄仪：至日，北南臣僚常服入朝，皇帝御天祥殿（此为行殿），臣僚依位赐坐；

…………

行宫，犹如辽国庞大肌体的心脏，联系着辽国的每一根血管、神经，与整个辽国的生命攸息相关。辽军出征，其俘获送之行在：咸雍六年（1070）四月癸未，"西北路招讨司以所降阻卜酋长至行在"。[1] 出征归来，将领直赴行在报告战果：开泰二年（1013）三月壬辰朔，"化哥以西北路略平，留兵戍镇州，赴行在"。[2] 紧急事变，要火速奔赴行在上报：太平九年（1029）八月，东京大延琳反，东京副留守王道平"与延琳所遣召黄龙府黄翩者，俱至行在告变。上即征诸道兵，以时进讨"[3]（是时圣宗正在显陵附近）。行宫作为辽朝政治的中心，必然成为不断掀动朝廷风波、卷起政治旋涡的地方，这就是辽代统治集团内部历次规模和影响较大的斗争，皆爆发于行宫的原因（诸如萧思温被杀、世宗被弑、重元叛乱、齐天太后之死、懿德皇后及太子濬被害等，均发生于行宫部落中）。甚至金军

---

1 《辽史》卷二二《道宗纪》，第305页。
2 《辽史》卷一五《圣宗纪》，第189页。
3 《辽史》卷一七《圣宗纪》，第230页。

攻辽的几年中，已攻下五京，仍穷追不舍天祚帝，因为女真统治者也很清楚，五京并不是辽统治的象征，要彻底摧毁辽政权，只有灭掉以天祚帝为代表的"行朝"。金国的确就是这样做的。

辽代一直盛行佛教，后期几个皇帝尤其佞佛，因此僧侣经常在行宫中设坛布教。行宫竟也成了佛教思想汇聚、传播的中心。《辽史》载，大康五年（1079）十一月丁丑，道宗驻跸独卢金，召沙门守道开坛于内殿。[1]寿隆（昌）六年（1100）十一月丙子，召医巫间山僧志达设坛于内殿。是时道宗在藕丝淀（广平淀）。[2]辽代石刻也留下了不少关于这方面的记事。如，《非独禅师实行幢记》中云："（重熙）八年冬，有诏赴阙，兴宗赐以紫衣。"[3]查《辽史》卷一八《兴宗纪》可知，兴宗是年冬天驻在东京，那么，非浊禅师赴"阙"，自然是赴东京。又，《法均大师遗行碑铭》记载，咸雍六年"师道愈尊，上心渴见，爰命迩臣，敦勉就道，因诣阙再传佛制。……翌日，特授崇禄大夫守司空加赐为今号"。[4]此事《辽史》卷二二《道宗纪》亦系于咸雍六年，是年九月道宗到达藕丝淀，至十二月未曾离开。故法均大师是到藕丝淀斡鲁朵中"再传佛制"的。据《妙行大师行状碑》，妙行大师出身于国舅别部，[5]自小生活于行宫部落之中，"五岁也，越妙年，遇海山守司空辅国大师赴阙，因得参观。及蒙训教，深厌尘俗，恳祈出家"。这是由于海山大师在行宫中布教，才对后来著名的妙行大师起了决定性的启蒙作用。

四时捺钵，是一种保持契丹游牧民族传统的制度。辽帝在一年四季都有相对固定的渔猎、骑射、游畋场所，同时这也为辽朝最高统治者创造了巡视地方事务、按察民情、考核官吏政绩、选拔人才

---

1 《辽史》卷二四《道宗纪》，第322页。

2 《辽史》卷二六《道宗纪》，第352页。

3 陈述辑校《全辽文》，第180页；向南：《辽代石刻文编》，第317页（此幢记题为"纯慧大师塔幢记"）。

4 陈述辑校《全辽文》，第208页；向南：《辽代石刻文编》，第438页。

5 见本书"释'辽内四部族'"一节。

的机会。如,《辽史》卷八〇《张俭传》载:"故事,车驾经行,长吏当有所献。圣宗猎云中,节度使进曰:'臣境无他产,惟幕僚张俭,一代之宝,愿以为献。'"张俭后来便成为圣宗朝一重要宰相。《孟有孚墓志铭》载,道宗朝,孟有孚"为辰渌盐院使。会车驾路出于金山,问其政于民,乃召赴行在所。未及至,授同知泰州军州事,从彼人之欲也"。这是道宗在行幸途中问政于民,且将颇得民意的盐院使孟有孚授同知泰州军州事的一个例子。另外,辽帝的巡游,也给地方官吏提供了觐见皇帝的更多机会,例如《王裕墓志铭》载:"授崇义军节度使管内观察处置等使……□而事□帝心俄以鹖诏□飞龙旗入觐,或参陪芝盖,或侍宴桂宫,适当富贵期荣,无何,膏肓遘疠,中台坠彩,上药兼虚□乾亨二年秋八月二日薨于行宫之私第。"[1] 王裕以崇义军节度使入觐而死于行宫中之私第的。是时,行宫位于何处呢? 据《辽史》卷九《景宗纪》,乾亨二年（980）八月,景宗东幸。而王裕所任职的崇义军（宜州）临近东京道。那么,当是在景宗东幸途中,王裕作为经行之处的长吏而依例入觐的。《王泽墓志铭》亦记云:"次授彰国军节度副使……重熙五禩,今主上睠燕民之系望,法驭亲幸,父（指王泽）以绩蕴饶羡,求赏来觐,属以纲御帘唱第,非常遭遇,几微之务,久难乎□,宣授父公枢密副都承旨……"[2] 查《辽史》卷一八《兴宗纪》,重熙五年（1036）十月,兴宗幸南京。《墓志铭》所记正当此时,身为彰国军节度副使的王泽入觐（彰国军为应州。是时西京未建,应属南京道管辖）。辽帝巡幸所到之处（及其附近）地方官吏入觐似为辽朝一固定制度。

综上所述,游牧的契丹民族建立的是一个"行国"。这个国家的皇帝终年"随阳迁徙",居住在"行宫";跟随着皇帝"岁无宁

1　陈述辑校《全辽文》,第367页;向南:《辽代石刻文编》,第63页。
2　陈述辑校《全辽文》,第165页;向南:《辽代石刻文编》,第260页。

居"的，是一个游动的中央政府——"行朝"；行朝中的"行殿"则是皇亲国戚、高官显宦们的政治大舞台；而扈从皇帝的中央官属、臣僚也都在"行帐"之中。[1] 总之，一个"行"字，道出了契丹这个游牧民族政权突出的特色。

正如宋人苏辙用他的写真妙笔在《虏帐》诗中为这个行宫政府描述的形象：

> 虏帐冬住沙陀中，索羊织苇称行宫；
> 从官星散依冢阜，毡庐窟室欺霜风；
> 春梁煮雪安得饱，击兔射鹿夸强雄。
> …………
> 礼成即日卷庐帐，钓鱼射鹅沧海东。
> 秋山既罢复来此，往返岁岁如旋蓬。
> …………[2]

二 枢密院、中书省探讨

辽朝官分北南两面，"以国制治契丹，以汉制待汉人"。"北面治宫帐、部族、属国之政，南面治汉人州县、租赋、军马之事。"[3] 这是语辽官制者未有不知的。然由于《辽史·百官志》编撰之拙劣及整部《辽史》之谬误、疏陋，使学界对辽朝官制，甚至对最高统治机构的内容竟一直不甚了了。故从来述中国历代中央官制之沿革变

---

1 《萧德温墓志铭》云，萧德温"终于辽水西之行帐"（陈述辑校《全辽文》，第216页；向南：《辽代石刻文编》，第372页）；《耶律宗允墓志铭》亦云"薨于行帐"（陈述辑校《全辽文》，第183页；向南：《辽代石刻文编》，第321页）。
2 （宋）苏辙：《栾城集》卷一六，第247~248页。
3 《辽史》卷四五《百官志》序，第773页。

迁者，对辽朝官制或语焉不详，或弃而不谈，即使而治辽史者对此细加探寻的也为数不多。

20 世纪初，日本津田左右吉发表《辽制度之二重体系》，中经若城久治郎、张亮采、傅乐焕、岛田正郎等中外学者的进一步论证，辽朝北枢密院（契丹枢密院）、南枢密院（汉人枢密院）即为北南两面之最高官署这一结论，已得到学界多数人的承认。[1]

《辽史》卷四七《百官志》"南面朝官序"云："辽有北面朝官矣，既得燕、代十有六州，乃用唐制，复设南面三省、六部、台、院、寺、监、诸卫、东宫之官。诚有志帝王之盛制，亦以招徕中国之人也。"按这一说法，辽朝的南面官制自然是照搬了唐朝官制。但正如有的学者所指出的那样，不是辽朝南面官制真正实行了唐朝官制，而是《辽史》的撰修者们在"南面朝官"部分中"模写"了唐朝官制。辽朝的三省中，门下、尚书二省等于空名，门下省的长官侍中多别有职掌，或为致仕后的加官；中书省实际是中书门下两省的合体。[2]

无疑，北、南枢密院和中书省是辽政权中至关重要的中枢机构。搞清它的真实情况，应是探索辽朝中央官署的首当工作。

以往对辽朝官制难以深入研究的主要原因，一是资料之严重缺乏，二是对已有史料之分析不够。近年来由于若干辽代石刻资料的出土和发现，研究者将有关文献与新发现的文物资料相结合，并详加分析、辨正，这对于揭开辽朝官制中的某些谜底是大有帮助的。本节对枢密院、中书省的初步探讨，就是沿此途径所做的尝试。

---

1 《辽史·百官志》记载，北面官中有契丹北枢密院、契丹南枢密院，南面官中另有汉人枢密院。津田氏等论证了汉人枢密院即南枢密院。近年国内有人主张按《百官志》所记，辽于北、南枢密院之外，另有汉人枢密院，然证据均不充足。笔者认为，北南枢密院即为契丹、汉人枢密院。它们应是掌管斡鲁朵之外的契丹国家北南面事务的最高机构。

2 津田左右吉「遼の制度の二重體系 六 南面官と契丹人」『津田左右吉全集 第 12 巻（滿鮮歷史地理研究 第 2）』、360-364 頁；岛田正郎「遼朝三省攷」『東洋史研究』第 27 巻第 1 号、1968 年 6 月。

（一）枢密二院制之渊源

辽朝"国制，以契丹、汉人，分北、南院枢密治之"，即所谓"一国二枢密"。[1] 这是辽朝官制最突出的特色之一。

枢密的这种二院制，以往的史家多认为是辽国在学习中原封建王朝官僚制度的基础上所独创、独具的一种制度。津田左右吉就说过："本来枢密院在唐、晋为一国政权之中心，辽因其国有特殊的二重行政组织。当其模仿之时，适合其国情而设置北南二院。"[2] 即使偶有论及枢密二院制之渊源者，最多也只认为后唐时曾设置的二枢密使是其滥觞。如 20 世纪 40 年代张亮采先生在其所著《辽代汉人枢密院之研究》中写道："（后唐）明宗长兴二年四月，有范延光与赵延寿并为枢密使以共理军机之诏。此或因二人地位相埒，故为此一时权宜之计。但此举实开日后辽代二人同掌枢府之先例，于枢密使演变之历史过程上，亦有称述价值。"[3]

枢密二院制果真是辽国之发明、创造吗？搞清这一问题，有助于深刻认识和把握辽朝官制的特点和内容。

关于枢密这一名称，一般认为最早应追溯到唐玄宗朝张说做宰相时，中书门下所设五房中的枢密房。[4] 其后，唐代宗永泰年间置内枢密使，乃以宦官在内廷出纳诏旨。唐昭宗之世，朱温大诛宦官，始以腹心蒋玄晖为唐枢密使。[5] 此又为朝官任枢密之始。五代后梁开平元年（907）改枢密院为崇政院，后唐庄宗同光中又以崇政院为枢密院。其后各代直至辽、宋、金、元，虽曾有短期废除或改名之举，但基本保持了枢密院之设置。

---

1 《辽史》卷八一《萧孝忠传》，第 1417 页。
2 津田左右吉「遼の制度の二重體系」『津田左右吉全集 第 12 卷（滿鮮歴史地理研究 第 2）』、355 頁。
3 《东北集刊》第 1 期，1941 年 6 月。
4 《资治通鉴》卷二七二 "后唐庄宗同光元年四月己巳"条，胡三省注引项安世言（第 8882 页）；《新唐书·百官志》卷四六，"枢密房"记为"枢机房"（第 1183 页）。
5 《资治通鉴》卷二六四 "昭宗天祐元年闰四月戊申"条，第 8631 页。

从枢密建置、发展的过程，我们看到，早在唐代以宦官为枢密使时，实行的恰恰已是两枢密的制度。至唐后期，窃据政柄、使朝野侧目的所谓"四贵"，就是指两枢密与两神策护军中尉而言的。

仅就《资治通鉴》进行的不完全统计，自唐敬宗宝历年间（825~827）开始，至后晋开运三年（946）契丹耶律德光入汴为止，就可获得下列在中原政权中两枢密共任的史实：

唐敬宗宝历二年（826）十二月，枢密使王守澄、杨承和；[1]

唐文宗太和九年（835）六月，枢密使杨承和、王践言；[2]

唐武宗会昌元年（841）三月，知枢密刘弘逸、薛季棱；[3]

唐宣宗大中十年（856）十一月，枢密使王归长、马公儒；[4]

唐懿宗咸通二年（861）二月，两枢密使；[5]

唐昭宗光化三年（900）六月，枢密使宋道弼、景务修；[6]

唐昭宗光化三年（900）十月，枢密使王彦范、薛齐偓；[7]

唐昭宗天复三年（903）正月，枢密使袁易简、周敬容；[8]

唐昭宗天复三年（903）正月，枢密使王知古、杨虔朗；[9]

后唐庄宗同光元年（923）四月，枢密使郭崇韬、张居翰；[10]

后唐明宗天成元年（926）四月，枢密使安重诲、孔循；[11]

后唐明宗长兴元年（930）四月，枢密使范延光、安重诲；[12]

---

1 《资治通鉴》卷二四四 "敬宗宝历二年（826）十二月辛丑"条，第7852页。

2 《资治通鉴》卷二四五，第7904页。

3 《资治通鉴》卷二四六，第7949页。

4 《资治通鉴》卷二四九，第8062页。

5 《资治通鉴》卷二五〇，第8092页。

6 《资治通鉴》卷二六二，第8530页。

7 《资治通鉴》卷二六二，第8538页。

8 《资治通鉴》卷二六三，第8591页。

9 《资治通鉴》卷二六二，第8592页。

10 《资治通鉴》卷二七二，第8882页。

11 《资治通鉴》卷二七五，第8978、8982页。

12 《资治通鉴》卷二七七，第9046页。

后唐明宗长兴二年（931）五月，枢密使范延光、赵延寿；[1]

后唐末帝清泰二年（935）九月，枢密使房暠、赵延寿；[2]

后晋高祖天福二年（937）正月，枢密使李崧、桑维翰；[3]

后晋出帝开运二年（945）二月，枢密使冯玉、桑维翰；[4]

后晋出帝开运二年（945）十二月，枢密使李崧、冯玉。[5]

唐亡以后，中原五代政权继续实行两枢密制。此外继承唐制的南方一些政权如蜀、[6] 楚[7] 等国，也同样实行这种两枢密制。

但是，两枢密使并不等于枢密分设二院。据史载，唐始以宦官为枢密使时，"初不置司局，但有屋三楹贮文书而已"，[8] 即所谓"枢密使无听（厅）事"。[9] 唐僖宗、昭宗之世，枢密使杨复恭等欲夺宰相之权，乃于堂状后帖黄指挥公事，是时枢密使始有视事之厅。[10] 至此，与两枢密使相应的两枢密院方应运而生。至迟在唐昭宗天复三年（903），唐两枢密院已明著于史文：《通鉴》卷二六三，天复三年正月戊申，"以……王知古为上院枢密使，杨虔朗为下院枢密使"。

后唐明宗天成二年（927）八月，在南方建立割据政权的楚国，置官伊始，将枢密院改名为"左右机要司"，"以张彦瑶、张迎判机要司"。[11] 可见其枢密院亦分为二院。

在中原政权中，枢密二院制直至宋朝，依然保存了它的遗迹。

---

1 《资治通鉴》卷二七七，第 9059 页。

2 《资治通鉴》卷二七九，第 9133 页。

3 《资治通鉴》卷二八一，第 9168 页。

4 《资治通鉴》卷二八四，第 9285 页。

5 《资治通鉴》卷二八五，第 9301 页。

6 《资治通鉴》卷二七四，第 8945 页。

7 《资治通鉴》卷二七六，第 9008 页。

8 《资治通鉴》卷二三七 "唐宪宗元和三年正月癸巳" 条胡注，第 7648 页。

9 《新唐书》卷二〇七《严遵美传》，第 5872 页。

10 《文献通考》卷五八《职官考十二》"枢密院" 条，《景印文渊阁四库全书》第 611 册，第 334 页。

11 《资治通鉴》卷二七六，第 9008 页。

宋朝枢密院，"院在中书之北，印有'东院''西院'之文而共为一院，但行东院印"。[1]

事实说明，枢密二院制既非辽朝所首创，亦非辽朝所独具。它首先是中原政权所行用的制度，辽朝则是采择和模仿这一开创于中原的制度，同时为了适合自己的国情而加以发展的。

辽朝何以选择中原官制中的枢密院作为自己的最高施政机关呢？有的学者以为，这是由于辽朝乃游牧民族建立的国家，"盖游牧民族的国家特别注重军事，而认为此种制度能统摄民政于军政之内"。[2]这种解释显然失之牵强，未能中鹄。中原政权中的枢密院制并不是尚武精神之产物，何能被"注重军事"之契丹游牧政权所首选呢？只有从枢密院自身的发展过程及客观历史环境来进行一番考察，方可明了辽朝采用枢密院制度是历史之必然。

枢密使之始设，主要职掌为出纳帝命，承受表奏等。由于职居近密，权势渐增。全唐后期，内枢密与两神策中尉已号称"四贵"，且已有"宰相、枢密共参国政"之语。[3]进而枢密便渐呈夺取宰相权力之势。五代惩宦官为枢密之弊，以士人为之，从此枢密之制愈趋发展，枢密使乃成了"天下事无所不关"的职务了。[4]而且，至晚到后唐时，枢密已被正式呼作"执政"。《通鉴》卷二七八记载，后唐明宗长兴四年（933）八月，何泽表请立李从荣为太子，明宗不得已，"丙戌，诏宰相、枢密使议之。丁卯，从荣见上，言曰：'闻有奸人请立臣为太子；臣幼少，且愿学治军民，不愿当此名。'上曰：'群臣所欲也。'从荣退，见范延光、赵延寿曰：'执政欲以吾为太子，是欲夺我兵柄，幽之东宫耳。'"是时范延光、赵延寿为枢

1　《文献通考》卷五八《职官考十二》"枢密院"条，《景印文渊阁四库全书》第611册，第335页；《宋史》卷一六二《职官志》"枢密院"条，中华书局，1977，第3798页。

2　岛田正郎「遼の北面中央官制の特色」『法制史研究』第12号、1962年、1-28頁。

3　《资治通鉴》卷二五〇"懿宗咸通二年二月"条，第8093页。

4　《资治通鉴》卷二七三"后唐庄宗同光二年二月"条胡三省注，第8914页。

密使，李从荣却已然称二人为"执政"。此后，居执政之位的"枢密之任重于宰相"。[1]至宋朝，就把枢密与宰相、参知政事合称为"宰执"了。[2]

　　唐朝末年至梁、唐、晋诸王朝统治时期，中原地区的政权屡经更迭，战争频仍，生灵涂炭，不少流离失所的汉人涌入了相对安定的辽朝统治地区内，加之契丹在对中原的战争中，又掠夺了大批汉人。契丹统治者从这些汉人身上已间接地获得了一些中原封建官僚制度的知识。正当枢密制在中原政权中长足发展之时，石敬瑭割让幽云十六州土地与辽，大片汉地和汉人官僚入辽，向辽国输入了许多汉地文化；而辽太宗耶律德光灭晋入汴，又获得了与中原封建官僚体系直接接触的机会。因此，袭用正盛行于中原的枢密院制，对于契丹统治者来说就不是什么偶然的现象了。

　　在援立石敬瑭为晋主的过程中，辽与后唐战争时，俘虏了赵延寿等大批后唐政权中的高级官员。这些人入辽，对辽朝中央政府产生了很大影响。于是，"契丹改元会同，国号大辽，公卿庶官皆仿中国，参用中国人，以赵延寿为枢密使"。[3]按照赵延寿在后唐时的职务，他依旧被授予枢密使。这在当时，虽然只是个羁縻的职位，但却使辽政权中出现了"枢密使"这一名称。与赵延寿同时的汉人刘晞也曾任过辽枢密使。[4]这应该是模仿中原政权中以二人同任枢密使的形式的。任枢密使的赵延寿在当时的辽政权中，具有极其显赫的地位。

　　后晋开运三年（946），辽太宗耶律德光率兵南下，一举灭晋。十二月，在辽太宗进入汴城之前，下诏："晋文武群官，一切如故；朝廷制度，并用汉礼。"[5]这表明辽太宗准备全盘袭用后晋政权的模

1　（清）赵翼著，王树民校证《廿二史札记校证》卷二二《五代枢密使之权最重》，中华书局，1984，第471页。
2　《资治通鉴》卷二八一"天福二年十二月"条，第9185页。
3　《资治通鉴》卷二八一"天福二年十二月"条，第9185页。
4　《资治通鉴》卷二八六"天福十二年正月乙卯"条，第9334页。
5　《资治通鉴》卷二八五"开运三年十二月己卯"条，第9325页。

式，实施对中原的统治。后汉天福十二年（947）正月，辽太宗进入汴京正式升朝之际，"改服中国衣冠，百官起居皆如旧制（晋制）"。[1]当时在兵连祸结的中国北方，任何一个拥有足够军事实力的人皆可称孤道寡，据地自雄。汉族以外的少数民族首领也是如此。朱梁之后的唐、晋二朝皇帝即是出身于北方少数民族的。因此，问鼎中原的耶律德光，也俨然以一个中原之主的姿态登上了皇帝的宝座。

按照当时中原王朝的惯例，每一新皇帝即位，首先是"易置"朝廷上的重要官员，尤其主要的是委任其职权"重于宰相"的枢密使。在左右汉官的指点下，辽太宗在汴京升朝后的第一件事，便是任命后晋政权的枢密使李崧重新出任枢密一职。任命后晋政权的另一要员冯道于"枢密院祗候以备顾问"。[2]同时，辽在大梁的政权机构中还有一个枢密使，从同年二月迁官事件中明白看出此人就是赵延寿。辽太宗"令为燕王（赵延寿）迁宫。时契丹以恒州为中京，翰林承旨张砺奏拟燕王中京留守、大丞相、录尚书事、都督中外诸军事，枢密使如故。契丹主取笔涂去'录尚书事都督中外诸军事'而行之"。[3]注意，这里辽主并未将"枢密使如故"一起涂去，正说明赵延寿还继续为枢密使无疑。于是，我们就看到，与当时中原政府一样，在辽入汴后所组成的政权中，恰巧也是两个枢密使。

辽在大梁组建的政府，总共维持了不到八个月。天福十二年（辽大同元年，947）四月，辽太宗身亡于北撤途中。五月，赵延寿即被辽永康王（即后来的辽世宗）所幽禁；八月，恒州汉军起兵，赶走了留驻的契丹军，使李崧、冯道一行未得北上，而回归大梁。[4]至此，辽在大梁设置的政府彻底崩溃，两个枢密使也随之而不复存在了。

---

1 《资治通鉴》卷二八六"天福十二年正月"条，第 9330 页。

2 《资治通鉴》卷二八六，第 9330 页。

3 《资治通鉴》卷二八六，第 9339 页。

4 《资治通鉴》卷二八七，第 9371 页。

但枢密院制并未因人而废。由于继太宗耶律德光而即位的世宗也亲身参与了这场"入主"中原的历程，对当时中原王朝的封建官僚体系有了深刻的认识，并经过了组建汉式政权的实践。因此，由他将中原最高执政机构——枢密院制继续搬用至契丹王朝之内，也是可以理解的了。

于是，紧接在丧失了大梁的那一套组织机构之后，辽世宗天禄元年（947）八月，任命安抟为北院枢密使；而当其知悉羁留在恒州的李崧（前此辽主所任命的枢密使）等归后汉之后，辽世宗就正式任命高勋为南院枢密使了。[1]

上述的考察旨在说明，辽所设置的北、南院枢密，不过是中原封建政权中两枢密制的翻版。其北、南两院不过是把中原政权中的枢密上、下院，或东、西院按照契丹族的习惯改名为北、南院罢了（契丹东向尚左，故左右便为北、南，而北高于南）。

北南枢密制既非契丹统治者所首创，而是模仿的中原汉制，那么辽朝在袭用汉制之初，也未必会用它来分治北南两面之事。北南院成为辽朝北南两面之最高衙署，应是后来逐渐形成的枢密院内部的一种分工。

枢密院作为一个政府机构，其长官——北南枢密使是"同掌国政"的。[2] 军国大事，辽帝总要与北南枢密同议。尽管北南院分工治北南两面事，但圣宗时期已出现了以一人兼知北南院枢密院事的事实。[3] 此后，几乎成为一种惯例，由皇太子或有可能继承帝位者兼任北南院之职。例如：太平十年（1030）六月，宗真判北南院枢密使事；[4] 重熙七年（1038）十二月，重元判北南院枢密使事；[5] 重熙十二年

1　《辽史》卷五《世宗纪》，第72页。

2　《辽史》卷九〇《萧阿剌传》，第1493页。

3　《辽史》卷一四《圣宗纪》，第168页；卷八二《耶律隆运传》，第1422页。

4　《辽史》卷一八《兴宗纪》，第239页。

5　《辽史》卷一八《兴宗纪》，第249页。

（1043）八月，洪基知北南院枢密使事；[1] 大康元年（1075），耶律濬兼领北南枢密院事；[2] 大安七年（1091）十月，延禧总北南院枢密使事；[3] 等等。这一现象，曾有学者认为是北南两院有合一的趋势，两枢密院不久即变成一单位的中央最高机关而分掌国政。[4] 其实，从枢密院在辽朝的建置、发展中可以看出，模仿汉制的两枢密院其始就不是按北南二面事务而分为两院的，它作为最高执政机构总理全国事务，其职能与五代时期的枢密院无大区别。尽管枢密院内部有两院，并进而有所分工，地位亦稍有不同，但同作为皇帝身边的左右执政大臣，两枢密使所担负的治理国家的重任，几乎是不分轩轾的。因此，北南院本来就是一个整体，是同一最高机构的两个组成部分。

（二）对《辽史·百官志》"汉人枢密院"条的考察

已经学界证明，《辽史·百官志》所记北面官中有契丹北、南枢密院，南面官中又有汉人枢密院是一大错误。契丹、汉人枢密院不过是北、南枢密院的另一种称呼，故《辽史·百官志》"汉人枢密院"条下所记载的应即是"南枢密院"的一些史实。

北枢密院中，枢密使以下之职官，除《百官志》所胪列者外，在《纪》《传》及其他史料中均罕见其任职之人，故暂无法加以细述。因为《百官志》编撰之诸多疏误，其所记内容遂令人不敢完全置信，其"汉人枢密院"条下所记之职官，也是这样。

在此，我们根据其他文献及石刻文字，对"汉人枢密院"条所记之职官稍加以梳理和补充，以求对汉人枢密院的内部组成及官吏情况有比较明晰的了解。

1　《辽史》卷一九《兴宗纪》，第 261 页。
2　《辽史》卷七二《顺宗濬传》，第 1339 页。
3　《辽史》卷二七《天祚帝纪》，第 355 页。
4　若城久治郎「遼の枢密院に就いて」『満蒙史論叢』第 2 輯，1939 年。

《辽史》卷四七《百官志》对"汉人枢密院"职官记载如下：

> 枢密使。
>
> 知枢密使事。
>
> 知枢密院事。
>
> 枢密副使。
>
> 同知枢密院事。
>
> 知枢密院副使事。
>
> 枢密直学士。
>
> 枢密都承旨。
>
> 枢密副承旨。
>
> 吏房承旨。
>
> 兵刑房承旨。
>
> 户房主事。
>
> 厅房即工部主事。

这里所列举的"枢密使"至"知枢密院副使事"诸职称，在史籍中并不罕见，应指出的是：一、在史籍及石刻中所出现的这些职称，未冠以北南字样，并不都属于南枢密院（汉人枢密院），也有一些是属于北枢密院的。二、对于这些职称的记载，也犯有《百官志》的通病——重复，例如，"知枢密使事"与"知枢密院事"便是同一职称。有以下事例为证：《辽史》卷二三《道宗纪》载，大康三年（1077）六月，杨遵勖知南院枢密使事；此事在卷一〇五《杨遵勖传》中则记为"大康初，参知政事，徙知枢密院事"。《辽史》卷二四《道宗纪》载，大安二年（1086）六月，知枢密院事耶律斡特剌；而大安十年（1094）四月记载耶律斡特剌的职称则为知北院枢密使事。《辽史》卷二三《道宗纪》载，大康二年（1076）六月，"萧速撒知北院枢密使事"；而卷六二《刑法志》记载，大康三年（1077）萧速撒的职称为知枢密院事；等等。
这些事实说明，知北院或南院枢密使事与知北或南枢密院事是同
一职称。

关于枢密直学士。据《五代会要》，后梁太祖时将枢密院改为
崇政院，并以士人任使职后，开平二年（908）十一月，"置崇政院
直学士二员，选有政术文学者为之，后又改为直崇政院"。后唐将
崇政院又改为枢密院，此职便成为直枢密院、枢密直学士。

《辽史》上最早见的枢密直学士的记载，是《圣宗纪》统和二
年（984）十一月壬子，"以枢密直学士、给事中郑頵为儒州刺史"
一条。这表明，郑頵任枢密直学士至迟在统和二年十一月之前。那
么，辽枢密直学士一职始设于何时呢？我们有幸在《张正嵩墓志
铭》中发现了如下一段记载，张正嵩之父张谦，"天授潜龙，公为王
府郎中，重元臣也。天授帝龙飞，公授密直学士，转给事"。[1] 天授，
是辽世宗的尊号。"密直学士"，无疑即"枢密直学士"之简称。[2] 张
谦任密直学士这一事实恰好说明：辽世宗在天禄元年（947）四月即
位之后，八月、九月相继委任北南院枢密使的同时，也按照当时中
原政权中实施的制度，设置了枢密直学士一职，即在辽正式设置枢
密院同时，便设置了枢密直学士。

辽枢密直学士一职大都由汉人充任，偶然也有契丹族的文学之
士出任其职，例如契丹人耶律庶成于重熙间迁枢密直学士。[3] 辽圣宗
在全国普遍对汉人实行科举制度后，任枢密直学士者，凡是可以考
察到的皆为中科举者。例如，曾任枢密直学士的高正，统和初举进

1　陈述辑校《全辽文》，第 90 页；向南：《辽代石刻文编》，第 68 页。
2　关于这一点，还可找到旁证：《三朝北盟会编》卷八记载李奭的一封回书中，有"李密学处
　　能"云云事（第 13 页）。李处能在《辽史》卷二九《天祚纪》（第 386 页）和《辽史》卷
　　一〇二《李处温传》（第 1587 页）中均记为直枢密院。故辽朝的直枢密院可称作"密学"，或
　　"密直学士"。宋朝亦有"密学"之称，见《文献通考》卷五八，《景印文渊阁四库全书》第
　　611 册，第 336 页。
3　《辽史》卷八九《耶律庶成传》，第 1485 页。

士第；[1]刘四端，第进士；[2]张俭，统和中举进士第；[3]杨遵勖，重熙十九年登进士第；[4]贾师训，登第；[5]窦景庸，清宁中第进士；[6]张孝杰，清宁元年登进士第；[7]马人望，咸雍中第进士；[8]耶律俨，咸雍中进士；[9]赵廷睦，咸雍六年进士；[10]……可见，辽圣宗以后，枢密直学士一职基本上从进士中选任。

关于枢密都承旨、副承旨。枢密承旨诸职名，唐后期就已出现。例如，唐宣宗大中九年（855），曾有枢密承旨孙隐中其人。胡三省《通鉴注》曰："唐末，枢密承旨以院吏充，五代以诸卫将军充，宋朝以士人充。"[11]据《宋史》卷一六二《职官志》，宋枢密院都承旨、副承旨，旧用院吏递迁。熙宁三年更用士人。后又曾参用儒臣。元丰年间又复用武人，辽枢密都承旨、副承旨职称于史籍、石刻中均可见到，其存在不容置疑。从已有的材料来看，辽朝的枢密都承旨、副承旨亦主要选取进士中第者充任（详下）。

关于吏房承旨、兵刑房承旨、户房主事、厅房即工部主事，有可能抄录于某一现成文献，笔者颇疑所抄录者即为南宋初年史愿所作之《亡辽录》。"汉人枢密院"条下其他职官大都以在《辽史》中首见之年月及任职者系于其下，而"吏房承旨"以下这几个职名，却于《辽史》无征，有人曾因此怀疑它们存在的真实性。[12]笔者在其他史籍及石刻中发现了对这些职官的记录，可借以证实其存在之确

---

1 《辽史》卷八八《高正传》，第 1480 页。

2 《辽史》卷八六《刘六符传》，第 1457 页。

3 《辽史》卷八〇《张俭传》，第 1407 页。

4 《辽史》卷一〇五《杨遵勖传》，第 1612 页。

5 《贾师训墓志铭》，陈述辑校《全辽文》，第 252 页；向南：《辽代石刻文编》，第 477 页。

6 《辽史》卷九七《窦景庸传》，第 1459 页。

7 《辽史》卷二一《道宗纪》，第 287 页；卷一一〇《张孝杰传》，第 1636 页。

8 《辽史》卷一〇五《马人望传》，第 1610 页。

9 《辽史》卷九八《耶律俨传》，第 1557 页。

10 《辽史》卷二二《道宗纪》，第 305 页。

11 《资治通鉴》卷二四九，第 8057 页。

12 若城久治郎「遼の枢密院に就いて」『満蒙史論叢』第 2 輯、1939 年。

凿无疑。

《玉石观音像唱和诗碑》所载唱者的结衔中有"前枢密院吏房承旨……王仲华"；[1]《金史·时立爱传》载，时立爱于"辽大康九年，中进士第……枢密院选为吏房副都承旨，转都承旨"。（此处吏房也见副都承旨）以上可证枢密院吏房及其官职——承旨之存在。

史愿《亡辽录》所记，枢密院"有副都承旨，吏房、兵房、刑房承旨"。[2]而《辽史》卷四七《百官志》"汉人枢密院"条却将兵房、刑房合记为兵刑房。查《贾师训墓志铭》有云："朝廷知其才，召入枢府，为掾史，俾覆刑曹案簿"。这里所说枢府中的"刑曹"，当即刑房。《宁鉴墓志铭》中有"转兵房承旨"之语，可见兵、刑房各有承旨。但是，《梁援墓志》中又有"知制诰兼兵刑房承旨"字样。而继承了辽南枢密院之制建立的金枢密院，也曾有"兵刑房承旨"。[3]这表明兵、刑二房合有承旨。这一现象或是因为辽枢密院中兵、刑二房曾有过分合，或是因为由一人通掌二房事务而将二房合称。但无论怎样，兵、刑房及其官吏——承旨是存在的。

《宁鉴墓志铭》中还有"以能授枢密户房主事"一语，可证枢密院户房主事之确曾设置。

关于厅房即工房，至今尚未发现任其职者，然其存在亦应为事实。

《王泽墓志铭》中载，王泽于太平五年（1025）曾权"吏房主事"。由此可见，《百官志》"汉人枢密院"下吏房、兵刑房为承旨；户房、厅房为主事的记载是不确切的，吏房也曾有主事一职。

除了"汉人枢密院"条所记载的以外，石刻文献中还见有一些枢密院的低级官吏，例如：

1　黄任伯辑《辽代金石录》卷三，收录于《石刻史料新编》卷一〇，台北：新文丰出版公司，1982，第 7562 页。
2　《三朝北盟会编》卷二一"宣和七年正月"条引，第 5 页。
3　《金史》卷八三《张通古传》，中华书局，1975，第 1859 页。

枢密院令史　于重熙二十二年撰刻的《王泽墓志铭》,寿昌二年撰刻的《孟有孚墓志铭》,寿昌五年撰刻的《尚昉墓志》,乾统六年撰刻的《张行愿墓志》,天庆四年撰刻的《王师儒墓志铭》,《金史》卷八三《张通古传》,《金史》卷七五《康公弼传》,等等。

吏房令史　于重熙二十二年撰刻的《王泽墓志铭》。

枢密院试验　于乾统十年(1110)撰刻的《宁鉴墓志铭》。

关于辽代枢密院官吏的出身,《王泽墓志铭》中有这样一段记载,王泽"以开泰七年登进士第……宣充枢密院令史。太平五年,迁吏房令史,权主事。进士隶院职,自父(即王泽)之始也"。这里阐明,自从开泰七年(1018)王泽便以登科进士进入枢密院了。查考各种史料,可以证实,枢密院内之官吏由进士充任,是辽代枢密院官吏的一大特点。

《辽史》卷一〇五《杨遵勖传》载,杨遵勖"重熙十九年登进士第……咸雍三年,为宋国贺正使,还迁〔枢密院〕都承旨";《王师儒墓志铭》载,王师儒之父王祁"重和(熙)七年二十一岁举进士壮元第□□□中少监、枢密副都承旨",而王师儒二十六岁举进士中丙科,擢充枢密院令史;《尚昉墓志》载,清宁五年(1059)进士及第的尚昉,同年勾充枢密院令史;《金史》卷七八《时立爱传》载,时立爱大康九年(1083)中进士第,后任枢密院吏房副都承旨,转都承旨;等等。

(三)中书省的特点及辽朝的宰相之职

《辽史》卷四七《百官志》"南面朝官"在"汉人枢密院"条后,列置了中书省、门下省、尚书省以及若干下属机构和官吏。这在一定程度上是"模写"了唐的官制。实际上,到唐的中后期,三省的实际职掌与官制规定已不一致,到五代,名实愈发乖离。在五代政权直接影响下的辽朝,作为政府机构的门下省和尚书省基本上不存在。但是,这些机构的职官名称在史籍及石刻中却频频出现,常有

"迁"门下、尚书某官的记载，则反映它们必还具有某种意义。

撰刻于太平三年（1023）的《冯从顺墓志铭》，说冯从顺一生在宦途上"阶自银青至金紫，勋自武骑至上柱国，散官自国子祭酒、工部尚书至司空、太傅、太尉，爵自男至开国侯，封至一千户，实封一百户"。[1] 这表明，辽朝与中原王朝同样实施了阶、勋、爵、封、散官这一整套官制，且袭用了发展至宋朝的中央台、省、寺、监官名作为散官，"以寓禄秩、叙位著"[2] 的做法。由此可以明白，辽朝官员们所"迁"的尚书省、六部及门下省中的诸职，不过是一种散官，其实并无职掌。

但是，辽朝的中书省却与尚书、门下的状况迥然不同。在南面官衔中，它仅次于汉人枢密院的地位。这与宋初"循唐、五代之制"所实施的枢密院与中书，号称东西"二府"的情况略有相似，是最高中枢机构之一。但它与宋朝中书、枢密对掌文武之柄却不大相同。辽朝南面官中的中书与枢密并不以文武，即政事和军事来划分其职责范围，而是分别吞并了门下与尚书二省的职掌。《辽史·百官志》"南面"序中说："其始，汉人枢密院兼尚书省……中书省兼礼部。"史愿《亡辽录》载：辽南面汉官"中书门下共一省，兼礼部……尚书省并入枢密院"。

兼掌礼部，是辽朝中书省的一大特点，是与隋唐以来中书省之职掌不同的。这一特点之形成，当开始于辽初。

《辽史》卷七四《韩知古传》载："神册初（916），遥授彰武军节度使。久之，信任益笃，总知汉儿司事，兼主诸国礼仪。时仪法疏阔，知古援据故典，参酌国俗，与汉仪杂就之，使国人易知而行。"显示了汉儿司兼掌诸国礼仪的迹象。如同前面所述，辽南北枢密院是仿照中原政权的枢密二院制而置的，其初始未必用以分治

1　陈述辑校《全辽文》，第 124 页；向南：《辽代石刻文编》，第 170 页。

2　《宋史》卷一六一《职官志》序，第 3768 页。

汉人、契丹人。缘此而论，南枢密院不应是由汉儿司演变而成。[1]世宗天禄四年（950）二月所建之政事省（重熙十二年〔1043〕十二月改名为中书省），因其一方面掌州县汉官之铨授，另一方面又兼掌礼部，倒是继承了汉儿司的职能。因此，汉儿司似应是后来成立的政事省的雏形。中书省兼掌礼部，正是源于汉儿司的职掌。

《辽史·百官志》在"中书省"条下未言其职掌，就《百官志》以外的史料中所反映的中书省对于官吏的除授权来看，它也有与隋唐以来中原政权中的中书省不同的特点。

隋唐至宋，中书省的地位尽管发生过各种变化，但它在作为中央出政机构、作为国家机器而运转之时，其权势和地位都是极其显赫的。对于官吏的除授，在唐代，六品以下官由吏部"量资任定"，"五品以上，以名上中书门下，听制授其官"。[2]制，中书省"凡除省、台、寺、监长贰以下，及侍从、职事官，外任监司、节镇、知州军、通判，武臣遥郡横行以上除授，皆掌之"。[3]可见，唐宋之制，国家文职高官、地方要官之除授，权在中书。

辽朝于建置政事省后的第二年，即天禄五年（951）五月，世宗下诏："州县录事参军、主簿委政事省铨注。"[4]《辽史·百官志》未见有职官品级的记载，但从《辽史》上那些"赐一品俸""三品以上法服，三品以下用大射柳之服"[5]等记载中可以证实。辽朝存在着品级制度是无疑的。

为了搞清受中书铨注的辽朝官吏的品秩高低，我们不妨参照一下唐朝官品。据《新唐书》卷四九《百官志》记载：唐上、中、下

1　此点与笔者以前所曾持之观点不同。见杨若薇《〈辽史·百官志〉辨误三例》，《社会科学辑刊》1982 年第 3 期。

2　《旧唐书》卷四三《职官二》，中华书局，1975，第 1818 页。

3　《文献通考》卷五一《职官考五》"中书省"条，《景印文渊阁四库全书》第 611 册，第 190 页；《宋史》卷一六一《职官志》"中书省"条，第 3783 页。

4　《辽史》卷五《世宗纪》，第 74 页。

5　《辽史》卷一〇《圣宗纪》，第 118 页。

三州的录事参军为从七品上至从八品上；县令之品，除了长安、万年等六个京县的县令为正五品上以外，其他畿县、上县、中县、中下县、下县的县令各为正六品上直至从七品下；各县主簿之品则由从八品上至从九品上。[1]辽朝的情况当与此相差不大。与此相对照，就可以看出，辽朝由中书省所铨注的官员都是一些品秩在五品以下的基层官，其除授，在唐朝本是由吏部掌握的。六品以下的低级官吏除授由中书所掌，这是辽朝中书省的又一特点。

辽朝的官职，除了由原来一些担任部落及部落联盟公共事务的公职人，进而发展成为辽朝统管契丹及其他北方游牧民族部落事务的官员外，其他职官包括中央的主要官员大都是仿照唐、五代之制。中期以后，也吸收、采用了经过宋代变革的某些内容。王朝的最高长官即为宰相。唐初，以中央三省长官即尚书令、中书令、侍中为宰相之职，但此制并未行用多久便发生了变更：以同中书门下平章事、同中书门下三品以及参知政事、参预机事行宰相之职能，继之则完全取代了三省长官而为真宰相之职。历经五代，到宋朝，又演变成为同中书门下平章事为真宰相，参知政事为副宰相。模仿唐宋之制的辽朝也有同中书门下平章事、参知政事的职称，只是，《辽史》卷四七《百官志》"南面朝官"部分却将此二职作为中书省之官员而分列于"中书省"机构中，且未见明确记载有"佐天子，总百官，平庶政，事无不统"的职权。那么，作为封建官僚体系中最重要组成部分的宰相一职，在辽朝南面官中究竟存在与否呢？

辽朝设有北府、南府，这是契丹族在遥辇氏部落联盟时期就已设置的分统各部族的二府，即《辽史》卷三四《兵卫志》"序"所言："有耶律雅里者，分五部为八，立二府以总之。"辽建国后，此二府继续分掌契丹本族以及辽朝境内其他游牧部落的事务。二府的长官称宰相，南府宰相（或称南宰相）原则上由皇族世预其选，北

---

1 《旧唐书》卷四二《职官志》、《通典》卷三三等记载与此大致相同。

府宰相（或称北宰相）由后族世预其选。[1] 但至辽中后期，有不少汉人也曾担任过二府宰相的职务。尽管二府宰相被《百官志》称为"掌佐理军国之大政"，然而从它的实际职掌来看，并未涉及南面即汉族、渤海等人民的事务。

在关于辽朝史实的各种记载中，除去对北南府宰相有"宰相"一称外，往往还见到并非任北南府宰相者，被称为"宰相""相"的。这说明，辽朝还另外存在一种"宰相"。因为北面官中已设有北南府宰相，所以这种宰相就只能是南面官中的，也就是说，南面官中模仿汉制又设置了"宰相"一职。那么，究竟什么名称的职官是这种宰相呢？

如本文前述，辽朝尚书省、门下省及其职官基本上不是独立存在，而中书令也只作为加官、赠官的荣誉虚衔。故唐初那种以三省长官为宰相的制度在辽朝并未实施。有可能成为辽朝南面官中宰相的，只有同中书门下平章事了。史实正是如此。

《辽史》卷八九《杨佶传》记载，重熙十五年（1046）杨佶"出为武定军节度使……及被召，郡民攀辕泣送。上御清凉殿宴劳之，即日除吏部尚书兼门下侍郎、同中书门下平章事。……其居相位，以进贤为己任，事总大纲，责成百司，人人乐为之用"。杨佶因除同中书门下平章事而被称为"居相位"，可见，"同中书门下平章事"和"相"是等同的。

《辽史》卷九四《耶律何鲁扫古传》云："道宗崩，与宰相耶律俨总山陵事。"《辽道宗哀册》为耶律俨所奉敕撰，在哀册文前，耶律俨的署衔为："尚书左仆射兼门下侍郎同中书门下平章事知枢密院事。"从这两条记事也可看出，前一条中的"宰相"，正是后一条中的"同中书门下平章事"。

1　《辽史》卷四五《百官志》记载，北府宰相由皇族四帐世预其选，南府宰相由国舅五帐世预其选。根据《纪》《传》校对，可知《百官志》所记颠倒。

《辽史》卷二四《道宗纪》大康七年（1081）十一月，载有宰相梁颖"天子不可饮人臣家"的谏言；大安二年（1086）五月，又见"宰相梁颖出知兴中府事"的记事。梁颖，《辽史》无传，不知《道宗纪》中的"宰相"究为何所指。很凑巧，梁颖在大康十年（1084）和大安二年（1086）留有两条《造经题记》，其中留下了他在此期间的官衔："……行刑部尚书兼门下侍郎同中书门下平章事监修国史知枢密院事。"[1] 可见，梁颖也是因做了"同中书门下平章事"而被称为宰相的。

《悟空大德发塔铭》中有"兴宗、道宗朝宰相守太尉兼侍中刘公讳六符"一语。[2]查《辽史》卷八六《刘六符传》，他于兴宗重熙年间曾"加同中书门下平章事"。

《王师儒墓志铭》载："寿昌初，超拜同中书门下平章事。……六年夏，会南宋谢登位人使至，无何，宥曹书吏，误以宝字加之，由是累及公与门下郑相颙、中书韩相资让，同日削平章事。"这里郑颙结衔门下不知何职，韩资让在《辽史》卷七四《传》中为"中书侍郎"，他们同被称"相"，乃因同具"平章事"之衔。而同为"平章事"的王师儒，在《长编》卷五〇三，元符元年（辽寿昌四年，1098）十月乙亥条载，"雄州奏，契丹新置魏州，欲徙上等户一千以实之。宰相王师儒以为不可，力谏不从"，正巧也被称作"宰相"。

上述事例充分证实，同中书门下平章事确为辽南面官中的宰相。

在辽朝，与唐宋同样存在的"参知政事"一职，是否宰相呢？

《辽史》卷九八《刘伸传》载："道宗尝谓大臣曰：'今之忠直，耶律玦、刘伸而已！'宰相杨绩贺其得人，拜参知政事。上谕之曰：'卿勿惮宰相！'时北院枢密使乙辛势焰方炽，伸奏曰：'臣于乙辛

<hr />

1　陈述辑校《全辽文》，第 227、228 页；向南：《辽代石刻文编》，第 732、733 页。

2　陈述辑校《全辽文》，第 270 页；向南：《辽代石刻文编》，第 511 页。

尚不畏，何宰相之畏！'"由这段记载可以明显看出，身为参知政事的刘伸并不是宰相。

寿昌三年（1097）撰刻的《贾师训墓志铭》记载道："时故相国太原王公言敷方箧枢务。国朝旧体：宰相阙，则多取人于参副之间。"查《辽史》卷二五《道宗纪》，王言敷在大安五年（1089）六月，以参知政事任枢密副使。《墓志铭》所言当为王言敷任枢密副使时事。"参副"之"参"，当指参知政事；而"副"，或指枢密副使，或为副宰相之意。总之，按志文所说，参知政事不是宰相，故方以"参副"补宰相之阙。这就道出了辽朝宰相制度的一条重要内容：参知政事为副相。辽朝的这一制度便不同于唐制，而近于北宋前期的制度。

同中书门下平章事是辽南面官中宰相之职，但并不等于说，辽朝官僚中拥有这一称号者皆曾掌宰相之事。这一称号也常被用作赠官、死后的荣誉称号。例如，贾师训的祖父只做过显州观察判官，后因其子显贵而被赠同中书门下平章事，[1] 萧袍鲁死后也被赠同中书门下平章事，[2] 等等。

不仅如此，辽朝也沿用自唐后期至宋以来中原官制中一直盛行着的"使相"制度。例如：《辽史》卷七六《赵思温传》有云"子延照、延靖，官至使相"；卷一〇〇《萧得里底传》，"父撒钵，历官使相"；卷八〇《耶律八哥传》，"以茶、陀之败，削使相"；等等。在辽代石刻中，也可看到"使相"的称谓。如，《韩橁墓志铭》云："……其余戚属族人，拜使相者七，任宣猷者九。"辽朝有"使相"之名，一般也是指"亲王、枢密使、留守、节度使兼侍中、中书令、同平章事者"。[3] 如，统和元年（983）四月，"以枢密副使耶

---

1 陈述辑校《全辽文》，第 252 页；向南：《辽代石刻文编》，第 477 页。

2 陈述辑校《全辽文》，第 238 页；向南：《辽代石刻文编》，第 423 页。陈述辑校《全辽文》作萧裕鲁，误，应为萧袍鲁。

3 《宋史》卷一六一《职官志》"使相"条，第 3774 页。

律抹只兼侍中，为东京留守"。[1]统和三年（985）五月，"以国舅萧道宁同平章事，知沈州军州事"。[2]道宗朝，姚景行为南院枢密使兼中书令。[3]杨皙在咸雍初"召赐同德功臣、尚书左仆射兼中书令，拜枢密使"。[4]《张俭墓志铭》载"太平五年（1025）春，以武定旌节兼相印以授之"。[5]《耶律宗允墓志铭》载，圣宗朝，宗允曾"用相印节制于乾州"。[6]诸如此类，不一而足。这种"使相"虽也挂有同中书门下平章事等衔，其实并不预朝政。

同中书门下平章事一职，本是仿照中原政权的组织而设置的，应是属于南面官的体制之中的。但辽朝在实施过程中，并不限于南面官，北面官也常带此衔。例如各部族长官所治皆为北面部族之事，而耶律延宁在任羽厥里节度使时也带"同政事门下平章事"之衔。[7]《北大王耶律万辛墓志铭》载，他于"重熙四年封为北大王，同政事门下平章事"。[8]不仅北面部族长官可带此衔成为"使相"，即使北面中央官员也常有加此衔者。例如，任北南二府宰相者也加同中书门下平章事，[9]任"掌皇族之政教"的大内惕隐也可加此衔，[10]直至北院枢密使亦有加"平章事"的。

关于同中书门下平章事在辽中央统治集团中的实际地位如何，宋仁宗庆历年间（1041~1048）三次使辽的余靖曾留有一段颇有价值的记载。余靖《武溪集·契丹官仪》中云："契丹枢密使带平章事者，在汉宰相之上；不带使相及虽带使相而知枢密副使者，即在

---

1 《辽史》卷一〇《圣宗纪》，第118页。

2 《辽史》卷一〇《圣宗纪》，第123页。

3 《辽史》卷九六《姚景行传》，第1543页。

4 《辽史》卷八九《杨皙传》，第1487页。

5 陈述辑校《全辽文》，第129页；向南：《辽代石刻文编》，第267页。

6 陈述辑校《全辽文》，第184页；向南：《辽代石刻文编》，第320页。

7 《耶律延宁墓志铭》，陈述辑校《全辽文》，第95页；向南：《辽代石刻文编》，第85页。

8 陈述辑校《全辽文》，第153页；向南：《辽代石刻文编》，第323页。

9 《辽史》卷七九《室昉传》，第1401页；卷九七《赵徽传》，第1551页。

10 见《耶律宗允墓志》，向南：《辽代石刻文编》，第319页。

宰相下。其汉宰相，必兼枢密使乃得预闻机事。……汉官参知政事兼使相者，乃得坐穹庐中。"简短的记载却反映了重要的史实：一、作为北面官的契丹枢密使（余靖将契丹官与汉官对称，契丹枢密使即指北院枢密使）也有带平章事衔者。二、余靖所谓"汉宰相"，是与契丹官中是否加平章事者对言，不难看出，所指即汉官中之加"平章事"者。这又为同中书门下平章事为真宰相提供了一条证据。三、契丹枢密使带平章事者，其地位高于汉宰相，倘若不带平章事，即使是北院枢密使，其地位也在汉宰相之下。四、若是汉宰相而未兼枢密使，则不能预闻机事。五、"汉官参知政事兼使相者，乃得坐穹庐中"，所谓坐穹庐，即指在皇帝身边参预国家要事的商讨（四时迁徙的皇帝行宫为庐帐，故称穹庐）。参知政事作为副相，也需要带使相衔才能真正参预机密事。

　　总之，从这段记载中可以看出，在辽朝，以枢密兼平章事者，即所谓"枢相"，[1]乃为皇帝身边最高辅臣、中央政府中之最高长官。这种肇始于五代的宰相兼枢密使的制度，被辽朝承袭了。[2]

　　我们已经论证了同中书门下平章事是辽宰相之职，那么，它显然不是中书省中的职官。考其名称之起，盖因唐以中书门下之外的官员居相职而加的。唐中世以后至北宋元丰以前，平章事为宰相之官，但此名并不专用，他官居职者犹假它名如故。马端临曾说："唐初始定制以三省为宰相之司存，以三省长官为宰相之职任，然省分为三，各有所掌而其官亦复不一。相职既尊，无所不统，则不容拘以一职，于是始有同中书门下三品、同平章事、参知机务、参预政事之名焉。"[3]马端临指出了同平章事等名称所由起，盖因其无所不

---

1 《文献通考》卷五八《职官考十二》"宰相兼枢密使"条，《景印文渊阁四库全书》第611册，第338页。

2 《资治通鉴》卷二八一"后晋高祖天福三年十月"条记载，郭崇韬曾"宰相兼枢密使"，第9191页。

3 《文献通考》卷四九《职官考三》"宰相"条，《景印文渊阁四库全书》第611册，第167页。

统，非仅掌一省之职。辽制亦以同中书门下平章事为真相，其名亦未尝专用，更未以其为中书省之官员。如，《王师儒墓志铭》记，寿昌初，"超拜同中书门下平章事，再知枢密副使，签中书省事"。后因故"削平章事，仍罢枢密、中书省等职"。王师儒虽拜同中书门下平章事，也要另加"签中书省事"之衔；削平章事，要另罢"中书省"之职。由此可知，平章事与中书省职完全是两码事。因此，《辽史·百官志》将"同中书门下平章事"列入中书省职官中，显系不当。

三　斡鲁朵内官制考实

（一）《辽史·百官志》"北面宫官"诸条考辨

　　《辽史》卷四五《百官志》"北面宫官"条记载的斡鲁朵官制内容，主要有如下几项：

> 诸行宫都部署院。总契丹汉人诸行宫之事。
>
> 诸行宫都部署。
>
> 知行宫诸部署司事。
>
> …………
>
> 契丹行宫都部署司。总行在行军诸斡鲁朵之政令。
>
> 契丹行宫都部署。
>
> 知契丹行宫都部署事。
>
> …………
>
> 行宫诸部署司。掌行在诸宫之政令。
>
> 行宫都部署。
>
> 行宫副部署。
>
> …………

十二宫职名总目：

　　某宫
　　某宫使。
　　某宫副使。
　　……………
　　某宫都部署司。掌本宫契丹军民之事。
　　某宫都部署。
　　某宫副部署。
　　……………

　　为论述方便起见，将《辽史》卷四七"南面宫官"条有关内容附引于此：

　　汉儿行宫都部署院。
　　汉儿行宫都部署。
　　汉儿行宫副部署。
　　……………

　　十二宫南面行宫都部署司职名总目：

　　某宫汉人行宫都部署。
　　某宫南面副都部署。
　　……………

　　在《辽史·百官志》中，关于斡鲁朵官署、职官的记载，算是比较详明，似乎不至于令人再发生怀疑和非难的。因此，根据上述文字，最早由日本津田左右吉做出了下面的结论。

第一，辽朝对于斡鲁朵中的契丹人，有契丹行宫都部署司加以管治；对于诸斡鲁朵中的汉人，则有汉人行宫都部署司（院）加以管治，而总辖这两个部署司者，则为诸行宫都部署院。即，契丹行宫都部署司与汉儿行宫都部署司（院）都隶属于诸行宫都部署院。诸行宫都部署院乃行宫之最高机关。

第二，各斡鲁朵内部也分别设有契丹、汉儿都部署司，而总辖之者为诸宫宫使。即，某宫契丹都部署、某宫汉儿都部署隶属于某宫使。宫使乃各斡鲁朵内部之最高长官。[1]

后来，日本学界皆以津田氏的上述结论为定论。例如，箭内亘的《元朝斡耳朵考》、岛田正郎的《辽代社会史研究》诸文均直接引用其意见。为此，本节对《百官志》关于"宫官"记载的辨误，不妨就从津田氏的这两点结论开始。

1. 诸行宫都部署院

既然诸行宫都部署院为行宫之最高机关，那么，它自然作为我们考察对象中的最首要者。于此，便可发现一桩殊为可怪的现象：一部《辽史》记录有辽一代先后任契丹行宫都部署一职者有二十人，任汉人行宫都部署一职者有二十四人，可是，正式任最高职务的诸行宫都部署者却只记有一人，即重熙六年（1037）十一月壬子，"萧扫古诸行宫都部署"。[2]《辽史》上另有一处。记为，开泰六年（1017）四月辛卯，"以枢密使漆水郡王耶律制心权知诸行宫都部署事"。[3]此外，便再也找不到有关诸行宫都部署院的记载了。这与该院作为行宫最高机构的重要地位显然是极不相称的。

为了澄清这个疑团，还须进一步加以考察。《辽史》卷八二《耶律制心传》："开泰中，拜上京留守，进汉人行宫都部署。"耶律

1　津田左右吉「遼の制度の二重體系」『津田左右吉全集　第 12 卷（滿鮮歷史地理研究　第 2）』、346 頁。

2　《辽史》卷一八《兴宗纪》，第 247 页。

3　《辽史》卷一五《圣宗纪》，第 196 页。

制心一生任行宫职官仅有开泰年间这一次,《传》中所记的汉人行宫都部署与前引开泰六年"权知诸行宫都部署事"所指必为一事。问题是两处所记职名何以互异呢?

《辽史》上罕见的"诸行宫都部署院"职官,在辽代石刻中却发现若干处。把石刻上的这些材料与文献记载加以对比考核,就会发现,石刻中诸行宫都部署等职务,均为《辽史》所记汉人行宫都部署及其他职名之异写。有以下诸例为证。

《梁援墓志》载:寿昌三年(1097)"再授诸行宫都部署,加尚书左仆射",[1]与《潜研堂金石文跋尾》[2]所载寿昌五年(1099)九月《玉石观音像唱和诗碑》[2]的题名中梁援的官衔"诸行宫都部署、尚书左仆射"相同。可是,在与石刻所记完全相同的时间里,《辽史》卷二六《道宗纪》上的记载则是:寿隆(昌)三年(1097)九月丁丑,"以武定军节度使梁援为汉人行宫都部署";寿隆(昌)五年(1099)十二月甲子,"以汉人行宫都部署梁援为辽兴军节度使"。两相比照,即可一目了然:《梁援墓志》及《玉石观音像诗碑》中梁援的官衔——诸行宫都部署,实际上就是汉人行宫都部署的异称。

撰刻于天庆二年(1112)《萧义墓志铭》云:天祚帝即位之初,"于是自诸行宫都部署授国舅详稳,加太子太师"。萧义,即《辽史》中之萧常哥。《辽史》卷二六《道宗纪》载,寿隆(昌)六年(1100)五月乙未,"南院宣徽使萧常哥为汉人行宫都部署"。卷八二《萧常哥传》亦载:"为南院宣徽使,寻改汉人行宫都部署。乾统初,加太子太师,为国舅详稳。"据此,又可证知诸行宫都部署即为汉人行宫都部署。

《耶律仁先墓志铭》载,耶律仁先于重熙年间"迁契丹诸行宫都部署"。这里的"诸行宫都部署"前面冠以"契丹"二字,是否

1 　向南:《辽代石刻文编》,第519页。
2 　(清)钱大昕:《潜研堂金石文跋尾》卷一七,见黄任伯辑《辽代金石录》卷三,收录于《石刻史料新编》卷一〇,台北:新文丰出版公司,1982,第7562页。

与诸行宫都部署有所区别呢？查《辽史》卷九六《耶律仁先传》，谓"重熙十三年（1044）伐夏，留仁先镇边。未几，召为契丹行宫都部署"。卷一九《兴宗纪》亦载，重熙十五年（1046）十一月丁亥，"契丹行宫都部署耶律仁先南院大王"。可见，所谓"契丹诸行宫都部署"也就是"契丹行宫都部署"。同样的例证还有：《契丹国志》卷一五《萧奥只传》载"萧奥只，番名播古。……以父战功为祗候郎君，迁林牙、契丹诸行宫都部署"。萧奥只是萧挞凛的儿子，《辽史》卷八五《萧挞凛传》将萧奥只记作萧愸古。卷一七《圣宗纪》载，太平六年（1026）五月辛卯，"以东京统军使萧愸古为契丹行宫都部署"。

根据以上所举事例，可以得出这样的结论：辽朝的汉人行宫都部署这一职官，一般又称作"诸行宫都部署"；若为契丹行宫都部署而用"诸行宫都部署"称呼时，则还冠以"契丹"二字。若此不误，就可推定《辽史》卷一八《兴宗纪》重熙六年十一月，萧扫古所任的诸行宫都部署，正是汉人行宫都部署。

诸行宫都部署并非是一个独立于汉人行宫都部署、契丹行宫都部署之外的职官，更不是后两者的统帅。它不过是汉人行宫都部署的异称而已（若前冠以"契丹"二字，则是契丹行宫都部署的异称）。《辽史》卷四五《百官志》"北面宫官"中"诸行宫都部署院"条及其下列诸职官，纯属子虚乌有。

2. 行宫诸部署司

与"诸行宫都部署院"相同，"行宫诸部署司"一条及其下列职官则是"契丹行宫都部署司"内容的重出，其列举的职官"行宫都部署"也是"契丹行宫都部署"的简称。

《辽史》卷一八《兴宗纪》重熙六年（1037）五月癸亥，有以"侍中管宁〔为〕行宫都部署"之记事。管宁即萧惠。[1] 卷九三《萧

1　见傅乐焕《辽史复文举例》，《辽史丛考》，第288~289页。

惠传》说他在"重熙六年，复为契丹行宫都部署"。

《兴宗纪》在同年十一月辛亥条下亦载："以契丹行宫都部署萧惠为南院枢密使。"很显然，《兴宗纪》所载之行宫都部署即是契丹行宫都部署。

《辽史》卷二〇《兴宗纪》：重熙十七年（1048）十一月丁巳，"行宫都部署别古得柳城郡王"。别古得，又作别古特。卷六四《皇子表》中所记为："重熙中，累迁契丹行宫都部署。"行宫都部署即契丹行宫都部署，此又一例证。

其实，《辽史·百官志》对"契丹行宫都部署司"和"行宫诸部署司"职掌的记载本身就已经揭示了问题的实质。《百官志》记前者的职掌为"总行在行军诸斡鲁朵之政令"，记后者的职掌则为"掌行在诸宫之政令"。细加思考，后者所言正是前者的缩略语。修史者玩弄了一个文字把戏，将无意义的"行军"二字删掉，又将"诸斡鲁朵"换上了同义语的"诸宫"。但终未能改变前后两条所记乃是同一客观实体的事实。

因此，应毫不惋惜地将"行宫诸部署司"及其下属职官诸项记载从《百官志》中全部剔除，免使它继续制造混乱，贻误读者。

3. 某宫使

《百官志》"北面宫官"中"十二宫职名总目"一项，举例各斡鲁朵分别设有"使"和"都部署"等职官。《辽史》中不乏各宫使活动的记载文字，其存在是无可置疑的。关于各宫都部署之名称出现在《辽史》中寥寥无几，但在石刻中却屡见不鲜。然则确实就像津田氏所论，各斡鲁朵内由宫使统辖都部署吗？

《辽史》卷一八《兴宗纪》载：重熙六年（1037）六月壬申朔，"以……护卫太保耶律合住兼长宁宫使，萧阿剌里、耶律乌里斡、耶律和尚、萧韩家奴、萧特里、萧求翰为各宫都部署"。此次任命，似乎是专门调整各斡鲁朵的官员的。可惜这些宫官，有一半人是仅此一次留名于史册。尽管如此，还是可以发现，这次任命萧韩家奴为都部署，在《辽史》卷九六《萧韩家奴传》中却明文记为"敦睦宫使"；而《耶律和尚传》所记他的历官则为："重熙初，补祗候郎君。……历积庆、永兴宫使。"再对照《兴宗纪》的任命职称，耶律和尚在这次任命中，不是积庆宫就是永兴宫的宫使。那么，其真相就可大白，原来各宫的都部署就是各宫的宫使！

石刻资料还提供了一个更直接的例证。《耿知新墓志铭》所记耿知新诸舅的官职是："左千牛卫小将军，乃孟舅也；崇德宫汉儿渤海都部署、银青崇禄大夫、检校司空，乃仲舅也；帅府将军，乃季舅也。"在此墓志最末之四言铭文中，又把这三个舅舅的官职概括为："孟季将军，仲为宫使。"恰是把任崇德宫汉儿渤海都部署的仲舅，直呼为"宫使"。某宫都部署、某宫汉儿渤海都部署既皆可称之为"宫使"，则二者之是一是二，岂不极为明显吗？

史籍中还曾有"都宫使"一名称。据某宫都部署可称作某宫使推论，总辖各宫的契丹或汉人行宫都部署也就应称作都宫使的。

例一，《辽史》卷九八《萧兀纳传》载，天庆六年（1116），耶律章奴叛，萧兀纳据城力战，"以功授副元帅，寻为契丹都宫使"。对这一事件，卷二八《天祚帝纪》则记为："上京留守萧挞不也（萧兀纳）为契丹行宫都部署兼副元帅。"契丹都宫使显然与契丹行宫都部署为一职而异名了。

例二，《辽史》卷七二《顺宗濬传》载，耶律乙辛"阴令右护卫太保耶律查剌诬告都宫使耶律撒剌……谋废立"。此事件发生在大康三年（1077）五月。所谓"都宫使"耶律撒剌，在卷九九《耶律撒剌传》中则被记载这期间"为契丹行宫都部署"。

上面事例足可证明，辽代诸宫使与诸宫都部署两种称呼是可以互换使用的，总辖各宫都部署的契丹或汉人行宫都部署则可称之为"都宫使"。这样，我们就又可指出《百官志》"北面宫官"中的一个谬误，即"某宫使""某宫副使"条，乃为"某宫都部署""某宫副都部署"之重出。

经过上面所做的一番考辨和整理、删繁就简之后,《百官志》
"北面宫官"条就呈现出一副较为清晰的面目来了。我们看到,它
的实际机构要比《百官志》所记载的内容精简的多,主要官署及职
官为:

> 契丹行宫都部署司。总行在行军诸斡鲁朵之政令。
> 契丹行宫都部署(即都宫使)。
> …………
> 某宫都部署司。掌本宫契丹军民之事。
> 某宫都部署(即宫使)。
> …………

《辽史·百官志》"北面宫官"一项之所以十分混乱、烦琐,乃
至于叠床架屋,是由于元人修史时将散见于《纪》《传》中的一些
官职名称匆遽连缀成篇所致。由此可见,《辽史·百官志》的全部记
载,不但其"南面官"部分谬误丛生,连"北面官"部分也千疮百
孔,不全可信。

(二)诸官职官之建置与职掌

辽代斡鲁朵之制,为太祖阿保机所创,《辽史》卷三五《兵卫
志》明确记载:"太祖以迭剌部受禅,分本部为五院、六院,统以
皇族,而亲卫缺然,乃立斡鲁朵法。"据《太祖纪》,分迭剌部为
五院部、六院部为天赞元年(922)十月之事,斡鲁朵之设置当在
此时。

按常理,斡鲁朵之宫官设置当与斡鲁朵之建立是同时的。但
是,我们现在所能看到的史料还极为有限,在史书及石刻中找到的
关于各宫官的最早记录是在圣宗时期:一为《圣宗纪》所载,统和
二年(984)四月壬辰,"崇德宫都部署、保义军节度使张德筠为宣

徽北院使"；一为《王瓒墓志铭》载，[1]墓主于统和二年三月，以积庆宫汉儿副部署的职衔死于行宫之侧。但此二人任宫官的时间均应早于这个记载时间。

就每一斡鲁朵而言，它的宫官设置时间，史籍中曾有过明确记载：《辽史》卷三一《营卫志》说，"天子践位，置宫卫，分州县，析部族，设官府，籍户口，备兵马"。余靖的《武溪集·契丹官仪》云"自阿保机而下每主嗣立，即立宫置使领官寮"。这些记载指明，每一皇帝即位之初立斡鲁朵的同时，便设置相应的本斡鲁朵的官属。

日本学者箭内亘在他检索的范围之内，发现各宫的宫官都出现于皇帝崩后，因而推测说，是否《百官志》"十二宫职名总目"条所列某宫使以下诸官，是掌皇帝崩后斡鲁朵之一切事务；而"诸行宫都部署院"条所列诸官，殆掌皇帝生前斡鲁朵之事者耶？[2]

如前文所述，"诸行宫都部署院"是根本不存在的，因此，也就不会有箭内氏所谓该院掌皇帝生前斡鲁朵之事。而斡鲁朵主生前就已设置了本宫官的记载，于史籍中并不少见。不知箭内氏何以有此疏忽。例如：

《辽史》卷一〇《圣宗纪》统和二年（984）四月壬辰载有"崇德宫都部署张德筠"事。崇德宫乃承天太后之斡鲁朵，[3]统和年间正是承天太后当政时期，而其斡鲁朵的宫官已经存在。同样的例证还见于《常遵化墓志铭》，载有墓主于统和五年（987）授崇德宫汉儿都部署判官一事。

《辽史》卷八一《陈昭衮传》载，陈昭衮"统和中，补祗候郎

1　此《王瓒墓志铭》于陈述辑校《全辽文》误作王奉诸，第368页；向南：《辽代石刻文编》，第82页。

2　〔日〕箭内亘：《元朝怯薛及斡耳朵考》，第129页。

3　《辽史》在景宗前就出现过崇德宫名，一般认为应是太祖第三子李胡的斡鲁朵。但据卷六《穆宗纪》所载，应历十年（960）十月，李胡因其子喜隐谋反，已下狱死；其斡鲁朵亦几经分割。卷五《世纪》天禄元年（947）八月，"以崇德宫户分赐翼戴功臣"。《营卫志》载，景宗彰愍宫是"以章肃皇帝侍卫及武安州置（章肃皇帝即李胡)"。因此，至圣宗时作为李胡之崇德宫必定不复存在。

君，为奚拽剌详稳，累迁敦睦宫太保，兼掌围场事"。敦睦宫是圣宗弟弟耶律隆庆的斡鲁朵（隆庆可能继承的是让国皇帝耶律倍之斡鲁朵，仍名为敦睦宫）。耶律隆庆死于开泰五年（1016）十二月，陈昭衮任敦睦宫宫官，时在开泰五年以前。这是敦睦宫官在其斡鲁朵主生前就已设置的例证。

如果说，上面的崇德宫、敦睦宫并不是皇帝的斡鲁朵，而应当作为例外的话，那么皇帝生前其斡鲁朵就设置了宫官的例证同样存在：《辽史》卷一六《圣宗纪》载，开泰八年（1019）三月己未，"契丹弘义宫使赫石为兴圣宫都部署"。兴圣宫是圣宗的斡鲁朵，赫石所任的正是圣宗在位期间的兴圣宫使。《辽史》卷九八《耶律胡吕传》载，道宗大安年间，耶律胡吕讨平反叛辽朝的北阻卜酋磨鲁斯，"以功为汉人行宫副部署，兼知太和宫事"。太和宫即道宗之斡鲁朵，"知某宫事"这一职称虽不见于《百官志》"北面宫官"条，但它是斡鲁朵中职官无疑。同样的例证还见于同时代的宋人记载。宋仁宗庆历年间（1041~1048）余靖三次出使辽国，他的《武溪集·契丹官仪》中留下了其所见到的十个斡鲁朵的名字，其中就记有当朝皇帝的斡鲁朵——延庆宫，并有"宫使"。

众多的事例可以证明，斡鲁朵主在其生前就设有了宫官，也就是在斡鲁朵创立之初，便同时设置本宫的职官，掌管宫内事务。各斡鲁朵内最高职官应是某宫都部署、某宫汉儿都部署。[1]

这里想解释一下辽代石刻中常见到的另一种名称，即"汉儿渤海都部署"。例如：

统和二十六年（1008）撰刻的《王说墓志铭》中所见"积庆宫汉儿渤海都部署"；统和三十年（1012）撰刻的《耿延毅妻耶律氏墓志铭》所见"永兴宫汉儿渤海都部署"；太平三年（1023）撰刻的

---

[1]　据史籍及石刻文字，"某宫汉人都部署"这一职称中无"行宫"二字，《百官志》"南面宫官"条下，此职名中的"行宫"二字，恐系衍文。

《冯从顺墓志铭》所见"敦睦宫汉儿渤海都部署"；太平七年（1027）撰刻的《耿知新墓志铭》所见的"崇德宫汉儿渤海都部署"；重熙十五年（1046）撰刻的《秦晋国大长公主墓志铭》所见"崇德宫汉儿渤海都部署"；清宁九年（1063）撰刻的《张绩墓志铭》所见"延庆宫汉儿渤海都部署判官"；大康元年（1075）撰刻的《萧德温墓志铭》所见"彰愍宫汉儿渤海都部署"。[1]

　　因为到目前为止，从史籍和现存辽代石刻中，还没发现有某宫"渤海都部署"这样的职称，似可断定，某宫汉儿都部署应是某宫汉儿渤海都部署的简称。辽朝各斡鲁朵中拥有不少汉人、渤海人户。如，弘义宫"以心腹之卫置，益以渤海俘、锦州户"。永兴宫"以太祖平渤海俘户，东京、怀州提辖司及云州怀仁县、泽州滦河县等户置"。[2]辽朝实行"治渤海人，一依汉法"[3]的政策。斡鲁朵中的制度与整个统治精神是相一致的。因此，对于斡鲁朵中的渤海人与汉人的统治方法相同，其汉儿渤海都部署这一职官的设置正是体现了辽朝的基本国策。汉人、渤海既然是用一官掌领，则某宫汉儿都部署与某宫汉儿渤海都部署必是一回事。这大约就是《百官志》"南面宫官"条中只见"某宫汉人（行宫）都部署"，却不见"某宫汉儿渤海都部署"的原因了。

　　因为诸斡鲁朵均扈从当朝皇帝四时游徙，[4]它们同处于大禁围之中，同被看作是"天子之宫庭"，[5]其事务均属皇室事务，因而各宫职官在缺员或有其他缘故时，常常可由一人通掌各宫事务。辽代石刻中就有不少这样的例证。

1　以上分见陈述辑校《全辽文》第 111、113、123、137、125、179、216 页；向南《辽代石刻文编》第 131、142、169、184、248、313、371 页。

2　《辽史》卷三一《营卫志》"宫卫"条，第 411 页。

3　《辽史》卷六一《刑法志》，第 1039 页。

4　详述见本书"斡鲁朵的所在地"一节。

5　《耿延毅墓志》载，耿延毅于圣宗朝曾"入授永兴宫、崇德宫都部署"。而在其妻墓志中对此事则称"入则绾天子之宫庭，事君以忠"，是称永兴宫崇德宫为"天子之宫庭"。

　　撰刻于统和二十六年（1008）的《王说墓志铭》中载，王说曾
"权宣徽及五宫院事"，[1]此五宫院应指圣宗以前的五帝斡鲁朵；乾统十
年（1110）撰刻的《宁鉴墓志铭》记有"改授敦睦、弘义、延昌宫判
官"的字样，[2]一人兼三宫判官；《匋斋藏石》"为先祖舅姑等建幢记"
中首行题款"前延庆、永兴□□□□官"，[3]一人兼两宫职官。

　　各宫有哪些事务？各宫最高职官的职掌是什么？这对于了解斡
鲁朵内部情形是很重要的。《百官志》"北面宫官"条对于"某宫都
部署司"有一极其简略的说明，即"掌本宫契丹军民之事"，而于
"南面行宫都部署司"下，连这样简单的说明也没有。但是，通过
史籍与石刻中的资料，进行一番拾遗补阙的工作，我们似可将宫官
所掌有关"军""民"一些具体事项钩稽出来。

　　一是统领禁卫。斡鲁朵创始于亲卫武装之设置，终辽一代，"世
建宫卫"，扈从宫帐。显而易见，斡鲁朵中的宫分人担负着保卫行
宫安全的职能。各宫长官就是各支宫卫武装的首领，共同担负着禁
卫的职责。兴宗、道宗两朝的著名功臣耶律仁先初仕之时，曾任过
崇德宫使。他的《墓志铭》记载其任宫使时的职掌之一便是"兼领
禁卫"。最能说明宫使掌管禁卫的事例，是在道宗清宁九年（1063）
平定重元未遂政变的战役中，宫使所发挥的作用。当时皇太叔重元
与其子楚国王涅鲁古发起了蓄谋已久的叛乱，叛乱集团的主犯中有
副宫使韩家奴、宝神奴和兴圣宫太保古迭等宫官，这是叛乱者企图
控制和瓦解斡鲁朵宫卫力量的表现。在他们诱胁"弩手军犯行宫"
的危急关头，奋起抗击来犯者的是宿卫士卒和宫分人，而统率扈卫
力量的主要将领便是敦睦宫使耶律良、永兴宫使耶律塔不也等。[4]

　　因为各宫使是"心腹"部队的统帅，因此，在对外战争中，宫

1　陈述辑校《全辽文》，第 111 页；向南：《辽代石刻文编》，第 267 页。

2　陈述辑校《全辽文》，第 308 页；向南：《辽代石刻文编》，第 606 页。

3　见向南《辽代石刻文编》，第 697 页。

4　以上内容均见《辽史》卷二二《道宗纪》"清宁九年七月、八月"条，第 298~299 页。

使便常被派作"监军"随从其他军队出征。例如：大安十年（1094）四月庚戌，在讨磨古斯的战役中，"遣积庆宫使萧糺里监战"；[1] 寿隆（昌）二年（1096），在讨达里得、拔思母的战役中，遣长宁宫使萧得里底为监军；[2] 天庆六年（1116），燕王招募辽东饥民得二万余，谓之"怨军"，以延昌宫使萧昂等为监军；[3] 等等。

　　二是掌管版图、民政司法事务。辽朝各皇帝在即位之初，都要通过"分州县、析部族"的方法，建置自己的斡鲁朵，就是从部族中分割出契丹及其他游牧人户，从州县中抽出汉人、渤海等人户，聚拢在行宫周围，共同构成一个拱卫着斡鲁朵的游牧集团。这个集团的民户便是所谓"宫分户"。宫分人与契丹族其他部落成员同样，他们集兵、民二任于一身，"有事则以攻战为务，闲暇则以畋渔为生"，"有调发则丁壮从戎事，老弱居守"。[4] 平时，他们在肩负禁卫职任的同时，主要从事行宫中的畜牧生产。斡鲁朵所拥有的人户、牲畜以及相应的牧地草场等，是构成皇室强大的经济基础。各斡鲁朵内掌管这些巨大的物质力量的是宫使。

　　"每宫皆有户口钱帛"，"尽隶宫使"[5] 这一事实在辽代石刻中记载得也比较明确。《韩橁墓志铭》载，韩橁"除彰愍宫都部署，掌绾版图，抚绥生齿"。《耶律仁先墓志铭》有"再授崇德宫使，总辖图般（版）"之语（这两方墓志所记，都部署与宫使的职务同为掌管版图，又从职掌上证明了本节前面提出的都部署即宫使的结论）。这里的所谓"总辖图版"，应即指掌管斡鲁朵人户、牲畜、牧地等民政生产事务。

　　各斡鲁朵"皆有户口钱帛"，各宫自成独立的经济体系，独立

---

1 《辽史》卷二五《道宗纪》，第341页；卷六九《部族表》，第1228页。

2 《辽史》卷一〇〇《萧得里底传》，第1572页。

3 （宋）叶隆礼：《契丹国志》卷一〇《天祚皇帝上》，第109页。

4 《辽史》卷三一《营卫志》，第410页。

5 （宋）余靖：《武溪集》卷一八《契丹官仪》，《景印文渊阁四库全书》第1089册，第173~175页。

核算。但各宫同属皇室，可由皇室统一支配、处置，故各宫官是在共同"勤劳王室，夹辅霸图"。[1]

作为各斡鲁朵的长官，治理宫内民政的其他事务，包括司法刑狱之事，自然也是分内的责任。有关这方面的记载，如，《辽史》卷六二《刑法志》，道宗清宁元年（1055）诏诸宫都部署曰："凡有机密事，即可面奏；余所诉事，以法施行。有投诽讪之书，其受及读者皆弃市。"《辽史》卷一〇一《萧陶苏斡传》中云："咸雍五年，迁崇德宫使。会有诉北南院听讼不直者，事下，陶苏斡悉改正。"

综上所述可以看出，诸宫使是诸斡鲁朵中最高军事统帅，又是最高行政长官，对于宫内的军政、民政事务无所不统。

（三）斡鲁朵中北南面最高宫署——契丹行宫都部署司、汉人行宫都部署司

上面考察了各斡鲁朵官吏的建置与职掌，可以看出，各斡鲁朵都是各自独立的系统，在一般情况下，本宫官只掌管本斡鲁朵内事务。但各宫并非各自为政，无所统属。总辖诸宫者，是行宫都部署司。

根据《百官志》"北面宫官"条："契丹行宫都部署司，总行在行军诸斡鲁朵之政令。""北面宫官"的"序"又言："辽建诸宫斡鲁朵，部族、蕃户，统以北面宫官。"因此，契丹行宫都部署司所掌的是诸斡鲁朵内部族、蕃户事务，而诸斡鲁朵内汉人、渤海人事务，则应由"南面宫官"下之"汉儿（人）行宫都部署院（司）"掌管。

如前所述，所谓总辖契丹汉人诸行宫之事的"诸行宫都部署院"，纯属修《辽史》者杜撰，诸行宫都部署乃汉人行宫都部署或契丹行宫都部署之简称，而此二者乃各为行宫中南北面之最高官

---

1 《常遵化墓志铭》载：统和五年（987）"授崇德宫汉儿都部署判官。勤劳王室，夹辅霸图"。

署，在二者之上并没有更高的总辖机构。

辽代皇帝的斡鲁朵四时游徙在春水秋山、冬夏捺钵之间，各前斡鲁朵及其人户均从行。那么，位于皇帝牙帐之北南，[1] 总辖各斡鲁朵事务的契丹行宫都部署司、汉人行宫都部署司也必然是随从行宫的。余靖在《契丹官仪》中清楚地指出："胡人从行之兵，取宗室中最亲信者为行宫都部署主之。"《王师儒墓志铭》载，王师儒于乾统元年（1101）六月任诸行宫都部署，"以□年十一月十日感疾薨于广平甸之公府"。志文又曰："上以公四时左右诲正之，十有八年，一日未曾违离，深悼之，□□赠太子太师。"说明王师儒即使在任诸行宫都部署期间也一直随从行宫，未离皇帝左右。

见于记载的辽朝最早的行宫都部署，是在《契丹国志》卷一五《刘珂传》中：辽太宗"忿石晋负恩，连年南牧。战定州时，深入，帝马陷泥泞中，珂下马奉帝出，身被数十疮，流血满体，太宗壮之，迁林牙、行宫都部署"。[2] 查《辽史》卷四《太宗纪》，知定州之战在会同九年（946）九月。《契丹国志》虽为后人摘拼史料凑集而成，然其所言似均有所本，故此条材料可以信据。那么，行宫都部署一职之设置当不迟于辽太宗时期。

行宫中的官署分为北南两面始于何时？史无明文，尚不能确指。《辽史》上最早出现行宫都部署这一职称是在景宗保宁三年（971）三月，"以飞龙使女里为契丹行宫都部署"，[3] 说明至少在此时，行宫都部署已有契丹、汉人之分了。

辽朝统治者面临着两大主要统治对象：汉人（包括渤海人）和契丹人（包括其他游牧部族人）。对此，采取了"蕃汉不同治""以国制治契丹，以汉制待汉人"的统治方式。各斡鲁朵中也同样包含了辽国这两大主要民族成分，因此，设立契丹行宫都部署司与汉人

1 《长编》卷一一〇，第2560页。
2 （宋）叶隆礼：《契丹国志》卷一五《刘珂传》，第157页。
3 《辽史》卷八《景宗纪》，第99页。

行宫都部署司以分掌契丹、汉人事务。而它们既然总辖各斡鲁朵之事，其职掌自然就是各斡鲁朵宫官职掌之总和。

《辽史》中，有据可查的任过契丹行宫都部署一职者共二十一人（含行宫都部署），任过知契丹行宫都部署事者共三人，此二十四人均为契丹人；《辽史》及石刻中所见明确为汉人行宫都部署一职者共二十五人（含诸行宫都部署），其中由汉人任者十一人，其余则为契丹人和奚人。任汉人行宫副部署者共十人，其中汉人只有二人。北南面行宫都部署的这种任职情况与北南面枢密使的任职情况极为相似。整个辽代，任北院枢密使者共有四十余人，除韩德让和另一被赐"国姓"的刘霂作为特例，[1]是汉人任北院枢密使以外，其余全部是契丹本族人。而任南院枢密使的五十余人中，也有二十多人是契丹人。行宫都部署与枢密使的这种任职情况体现了辽代统治者的意志——契丹族是构成上层统治阶级的主体民族，在政权组织中，契丹族要占主要成分；契丹人可以治汉事，而汉人却不治契丹事。而且，北院枢密使和契丹行宫都部署只能授予皇帝的心腹要臣。

契丹、汉人行宫都部署司在辽朝中央政府机构中占有什么样的地位呢？

一般说来，北南枢密院乃辽国北南面之最高官衙。根据《辽史·百官志》的"序"所言："辽国官制，分北、南院。北面治宫帐、部族、属国之政，南面治汉人州县、租赋、军马之事。因俗而治，得其宜矣。"宫帐之事，似应归属北枢密统辖。果真如此，行宫都部署司便应成为北枢密院的下属机构了。可是，事实并不是这样。

《长编》卷一一〇"天圣九年（1031）六月"条记载了关于辽

---

1 《辽史》卷八二《耶律隆运传》，第 1422 页；《辽史》卷二四《道宗纪》"大康五年三月"条，第 321 页。

朝官制的一段材料："其官有契丹枢密院及行宫都总管司，谓之北面，以其在牙帐之北，以主蕃事；又有汉人枢密院、中书省、行宫都总管司，谓之南面，以其在牙帐之南，以主汉事。"[1] 这里的所谓"行宫都总管司"，即宋人对辽朝行宫都部署司的称呼。这段记载表明两点：一是汉人行宫都部署司位于牙帐之南，谓之南面官，并未归于北面。《辽史·百官志》在"南面"官部分列出"南面宫官"以处置汉人行宫都部署司似属不误。二是北南两面均有枢密院、行宫都部署司，其相互之间是并列的两个官署，并无隶属关系。即，北枢密院与契丹行宫都部署司是平行机构，南枢密院与汉人行宫都部署司是平行机构。

为了证实这两点结论，可以引证下列史料：《辽史》卷五七《仪卫志》记载辽之符印有："契丹枢密院、契丹诸行军（"军"字当为"官"字之误）部署、汉人枢密院、中书省、汉人诸行宫都部署印，并银铸。文不过六字以上，以银朱为色。"北南枢密院与北南面行宫都部署各为独立的官署，各自有印，且规格同一，均为银铸。这意味着它们之间并没有隶属关系。《长编》卷二三"太平兴国七年（982）闰十二月"条记载，韩德让被"赐姓耶律，改名隆运。寻拜大丞相，蕃汉枢密使、南北面行营（"营"应为"宫"字）都部署，徙封齐王"。《契丹国志》卷一八《耶律隆运传》也有同样记载："赐姓耶律氏，及改赐今名，未几，拜大丞相，充契丹汉儿枢密使、南北面诸行宫都部署，改封齐王。"值得注意的是，韩德让一身而兼南北枢密使二任的同时，还要总任南北面行宫都部署之职。这正说明，即使任南北枢密使也仍未能总行宫之权，故又加南北面诸行宫都部署之衔。这表明，契丹、汉人行宫都部署非但不属北南枢密院统辖，且其职权与北南枢密院几同。

正因为如此，作为这两个机构的长官——枢密使与行宫都部署

---

1 （宋）叶隆礼：《契丹国志》卷二三《建官制度》，第224页，所记同。

的地位也几于相同。《辽史》卷五〇《礼志》"丧葬仪"条载，在祭奠道宗的仪式中，"先帝小敛前一日，皇帝丧服上香，奠酒，哭临。其夜，北院枢密使、契丹行宫都部署入，小敛"。北院枢密使与契丹行宫都部署同以最高官员的身份参加道宗的葬仪。

据上面所述，似可做出结论：契丹行宫都部署司掌诸斡鲁朵中契丹族、蕃户之军政、民政，北枢密院则掌诸斡鲁朵以外部族之军政、民政；汉人行宫都部署司掌诸斡鲁朵中之汉人、渤海人的军政、民政，南枢密院则掌诸斡鲁朵以外之汉人、渤海人的军政、民政。也就是说，斡鲁朵是枢密院之外的一个独立系统，它直接统辖于皇帝，而不受枢密院管辖。斡鲁朵人户构成了一个行宫部落，这个部落有自己的政治、经济、军事等事务，俨然似一个游牧部落的方式生产、生活着，但它又绝不等同于普通部落，它乃为皇帝之心腹集团，皇室经济、军事力量之重心所在。这就决定了行宫都部署司扮演了一个特殊角色。因此，它的地位在某种意义上来说，几乎达到可以与枢密院平分秋色的地步。

四 五京的建置及在辽朝政治中的作用

辽代二百余年间先后设置有五个京城，即上京（今内蒙古赤峰市巴林左旗林东镇）、东京（今辽宁辽阳）、南京（今北京）、中京（今内蒙古赤峰市宁城县）、西京（今山西大同）。史称，"上京为皇都"，"五京列峙"，大部分疆土"悉为畿甸"。[1] 本书前面诸节已论证了辽朝中央政府是一个跟随皇帝游动的行朝，辽国政治中心不在固定的京城而在游动的斡鲁朵中。既然如此，辽朝为何还设置了达五个之多的京城？这些京城的地位和作用是怎样的？搞清这些问题，也是深入认识和论证契丹这个游牧民族政权特色的又一重要方面。

---

1 《辽史》卷四八《百官志》"南面京官"条，第895页；"南面方州官"条，第906页。

（一）五京的建置过程

辽朝五京建置的时间不一，从皇都之置，至"太宗以皇都为上京，升幽州为南京，改南京为东京，圣宗城中京，兴宗升云州为西京，于是五京备焉"，[1]前后达一百二十多年的时间。我们逐一考察五京的建置过程，可以明确各京所建之特殊目的及诸京之共同作用。

1. 上京

据《辽史》卷一《太祖纪》、卷三七《地理志》所记，契丹族最早在漠北草原所建的州城是龙化州，是时还是契丹建国之前，即唐天复二年（902）。十几年后，辽太祖阿保机建国称帝大典正在此处举行。《太祖纪》载，神册元年（916）春二月丙戌朔，"上在龙化州，迭剌部夷离堇耶律曷鲁等率百僚请上尊号，三表乃允。丙申，群臣及诸属国筑坛州东，上尊号曰大圣大明天皇帝，后曰应天大明地皇后。大赦，建元神册"。在契丹建国之时，不仅未以龙化州为都城，且并未有"都"。其皇都（后来改称上京）之建，乃为建国三年后之事，即神册三年（918）二月癸亥，"城皇都"。阿保机为何未以即位之地——龙化州为都，却于其后建都于别地呢?《地理志》云，龙化州，"契丹始祖奇首可汗居此，称龙庭"；上京临潢府，"太祖取天梯、蒙国、别鲁等三山之势于苇甸，射金龊箭以识之，谓之龙眉宫。神册三年城之，名曰皇都"。由此可以认为，龙化州为契丹始祖的大本营所在地，阿保机择处另建皇都，意在祖宗基业近旁另创一自己的象征性根据地，即所谓"太祖创业之地"。[2]

自契丹建国至亡国，契丹族基本上保持着游牧的生活习俗，因此，州城之建，进而京城之设，对于契丹族人民甚至契丹统治者来说，并无甚实际的重要意义。契丹族在草原地带的州城设置，完全

1　《辽史》卷三七《地理志》"序"，第 496 页。

2　《辽史》卷三七《地理志》，第 498 页。

出于安置南征北战过程中所俘虏的汉族、渤海以及其他各族定居人口的目的。例如，最早所建之龙化州，正是为了安置阿保机攻掠河东代北九郡所俘之人民的。[1]据《阴山杂录》记载："梁灭，阿保机帅兵直抵涿州。时幽州安次、潞、三河、渔阳、怀柔、密云等县，皆为所陷，俘其民而归，置州县以居之，不改中国州县之名。"而这种以州县处汉人的政策，乃为阿保机"得燕人所教"之结果。如，刘守光的聘使韩延徽被阿保机扣留在契丹，后来成为阿保机的佐命功臣之一。《辽史》卷七四《韩延徽传》载，他"请树城郭，分市里，以居汉人之降者。……以故逃亡者少"。又云："太祖初元，庶事草创，凡营都邑，建宫殿，正君臣，定名分，法度井井，延徽力也。"上京之建置，从动议至施工，更是出于韩延徽之辈汉人筹划、经办而告成功的。《旧五代史》卷一三七《契丹传》云："天祐末，阿保机乃自称皇帝，署中国官号。其俗旧随畜牧，素无邑室，得燕人所教，乃为城郭宫室之制于漠北，距幽州三千里，名其邑曰西楼邑（即皇都、上京）。"都城之建完全出自阿保机身边汉人之谋议，营建工程更完全依赖汉人所进行。神册三年（918）二月"城皇都"，遍检籍载，不见阿保机身边的契丹本族的心腹要臣参与建国初期营建皇都这一大事的任何记录。相反，"城皇都"的版筑使乃是蓟州汉人康默记；[2]《贾师训墓志铭》记其高祖贾去疑"先仕后唐，我大圣天皇时，奉使来贡，因留之，俾督工役，营上都事业"。故可断言，皇都之建系汉人之所为。这些以各种方式流入契丹地区的汉人，力图帮助契丹统治者按照汉王朝的式样去建造国家政权。他们的努力是成功了，然而又是失败的。因为，尽管按照汉人的意图，作为一个国家的象征——都城是建设起来了，但毋庸讳言，这不仅对于契丹人民不起什么重要作用，即使对于契丹统治者说来，也并未具有

1　《辽史》卷一《太祖纪》，第 2 页；卷三七《地理志》，第 505 页。

2　《辽史》卷一《太祖纪》，第 12 页；卷七四《康默记传》，第 1356 页。

都城在中原政权中所占有的那种地位。

《辽史·太祖纪》仅记皇都之兴工，起于神册三年二月癸亥，并未载明其落成之日。但并不难查清中原城郭宫室之制在漠北告成的大体时日。《辽史·康默记传》载"始建都，默记董役，人咸劝趋，百日而讫事"；又卷七三《耶律曷鲁传》云，曷鲁死于皇都落成之日。据《太祖纪》，曷鲁之死在当年七月乙酉日，上溯二月癸亥，有一百四十余日。作为一国之都，自平地破土至落成，不足五月时间，速度确乎可观。《辽史》卷三七《地理志》载，天显元年（926），"平渤海归，乃展郛郭，建宫室，名以天赞。起三大殿：曰开皇、安德、五銮。中有历代帝王御容。……又于内城东南隅建天雄寺，奉安烈考宣简皇帝遗像"。[1]据此，皇都建成之后，又曾实施过扩建，皇都规模也较前有所扩大。

辽太宗会同元年（938）十一月，当石晋割让燕云十六州地与辽时，辽太宗升"幽州为南京"，"诏以皇都为上京，府曰临潢"。[2]辽首都遂定名曰"上京"。

2. 东京

东京是契丹在辽阳故城的基础上兴建的。正式置京在辽太祖平定渤海而死之后两年：天显三年（928）十二月甲寅，"时人皇王在皇都，诏遣耶律羽之迁东丹民以实东平。其民或亡入新罗、女直，因诏困乏不能迁者，许上国富民给赡而隶属之。升东平郡为南京"。[3]

《辽史》是将东京辽阳作为渤海国故土的。卷三八《地理志》道：东京辽阳府，"唐高宗平高丽，于此置安东都护府，后为渤海大氏所有。……传子祚荣，建都邑，自称震王，并吞海北，地方五千

1　这段记载有若干矛盾之处。天显元年，阿保机平渤海，未得归皇都，崩于返师途中；另，建天雄寺一事，据《太祖纪》，是在建国前四年（912）的事。尽管如此，可证明皇都有过扩建之举。

2　《辽史》卷四《太宗纪》，第49页。

3　《辽史》卷三《太宗纪》，第32页。

里，兵数十万。〔唐〕中宗赐所都曰忽汗州，封渤海郡王。十有二世至彝震，僭号改元，拟建宫阙，有五京、十五府、六十二州，为辽东盛国。……〔辽〕太祖建国，攻渤海，拔忽汗城，俘其王大諲譔，以为东丹王国，立太子图欲为人皇王以主之。神册四年，葺辽阳故城，以渤海、汉户建东平郡，为防御州。天显三年，迁东丹国民居之，升为南京"。这段记载显然将东京辽阳府作为渤海大氏之地。而卷三六《兵卫志》在"五京乡丁"项的序中更明确言道："辽阳，汉之辽东，为渤海故国。"这其实是不符合事实的。此说已经日本学者津田左右吉所详细考证。[1] 辽阳以及辽东南部的大部分土地在则天武后圣历二年（699）撤废安东都护府之后，一度脱离了唐朝的控制，然至玄宗开元五年（717）复置营州至安史之乱前，这块地方仍属唐营州管辖。安史乱起，安东府在至德年间被废，营州又失守，唐之威力不及，辽阳及其以南地区随之而被唐朝放弃。到了唐末，这块土地已成为无主之地。当时在其北部的渤海虽然觊觎这块土地，但又不敢摄取。于是，由崛起于西部的契丹族迅速占据了这块地方。早在辽太祖三年（909）春正月，阿保机就"幸辽东"。神册三年（918）冬十二月庚子朔，"幸辽阳故城"。神册四年（919）二月丙寅，"修辽阳故城，以汉民、渤海户实之，改为东平郡，置防御使"；夏五月，"至自东平郡"。神册六年（921）十二月，"诏徙檀、顺民于东平、沈州"。[2] 上述史实说明，辽阳地区在阿保机征服渤海之前已为契丹所占有。值得注意的是，当时，契丹并未在辽阳建京城，只是就地设置了一个防御郡。

　　辽太祖天赞四年（925）底，当大举征讨西部吐浑、党项、阻卜的阿保机凯旋之后，转而东攻渤海，以"渤海世仇未雪，岂宜安

1　津田左右吉「遼の遼東經略」『津田左右吉全集　第12卷（滿鮮歷史地理研究　第2）』、172-247頁。

2　《辽史》卷一《太祖纪》，第19页。

驻!"[1]于是，举兵亲征，倾师而出，除了契丹族军队，还包括奚、汉、回鹘、新罗、吐蕃、党项、室韦、沙陀、乌古等军组成的征讨大军，以摧枯拉朽之势，不到两个月，迅速灭亡了曾声名赫赫的海东盛国——渤海。对渤海故地，耶律阿保机委派其太子耶律倍主之，改渤海为东丹国，耶律倍为人皇王，将忽汗城（渤海上京）易名为天福城，仍用渤海旧制，存其族帐，赐天子冠服，建元甘露，设中台省、左右大相和左右次大相等。阿保机以天福城建东丹国，本是为了实施对渤海地区的有效统治。然渤海人民以各种形式展开了如火如荼的反抗契丹统治的斗争。辽太宗耶律德光即位不久，身为东丹国中台省右次相的耶律羽之便上表曰："渤海昔畏南朝，阻险自卫，居忽汗城。今去上京辽邈，既不为用，又不能戍，果何为哉？先帝因彼离心，乘衅而动，故不战而克。天授人与，彼一时也。遗种浸以蕃息，今居远境，恐为后患。梁水之地乃其故乡，地衍土沃，有木铁盐鱼之利。乘其微弱，徙还其民，万世长策也。"[2]于是，天显三年（928）十二月，"诏遣耶律羽之迁东丹民以实东平。……升东平郡为南京"。[3]会同元年（938），改称东京。可见，东京之设置，是契丹统治者为了更有效地控制新附的渤海人民及新占领的渤海土地。由于渤海故都忽汗城距契丹内地过远，鞭长难及，故建京于辽阳。

据《辽史》卷七二《耶律倍传》，似乎迁东丹国民于辽阳建南京，还与防范耶律倍有关："太宗既立，见疑，以东平为南京，徙倍居之，尽迁其民。"《太宗纪》载，采纳耶律羽之建议，徙东丹民以实东平时，人皇王正在皇都而不在天福城。其实，即使建东京有防范耶律倍据有渤海土地、人民与中央抗衡之用意，说到底也仍是为了加强对渤海地区、人民的统治。

---

1 《辽史》卷二《太祖纪》，第23页。
2 《辽史》卷七五《耶律羽之传》，第1366页。
3 《辽史》卷三《太宗纪》，第32页。

东京是契丹族在新获得渤海土地及人民之后，为控制整个这一地区，及加强其与契丹内地联系之目的而建置起来的。

3. 南京

辽太宗会同元年（938），石晋割地与辽，辽坐受其献，得幽云大片汉地，于是，"升幽州为南京"，至此，完成了辽前期建置的所谓三京。

幽云十六州为汉人州县，是契丹辖境内人口最为稠密的地区，又是经济物产最为发达富饶的地区。新得此地便置南京，无疑与东京之建有着相同的目的，即在于加强对这一新获地区的异民族——汉族人民的统治。

4. 中京

中京建于辽圣宗统和二十五年（1007）。历来史学界对于中京建置之目的就有不同的解释。诸如，有人主张这是因辽朝南北社会经济发展的需要而建的；有人认为中京是作为新的国都而营建的；因其建置恰在宋辽澶渊之盟后二年，故学界更多主张中京之建出于与宋使往来之需要。早在路振出使契丹回到宋朝时，就曾言道："与朝廷通使以来，方议建立都邑（指中京)。"[1] 若从时间上来看，中京之建确是在与宋通使以后，故有人据此认为，宋辽通好，两国使臣往来，"契丹政府不愿示人以简朴，接待聘使，特别对宋使，最低是营建新都的目的之一"。[2] 其实，中京建置之后，辽帝在中京接待宋使只有寥寥数次，大多数依旧接待宋使于幹鲁朵中。只要对史实略做考察，营建中京为迎宋使之说便无法成立了。而对建置中京的其他几种解释也是证据不足的。

中京建置之目的究竟何在呢？

排除了缔结澶渊之盟这一因素后，引人注意的是在此期间，辽

1　（宋）路振：《乘轺录》，见（宋）江少虞《宋朝事实类苑》卷七七，第 1015 页。

2　陈述：《契丹社会经济史稿》，生活·读书·新知三联书店，1963，第 90 页。

国政治生活中发生的另一重要事件。《辽史》卷三九《地理志》"中京大定府"载："圣宗尝过七金山土河之滨，南望云气，有郛郭楼阙之状，因议建都。择良工于燕、蓟，董役二岁，郛郭、宫掖、楼阁、府库、市肆、廊庑，拟神都之制。统和二十四年，五帐院进故奚王牙帐地。"[1] 仔细分析，中京之建似与奚王献地有关。那么，奚王献地又意味着什么呢？

　　奚族与契丹是"异种同类"，[2] 是同时见诸史书记载的一对兄弟民族，祖先都是东胡族。它们长期是友好相处的近邻。唐朝时，奚与契丹曾协同行动，几度归附于唐，又几度叛唐降服于突厥。安史乱后，它们又曾依附于回鹘等西北诸强大部族。至唐中后期，由于屡与周围政权交战，奚族的社会受到极严重的破坏。正当其势渐衰之际，契丹族在它的身边崛起。《新唐书·奚传》载："是后契丹方强，奚不敢亢，而举部役属。虏政苛，奚怨之，其酋去诸引别部内附，保妫州北山，遂为东、西奚。"《新五代史》卷七二《四夷附录》云："自去诸徙妫州，自别为西奚，而东奚在琵琶川者，亦为契丹所并。"当阿保机的父辈之时，就已开始了对奚族的征战。史载，阿保机的伯父述澜"南略易、定、奚、霫"，阿保机的父亲曾俘奚七千户。至阿保机时，更展开了大规模的征战。太祖五年（911）正月丙申，"上亲征西部奚。奚阻险，叛服不常，数招谕弗听。是役所向辄下，遂分兵讨东部奚，亦平之。于是尽有奚、霫之地。东际海，南暨白檀，西逾松漠，北抵潢水，凡五部，咸入版籍"。[3] 这说明，早在辽建国前，奚确已为契丹所并吞。然奚族的土地、人民是否像后来被契丹征服的渤海那样，皆为契丹所直接统治呢？似不尽然。

　　关于辽初奚族的社会情况，史料极少。尽管如此，还是可以

---

1 《辽史》卷一四《圣宗纪》将此事系于统和二十年条，第172页。

2 《魏书》卷一〇〇《契丹传》，第2223页。

3 《辽史》卷一《太祖纪》，第4~5页。

找到一些蛛丝马迹的。在征服了东西奚的当时，契丹贵族中窥"奚王"之位者大有人在。[1] 阿保机断然粉碎了他们的妄想，采取了"仍立奚人依旧为奚王"的策略。奚王设有自己的政府机构，"有二常衮，有二宰相，又有吐里太尉；有奚六部汉军详稳，有奚拽剌详稳，有先离挞览官"，等等。奚王的政府与辽中央政权是臣属关系，而并非完全是中央与地方的隶属关系，因而对辽中央政府来说，奚王政府有一定的相对独立性。这种相对独立性，突出表现在奚族仍保有自己的土地。辽中期以后，到达契丹的宋使留下了关于奚族疆土的明确记录。如，开泰五年（宋大中祥符九年，1016）薛映出使契丹回宋所上《行程记》云："自过崇信馆即契丹旧境，盖其南皆奚地也。"开泰九年（宋天禧四年，1020），宋绶出使契丹回宋廷后上《契丹风俗》中说道："吐护真河，奚王衙帐也。由古北口北至中京北，皆奚境。"重熙二十四年（宋至和二年，1055）刘敞使契丹所作《铁浆馆》诗自注云："此馆（指铁匠馆）以南属奚，山溪深险，以北属契丹，稍平衍，渐近碛矣。"大康元年（宋熙宁八年，1075）沈括作《熙宁使虏图抄》亦云："中京以南为东奚。"《辽史》也未故意隐讳这一事实，《国语解》中释奚、霫为"国名，中京地也"。这一带奚族地区在辽中前期一直是独立的疆土，并未成为辽政权直接统辖的行政区划，这从另一条关于奚与契丹军事关系的宝贵史料中可以明确看出。《辽史》卷三三《营卫志》载，特里特勉部，"初于八部各析二十户以成奚，侦候落马河及速鲁河侧，置二十详稳。圣宗以户口蕃息，置为部，设节度使"。特里特勉部的人户原是用作戍防奚地的，这就再清楚不过地说明奚与契丹是有疆界之分的。奚对契丹只是政治上的臣属关系，而仍保有自己原来的领土。宋雍熙三年（辽统和四年，986），宋琪向宋太宗所上的"平燕蓟十策"奏章中曾言道："奚、霫部落……人马、疆土少劣于契丹，自彼胁从役属

1　如阿保机之弟迭剌，见《辽史》卷一《太祖纪》"太祖七年三月"条，第6页。

以来，常怀骨髓之恨。"因为臣属于契丹，并非是一种友好平等的关系，故奚族对此深感耻辱并深恶痛绝。从这一史实出发，就可以理解，统和二十四年"奚王府五帐节度献七金山土河川地"一事意义之重大了。这意味着奚王府在臣附于辽政权一百年后，进而又把自己自唐以来就一直居有的衙帐地[1]拱手奉献给了辽政权。这一行动对于奚族本身来说，具有深远的历史意义。

奚王献地表明，奚族与辽之关系肯定发生过一个历史性的变化。究竟是一个什么契机，即是一种什么历史的因素促使奚王将自己的王衙所在地献给了契丹统治者呢？惜史籍未留下清楚的记载。但可以根据间接史料做一点分析。圣宗朝中前期由威震四邻的承天太后掌政，这个有雄才大略的女主曾对辽国政治起了极大的作用。在她掌政时期，对辽国的各个方面进行了一系列大刀阔斧的改革，其中包括对奚六部进行了大规模的改编，且将奚原有的六部一并都划归了契丹主管部族的机构——北南府中的北府。[2]至此，奚六部事实上已摆脱了奚王府的直接统辖，完全置于辽政府的控制之下。这时的奚王府已是有名无实了。

在奚王府已是有名无实的情况下，圣宗先决定要在奚王牙帐地"建都"，这实际上等于宣布将奚王土地收归辽主所有，而奚王之献地已是被迫无奈，不得不做个形式而已。圣宗朝一系列解决奚族问题的举措完全是有计划、有步骤地进行的，是辽朝社会政治、经济发展以及契丹与奚族关系发展的结果。可以说，至奚王献地，辽朝才真正解决了奚族问题，开始了对奚族的直接统治。当然，直到辽末，奚王府作为一个奚族的象征一直保留着。然它的地位、作用与辽中前期的情形相比，显然已不可同日而语了。在奚地建中京并设置留守之后，奚王"与留守相见则用客礼"，[3]这也间接表明奚王原处

1　见《新唐书》卷三九《地理志》，第1022页。

2　见《辽史》卷三三《营卫志》"奚王府六部五帐分"条，第439页。

3　（宋）余靖：《武溪集》卷一八《契丹官仪》，《景印文渊阁四库全书》第1089册，第173~175页。

的独立地位。

辽政权在真正获得奚地、控制奚民之际，就其地建置中京，是与获得渤海地后置东京、获得幽云十六州地后置南京之旨意大致相同，即以京城之设来加强对新得地区人民的统治，加强此地与中央的联系。当然，由于"奚地居上、东、燕三京之中"，[1]中京建成之后，起到了一些与其他诸京不同的作用，但这已远不是中京建置当时之目的了。

据《地理志》记载，中京营建之时，"择良工于燕、蓟"，可见主要是依靠燕、蓟的汉人工匠。这与上京的营建相同，工程的筹划、施工等皆资于汉人。《王说墓志铭》记载，墓主王说就是中京营筑工程的重要负责人。[2]

5. 西京

《辽史》卷四一《地理志》"西京大同府"条对西京建置之始末记载得十分简略："同光三年，复以云州为大同军节度使。晋高祖代唐，以契丹有援立功，割山前、代北地为赂，大同来属，因建西京"，"初为大同军节度，重熙十三年升为西京，府曰大同"。这里丝毫看不出将大同（云州）升为西京的原因。查《辽史》卷一九《兴宗纪》，在重熙十三年（1044）九月，有辽兴宗亲征西夏的记事。正是在征夏班师后的第三天，"改云州为西京"的。显然，将西南重镇大同升为西京，与西夏政权有很大关系。

西夏拓跋氏势力始兴于唐后期。至辽圣宗以前，已据有今宁夏、甘肃东北部、内蒙古西南部和陕西北部的部分地区。宋初，西夏附于宋。当宋与契丹处于战争状态时，西夏主（太祖）李继迁为了加强反宋活动以达到扩充自己势力的目的，采取了联辽抗宋的策略。辽圣宗统和四年（986），李继迁向契丹称臣，契丹授继迁为

1　（宋）叶隆礼：《契丹国志》卷二二《四京本末》，第216页。

2　陈述辑校《全辽文》，第111页；向南：《辽代石刻文编》，第131页。

"定难军节度使，银、夏、绥、宥等州观察处置使，特进、检校太师、都督夏州诸军事"。[1]圣宗也有意利用继迁去牵制宋朝力量。此后直至辽兴宗重熙初年，近七八十年的时间，虽间有矛盾和小规模战事发生，但辽与西夏基本上是同盟关系。除了不断有贡使往来及协同抗宋行动之外，据《辽史》记载，统和七年（989），圣宗以王子帐耶律襄之女封义成公主，下嫁继迁；统和八年（990）十二月，"遣使封继迁为夏国王"；统和十五年（997）三月封继迁为西平王；统和二十八年（1010），遣使册李德昭为夏国王；兴宗即位，以兴平公主下嫁李元昊，以元昊为驸马都尉；重熙元年（1032），李德昭薨，册其子夏国公元昊为王；等等。但辽兴宗初年，辽夏关系已开始潜伏着严重的危机。重熙七年（1038），元昊自号大夏国皇帝。不久，对宋接连发动了几次大规模战争，并取得胜利。重熙十三年（1044），夏宋罢兵议和，宋册封元昊为大夏国王，并许以岁币。西夏势力的迅速强大，引起了辽国的顾虑；又由于宋朝以经济利益诱惑西夏，进一步导致了辽夏的公开决裂。在元昊即位的当年（1038），下嫁的兴平公主死了。兴宗听说元昊平日与公主感情不睦，遣使加以诘问，这是辽夏关系将要决裂的一种征兆。乘着对宋战争胜利的余兴，元昊转而试图与辽争夺对辽夏边境诸部的统治权。先前臣属辽朝的党项等部为元昊所诱，叛附西夏。《辽史》卷一九《兴宗纪》载，重熙十三年（1044）四月甲寅，"南院大王耶律高十奏党项等部叛附夏国。丙辰，西南面招讨都监罗汉奴、详稳斡鲁母等奏，山西部族节度使屈烈以五部叛入西夏"；五月壬戌朔，"罗汉奴奏所发部兵与党项战不利，招讨使萧普达、四捷军详稳张佛奴殁于阵。李元昊来援叛党"。终于导致了辽兴宗亲率十万大军征讨西夏的战争。

尽管《辽史》极力掩盖和隐讳这场战争的真情，但仍不难发

---

1 《辽史》卷一一《圣宗纪》，第127页。

现，辽在这场战争中是处于不利地位的。由这场战争引起的辽夏交恶一直持续达七八年之久。此后，由于宋夏关系之变化，西夏对辽朝称藩如旧，辽重新成为它的宗主国，至辽亡。

对照上述辽夏关系的演变过程可以看到，辽西京的建置正是在辽夏边境部族大量叛逃西夏，辽对西夏作战失败之后。按照前述辽朝建京的通例，是出于加强控制当地异族之用意。西京之建，除有加强对辽周边部族的控制和统治的意义外，另一方面是欲以临近西夏的西京为据点，加强对西夏的战争态势，以图征服和控制西夏土地和人民。《辽史》卷四七《百官志》"南面京官"序说，"西京多边防官"，道出了设置西京是直接出于军事目的。重熙十五年（宋庆历六年，1046），宋使包拯使辽，了解到辽廷实情，向宋廷汇报说："自创云州作西京以来，不辍添置营寨，招集军马，兵粮积聚不少，但以西讨为名，其意殊不可测。"[1]

综上所述，辽朝的五京，除上京是于建国初受汉人的影响作为国家的象征建设起来之外，其余四京都是因得一大片地便建一京（或如西京是为了争夺一地）、设置一套官署于此，以便对新获地区进行统治，而皇帝自己却并不驻于京城中。因此，京城的设置多出于当地政治、军事的需要，较少考虑诸如经济、文化等因素。这一点，辽太宗耶律德光在灭亡后晋的战争中，曾以恒州为中京一事即为一有力的佐证。

辽大同元年（947）正月，耶律德光灭晋，引兵入汴之后，"废东京，降开封府为汴州，尹为防御使"。[2]二月，以恒州为中京，以赵延寿为中京留守。而当恒州为中京时，辽太宗并未住在这个京城，却一直活动在开封，并且不久之后就开始北撤了。辽太宗班师途中死于栾城。辽世宗在中京即位后，旋即赶赴契丹内地，而以耶

1　《包拯集》卷一"论契丹事宜"，杨国宜：《包拯集校注》，黄山书社，1999，第 74 页。

2　《资治通鉴》卷二八六"后汉天福十二年正月"条，第 9330 页。

律德光之从弟耶律忠取代野心勃勃的赵延寿为中京留守，代表辽政
权长期实施对这一大片新占领的汉地的统治。至于遭到汉族人民的
强烈反对，使契丹统治者的初衷未得以实现，则另当别论。作为契
丹统治者，他们以恒州为中京的目的显然主要是为了稳固其在中原
及华北的统治地位。因此，可以说，除上京外，辽国诸京皆是因征
服和统治异族的军事、政治需要而建置的。

（二）五京留守司职官及其职任

　　笔者前已论证了辽朝的政治、行政之中心不在京城，而在行
宫。通过五京建置过程的分析进一步看出，五京中任何一京的建置
本身都没有建设中央政府所在地、建设"天子之居"的用意，诸京
之地位几乎无异于一大方镇，是一个地区之首府。据不完全统计，
有辽一代二百余年（不包括西辽），九个皇帝到达五京次数是：上
京二十余次、东京十二次、南京五十余次、中京二十六次、西京六
次。辽帝在某京偶有长时间驻跸者，其时间之长也未见有超过六个
月的，一般只寥寥数日而已。

　　按照中原封建制度，"天子巡守、亲征，则命亲王或大臣总留守
事"，[1] 即当皇帝离开京城时，则委命"留守"来镇守京师，得便宜行
事，起"守家"之作用。首都的留守之任只能是临时的，当皇帝返
回京城时，留守便解除了任职；陪都之留守则有常任者，多以地方
长官兼任。而辽朝，无论是首都、陪都，都不是皇帝的久居之地，
那么，诸京留守便成为固定之一方镇要臣（见本书附录三《辽五京
留守年表》）。

　　辽之五京，各因时因地而置，然皆因其当某一战略要冲之地。
上京乃"辽之基业根本"；[2] 东京乃"辽东重地，非勋戚不能镇抚"；[3]

1　《文献通考》卷六三《职官考十七》"留守"条，《景印文渊阁四库全书》第 611 册，第 439 页。
2　《金史》卷九六《梁襄传》，第 2136 页。
3　《辽史》卷九三《萧惠传》，第 1511 页。

南京"地处雄要","控制南北",[1]"提控中会，将家所保"，[2]"兵戎冠天下之雄，与赋当域中之半"；[3]西京为边防重地，临控西夏，"非亲王不得主之"；[4]中京乃为辽国之"中土"。[5]因而，五京留守之选任皆为辽朝之重臣，除少数地位极其显要的汉族大臣（这种汉族大臣已是契丹化的汉人）偶或出任上京、中京、南京留守外，诸京留守几尽为契丹族亲王勋戚所把持。

诸京留守职任如何？诸京留守司机构如何？《辽史》卷四八《百官志》对此除列举几个任职者外，别无他言。笔者爬梳史料，试图对诸京留守机构及其职掌做一明确勾画。

辽朝的官僚制度基本是以唐宋制度为其楷模、略加改造而施用之的。《文献通考》卷六三"留守、副留守"条载："留守司掌管宫钥及京城守卫、修葺、弹压之事，畿内钱谷、兵民之政皆属焉。"根据已有记载看，辽朝五京留守司的职掌与宋大致相同。例如，掌管宫钥。《耶律宗政墓志铭》载："（清宁）二年，以山陵之毕，京邑是居，既谒见于祖宗，即省巡于方岳。西接管钥，谁其主之。寻判上京留守临潢尹事。"称判上京留守临潢尹事的耶律宗政为"管钥"，清楚地道出至少在掌管宫钥之事这一点上，辽朝留守职任与唐宋制度并无不同。《贾师训墓志铭》亦可作同样的例证。贾师训为中京留守推官时，值耶律乙信为中京留守，"乙信自以前在枢极，权震天下，每行事专恣，一不顾利害，诸幕吏素惮，皆随所唱而曲和之，公独不从。……公起应之曰：'公绾符籥，某在幕席，皆上命也。安得奉公之势而挠上之法耶？'"

与唐宋制度相同，辽朝留守亦掌管畿内钱谷、民政事务。有关

1 《金史》卷九六《梁襄传》，第 2134 页。

2 （宋）沈括：《熙宁使虏图抄》，（明）解缙：《永乐大典》卷一〇八七七，第 13 页。

3 《王泽墓志铭》，陈述辑校《全辽文》，第 164 页；向南：《辽代石刻文编》，第 259 页。

4 《辽史》卷四一《地理志》"西京大同府"条，第 578 页。

5 《创建大静安寺碑铭》，陈述辑校《全辽文》，第 199 页；向南：《辽代石刻文编》，第 360 页。

史料枚举如下：圣宗统和元年（983）九月丙辰，南京留守奏，秋霖害稼，请权停关征，以通山西籴易。[1]开泰八年（1019），"燕地饥疫，民多流殍，以（杨）佶同知南京留守事。发仓廪，振乏绝，贫者鬻子者计佣而出之"。[2]兴宗朝，刘伸权中京副留守，"诏徙富民以实春、泰二州，伸以为不可，奏罢之"。[3]咸雍中，马人望"为松山县令。岁运泽州官炭，独役松山。人望请于中京留守萧吐浑均役他邑"。[4]景宗朝，耶律隆先曾留守东京，"薄赋税，省刑狱，恤鳏寡，数荐贤能之士"。[5]

辽朝留守司在掌管境内治安、决狱，对内控制人民，对外防范侵扰等方面也与唐宋制度相同。穆宗应历年间，高勋为南京留守，"会宋欲城益津，勋上书请假巡徼以扰之。帝然其奏，宋遂不果城。十七年，宋略地益津关，勋击败之"；[6]圣宗太平八年（1028）二月，"燕京留守萧孝穆乞于拒马河接宋境上置戍长巡察，诏从之"；[7]重熙年间，耶律仁先任南京留守，"下车之后，都邑肃清。又驰奏沿边添置产堡，诏见之。时武清李宜儿以左道惑众，伪称帝及立伪相，潜构千余人，劫敓居民。王侦捕获之，驿送阙下"；[8]道宗朝，新赴任的中京留守贾师训，"既在道，闻京中猾盗朋聚，民不安寝。公下车即督有司尽索京中浮游丐食之民。□□□□□□□□□遣之，其老弱癃疾不能自活者，尽送义仓给养。仍敕吏卒分部里巷游徼，人或被盗，俾偿其直。浃旬以来，开市清肃"；[9]道宗大康年间，"以上京多滞狱，命（姚景行）为留守，不数月，以狱空闻"；[10]清宁二年

---

1 《辽史》卷一〇《圣宗纪》，第119页；卷六〇《食货志》，第1031页。
2 《辽史》卷八九《杨佶传》，第1489页。
3 《辽史》卷九八《刘伸传》，第1559页。
4 《辽史》卷一〇五《马人望传》，第1610页。
5 《辽史》卷七二《耶律隆先传》，第1336页。
6 《辽史》卷八五《高勋传》，第1450页。
7 《辽史》卷一七《圣宗纪》，第228页。
8 陈述辑校《全辽文》，第197页；向南：《辽代石刻文编》，第352页。
9 《贾师训墓志铭》，陈述辑校《全辽文》，第252页；向南：《辽代石刻文编》，第476页。
10 《辽史》卷九六《姚景行传》，第1544页。

（1056）闰三月乙巳，"南京狱空，进留守以下官"；[1]等等，都是留守
职掌治安、决狱的明证。

京城留守之制，在中原政权中由来已久。汉高祖巡幸关东，吕
后在京留守。东汉和帝南巡，张禹以太尉兼留守。北魏孝文帝南
伐，以太尉元丕、广陵王羽留守京师，并加使持节。此为留守正式
命官之始。至唐太宗贞观十七年（643）亲征辽东，以房玄龄充京城
留守，萧瑀为副留守。其后皇帝不在京都则置留守，以右金吾大将
军为副。咸亨二年（671），唐高宗幸洛阳，以雍州长史李晦为西京
留守。此后太原府亦置尹及少尹，以尹为留守，少尹为副留守，谓
之三都留守。至宋建隆元年（960），宋太祖亲征泽潞，以枢密使吴
延祚为东京留守，其西、南、北京留守各一人，以知府事兼之。[2]中
原政权中京师留守只作为皇帝不在京时的临时任职，并非是常任职
务，也无常设留守府及其下设职官。唐、宋陪都虽常置留守，但以
陪都地方长官兼任（唐以尹，宋以知府），其官署并未以留守府名
义正式命名。到了辽朝，契丹族统治者实施游牧政治，使本来因袭
中原封建制度的留守制得到了特殊的发展。在辽朝，留守的职任长
期化、固定化，且形成了一套完整的留守官属。从已有的资料中可
以找到辽朝留守司中有如下一些职官。

留守 五京留守（见本书附录三《辽五京留守年表》），一般
兼本府尹职，例如：

统和元年（983）十月丁酉，以吴王稍为上京留守，行临
潢尹事；[3]

开泰八年（1019）十二月乙巳，以广平郡王宗业为中京留

1 《辽史》卷二一《道宗纪》，第288页。
2 参见《文献通考》卷六三《职官考一七》"留守"条，《景印文渊阁四库全书》第611册，第439~440页。
3 《辽史》卷一〇《圣宗纪》，第120页。

守，大定尹；[1]

　　重熙十八年（1049），耶律仁先授东京留守，判辽阳府事；[2]

　　清宁二年（1056），耶律宗政寻判上京留守，临潢尹事；[3]

　　清宁年间，耶律宗允判西京留守、大同尹事。[4]

　　辽朝五京中，南京设有兵马都总管府，而南京留守又常兼任南京兵马都总管。如，穆宗应历九年（959）四月，以南京留守萧思温为兵马都总管；[5]圣宗开泰九年（1020）十一月，韩制心为南京留守、兵马都总管；[6]等等。辽在南京实行的这一通例被后来的金朝作为了诸京定制。金规定："诸京留守司，留守一员，正三品，带本府尹兼本路兵马都总管。"[7]

　　知留守事　辽朝有知留守事一职。如，兴宗重熙七年（1038）十二月，北府宰相撒八宁再任兼知东京留守事，[8]等等。

　　副留守　五京留守府中设有副留守。据《辽史》，吴浩、室昉、马得臣、刘景、刘守敬、刘仲、大公鼎、刘伸、仇道衡等，先后都曾任过某京副留守职。统和元年（983）十一月，圣宗曾"下诏谕三京左右相、左右平章事、副留守……等，当执公方，毋得阿顺"。[9]

　　辽诸京副留守，一般并不兼本府少尹职。例如，咸雍三年（宋治平四年，1067）宋臣陈襄使辽，记其行程云："六月一日至中京，副留守大卿牛琪郊迎。"陈襄所见中京副留守为牛琪，而这时中京

1　《辽史》卷一六《圣宗纪》，第 209 页。

2　《耶律仁先墓志铭》，陈述辑校《全辽文》，第 198 页；向南：《辽代石刻文编》，第 352 页。

3　《耶律宗政墓志铭》，陈述辑校《全辽文》，第 157 页；向南：《辽代石刻文编》，第 305 页。

4　《耶律宗允墓志铭》，陈述辑校《全辽文》，第 184 页；向南：《辽代石刻文编》，第 319 页。

5　《辽史》卷六《穆宗纪》，第 83 页。

6　《辽史》卷一六《圣宗纪》，第 210 页。

7　《金史》卷五七《百官志》，第 1305 页。

8　《辽史》卷一八《兴宗纪》，第 249 页。

9　《辽史》卷一〇《圣宗纪》，第 120 页。

大定府少尹则是李庸；他在南京见析津府少尹为程冀，但并非为南京副留守。[1]再如，统和二十六年（宋大中祥符元年，1008）路振使辽，《乘轺录》云，他到达幽州，见幽都府少尹郎利用，而郎利用却不任副留守职。《王安裔墓志铭》记："父讳纪，太常少卿，疾终于西京府少尹。"[2]王纪只称少尹而不称副留守，等等。

同知留守　《辽史》屡见同知某京留守一职，诸如耶律野、陈昭衮、耶律韩留、胡觌堇、萧保先等。《妙行大师行状碑》及《三朝北盟会编》"宣和二年七月十八日"条中，都见有辽朝同知留守的职称。

留守判官　《辽史》卷一〇《圣宗纪》载，统和元年（983）十一月庚辰，"下诏谕三京左右相、左右平章事、副留守、判官……当执公方，毋得阿顺"。此诏书所谕，包括留守府中判官一职。卷七九《室昉传》载，室昉"天禄中，为南京留守判官"。《宋匡世墓志》为宋氏外甥王景运所撰，撰者即为"中京留守判官"。《梁援墓志》亦载有"上京留守判官"之职称。

留守推官　《辽史》卷一五《圣宗纪》载，开泰元年（1012）十二月癸未，"刘晨言，殿中高可垣、中京留守推官李可举治狱明允，诏超迁之"。《冯从顺墓志铭》为担任"中京留守推官"的宋复圭撰。《王泽墓志铭》中记有王纪为"上京留守推官"的字样。《宁鉴墓志铭》记其在道宗朝时曾任"西京留守推官"。《三朝北盟会编》卷四"宣和二年七月十八日"条，"金人国书"中有"上京留守推官赵拱"，等等。

直接承袭了辽朝留守制的金朝，留守司及其职官更成为定制。《金史》卷五七《百官志》对金朝留守司的职官做了详细记载：

1　（宋）陈襄：《使辽语录》，金毓黻编《辽海丛书》第 67 册，第 7 页。
2　陈述辑校《全辽文》，第 341 页；向南：《辽代石刻文编》，第 687 页。

诸京留守司

　　留守一员

　　　　正三品

　　　　带本府尹兼本路兵马都总管

　　同知留守事一员

　　　　正四品

　　　　带同知本府尹兼本路兵马都总管

　　副留守一员

　　　　从四品

　　　　带本府少尹兼本路兵马副都总管

　　留守判官一员　　都总管判官一员

　　　　从五品

　　　　掌纪纲，总府众务，分判兵案之事

　　推官一员

　　　　从六品

　　　　掌同府判，分判刑案之事。上京兼管林木事

　　…………

尽管金制与辽略有不同，但大体上可看作是对辽朝留守司职官的总结。

　　辽留守一职成为长期之定职。留守总揽一方军、政、财诸大权，坐镇一方，几拟于人主。故当统和二十六年（1008）路振使辽时，记其所见燕京留守耶律隆庆之情形为："时燕京留守兵马大元帅、秦王隆庆……以全燕之地而开府焉。其调度之物，悉侈于隆绪。……炭山北有凉殿，夏常随其母（承天太后）往居之，妓妾皆从，穹庐帟幕，道路相属。"[1] 一京留守能达到这种专横、奢侈之地

---

1 （宋）路振：《乘轺录》，见（宋）江少虞《宋朝事实类苑》卷七七，第1010页。

步，是中原政权中留守一职所无法比拟的。沈括《梦溪笔谈》卷二五载："庆历中，王君贶使契丹。宴君贶于混同江，观钓鱼。临归……（戎主）乃自起酌酒，容甚恭，亲授君贶举杯，又自鼓琵琶，上南朝皇帝千万岁寿。先是，戎主之弟宗元为燕王（燕京留守），有全燕之众，久蓄异谋。戎主恐其阴附朝廷，故特效恭顺。宗元后卒以称乱诛。"《长编》卷一七七载，至和元年（1054）九月辛巳，王拱辰出使契丹时，兴宗也曾向王拱辰表示过忧虑："吾有顽弟（指重元），他日得国，恐南朝未得高枕也。"

辽朝的诸京留守在某种意义上已失去了其"留守"的原意，而是一种高级地方长官的代名称。作为一个地方长官，自然要常留任上，故史籍上常见留守死于任所的记载。如，耶律吴哥，开泰二年（1013）出为南京留守，薨于南京；耶律侯古，重熙初，王子郎君班详稳，后为上京留守，薨于上京。[1] 与其他地方长官同样，留守也要实行朝觐制度。如，耶律淳，"袭父守南京，冬夏入朝，宠冠诸王"。[2] 朝廷有重大事情及大典礼时，留守也须入朝。《辽史》卷九〇《萧阿剌传》载，清宁年间，萧阿剌"除东京留守，会行瑟瑟礼，入朝，陈时政得失"。卷一一三《萧革传》称阿剌是"以例赴阙"。《耶律宗政墓志铭》亦云："判上京留守临潢尹……清宁四年冬，加上宝册，召赴阙。"圣宗皇太弟隆庆是作为南京留守入觐，后在还南京的途中以疾薨的。留守也会被临时召赴行阙。如太平十年（1030），圣宗病亟，上京留守萧孝先赴阙，始以辅立之事而委之。[3]《耶律仁先墓志铭》载："今皇帝（道宗）嗣位之初岁，诏王赴阙"，时耶律仁先为东京留守。

还有一个特殊现象：辽诸京留守有时也离开所守之京而前去扈从"随阳迁徙"的皇帝。例如，《辽史》卷八六《刘景传》，刘景为

---

1 《辽史》卷六四《皇子表》，第1092、1093页。

2 《辽史》卷三〇《天祚纪》，第398页。

3 （宋）叶隆礼：《契丹国志》卷七《圣宗天辅皇帝》，第73页。

南京副留守，"时留守韩匡嗣因扈从北上，景与其子德让共理京事"。在韩匡嗣的儿子韩德让（耶律隆运）的《传》中记载，耶律隆运曾几次因父亲韩匡嗣离京而代其留守之职。甚至有的留守几乎就一直未赴任所而随从皇帝。如，耶律重元"历北院枢密使、南京留守、知元帅府事。重元处戎职，未尝离辇下"。[1] 说明重元即使在任南京留守时也未尝离开皇帝身边。清宁元年（1055）八月甲午，因兴宗崩，道宗即位，"遣重元安抚南京军民"，[2] 去南京任所反倒成为他的临时差遣。

（三）关于辽朝后期是否迁都问题

在对辽朝五京的地位和作用进行深入探讨的时候，不免要涉及前几年学界讨论的关于辽后期是否迁都中京的问题。本书前面曾论证了辽朝中央主要官署并不设在某一京城，而是设在斡鲁朵中。不仅军国大事运筹于帷幄之中，连处理日常行政事务也大都于行宫之中。所以，有人试图用中央政府常驻某京来说明辽后期迁都与否的主张是缺乏说服力的。

对于游牧的契丹族统治者来说，京城并未在他们的心目中占有"帝王之居"、全国之心脏的位置。上京不过是在建国初，经过汉人的怂恿、筹划，作为国家的象征，不得不修筑的都城；而其他四京不过是在具体情况下而建置的一个镇抚新地区、异民族的统治中心地而已。皇帝自己不居京城，也不常光临京城。在辽朝，统治中心不在诸京留守所守的京城，而在皇帝所居的行宫，这恐怕不仅是统治集团自身的认识，一般人也是如此看待的。皇帝与京城是分离的，所以，在辽朝到京城做官，并不被认为是"入朝"做官。如果是扈从行宫的官被任命去京城做官，则被称作是"出"，而被任做

1　《辽史》卷一一二《耶律重元传》，第 1652 页。

2　《辽史》卷二一《道宗纪》，第 286 页。

扈从行宫的官，才被称作是"入"。《冯从顺墓志铭》中有一段记载冯从顺任官经历的文字，最能体现辽朝对"出""入"的观念："出则守宫闱，监帑藏，剸繁剧于两京；入则系行阙，从鸣銮，恒扈随于二圣。"这段志文把冯从顺任中上两京内省使、上京户部使称作是"出则守宫闱，监帑藏"，而把冯从顺所任敦睦宫汉儿渤海都部署称作是"入则系行阙，从鸣銮"。在辽朝，人们就把上京径呼为"外都"。如《尚昉墓志》载，尚任"知上京内省副使。当成化于外都，又观风于巨府，昉授……知大定府少尹"。[1] 这些都再清楚不过地表明京城在辽朝中央政治中的实际地位。

　　尽管京城并不是辽国的政治中心，但在辽的五个京城中，还是有一个名义上的或象征性的首都，这就是建国初所定的"皇都"——上京。因为五京中任何一京都没有实际起着首都的作用，那么，说起来，辽后期"事实上"迁都的问题也就不应存在了。因此，笔者的意见是，辽国的首都一直在上京，辽后期无论从法律上还是从事实上都未曾有过迁都之举。主张辽后期迁都中京最有代表性的意见便是谭其骧先生 1980 年在《中华文史论丛》第 2 辑上发表的《辽后期迁都中京考实》一文。不妨主要按照谭先生文章中所提出的论据逐一进行辨析，以求证实辽并无迁都一事，并以此来进一步了解和认识辽京城的作用。

　　（1）谭先生认为：据《辽史·地理志》，五京之中，只有上京有"同文驿，诸国信使居之……临潢驿以待夏国使"，中京有"大同驿以待宋使，朝天馆待新罗使，来宾馆待夏使"，此外东、南、西三京都没有这种接待使臣的馆驿，这应该是由于上京是前期的首都，中京是后期的首都，而其他三京只是陪都，没有做过首都。

　　这里，谭先生是想用辽朝接待使臣的馆驿设置来证明前期是以上京为首都，故于上京馆驿接待四方来使；后期，因以中京为都，

1　向南：《辽代石刻文编》，第 498 页。

故于中京馆驿接待各国使臣的。但是，翻检一下史册便可以发现，史实并不如此。傅乐焕先生曾考证《文献通考·契丹传》中有一段话是摘抄了《三朝契丹传》的，而这段话对宋使到达辽朝廷的地点说得很明白："初奉使者止达幽州，后至中京，又至上京或西凉淀、北安州、炭山、长泊。"[1] 而傅乐焕先生对辽主接待宋使之处是漫无定所一事也做过周密论证，在其《宋人使辽语录行程考》一文中专列有一节"说辽主见宋使非拘于数地"，其说甚详。在此简要援引其证据及结论：[2]

景德二年（1005），澶渊盟后的第一年，孙仅等使契丹，只到幽州（《长编》卷五九）；二年后宋抟等出使，到达中京（《长编》卷六八）；其后六年晁迥等到长泊（《长编》卷八一）；又三年薛映到上京（《长编》卷八八）；又五年宋绶等到木叶山（《长编》卷九七）；庆历二年（1042），富弼、张茂实至契丹清泉淀（《长编》卷一三七）；庆历四年，余靖见契丹主于九十九泉（《长编》卷一五二）；至和元年（1054），王拱辰见契丹主于混同江（《长编》卷一七七）；元符二年（1099），"北主于云中甸受回谢生辰正旦国信使"（《长编》卷五一五）。《宋史·王洙传》"尝使契丹至靴淀"；《阎询传》"使契丹，契丹在靴淀"；王易《燕北录》"清宁四年十月二十三日，戎主却来靴甸受南朝礼物"。陈襄《使辽语录》："臣等即过白沟桥……臣坦（与陈襄一同北使的宋臣）问受礼何处，规中（契丹接伴使）言在神恩泊。"据此，则宋使对于谒见辽主的地点，事先也完全不知道，直到入契丹国境以后，才临时由契丹方面决定（这是由于契丹主所在地点无法事先知道）。其实，宋人晁伯宇在《乘轺录》的跋语中，已明明白白地说过："契丹今改其国号大辽，见宋使无常处，不皆在中京也。"

1　傅乐焕：《辽史丛考》，第 12~13 页。

2　傅乐焕：《辽史丛考》，第 21~22 页。

辽帝之所以常常变更受礼地点、接待使臣地点，是因其斡鲁朵是在不断变更地点的缘故。斡鲁朵在何处，辽廷就在何处，何处便成为接待使臣的地方。当然，皇帝至上京或中京时，便于京城中接待使臣，使臣自然就住在相应的馆驿之中了。辽帝在中京接待宋使只有可数的几次〔如统和二十六年（1008）初，宋扷；岁末，路振等人；开泰年间王曾等，是于中京受辽帝接见的〕。而当辽帝在南京时，我们不能想象各国使臣还会前往中京或上京中规定的馆驿等候接见，唯一可能的是，辽帝在南京接见使臣。例如，太平五年（1025）九月，圣宗驻跸南京，是年冬天圣宗一直未离南京；其间十月，宋太后遣冯元宗、史方来贺顺天节，无疑是受接待于南京的。[1] 在行宫斡鲁朵中接待使臣时，可想而知，使臣所居也决不会在京城馆驿之中。如熙宁八年（辽大康元年，1075）出使辽国的沈括被接待于距道宗斡鲁朵二十里的永安山麓的顿程帐。[2] 庆历二年（辽重熙十一年，1042），富弼、张茂实则被接待于契丹清泉淀金毡馆，[3] 等等。既然辽帝随处接待来使，那么，使者也就有相应的馆驿被安置，不只是在上京、中京方才有这类馆驿。广平淀乃冬捺钵之常地，辽帝常于此处"兼受南宋及诸国礼贡"。[4] 这里也专门设有宋使之馆驿。对此，傅乐焕先生曾有过详明的阐述：广平淀有专以款待宋使之驿舍，名曰会同驿。苏颂《后使辽诗·北帐书事》目下注有"到会同馆，是夕大风，沙尘蔽日，倍觉苦寒"云云。王珪《华阳集》有《发会同馆诗》云："一持天子节，兹喜去龙廷。"苏辙《栾城集·渡桑乾诗》有"会同出入凡七日"。《契丹国志》记圣宗时，潢河暴涨，溺会同驿，均可证明。[5]

1　《辽史》卷一七《圣宗纪》，第224页。
2　（宋）沈括：《熙宁使虏图抄》，（明）解缙：《永乐大典》卷一〇八七七，第13页。
3　《长编》卷一三七，第3291页。
4　《辽史》卷三二《营卫志》，第425页。
5　以上论证见傅乐焕《辽代四时捺钵考五篇》，《辽史丛考》，第78~80页。

那么,《辽史·地理志》为何只在上京、中京专门记录了使臣的馆驿,其他诸京却不见著录? 是否因为此二京曾作为首都,故与其他三京地位不同? 回答是否定的。因为: 一,辽帝春水秋山、四时捺钵的主要活动地区皆在上京附近,宋使要到达行宫见辽帝,大都要经由南京、中京、上京而到捺钵,所以,这几京作为沿途歇息之处,也必设有馆驿以待使臣。倘若适逢辽帝驻京,则使臣便居京城馆驿以完使臣之礼;倘若辽帝不在京,此馆驿不过为中途一歇息站而已,与沿途其他馆驿无异。例如,宋治平四年（辽咸雍三年,1067）,使辽的陈襄六月于神恩泺见辽道宗。他在赴道宗幹鲁朵的途中,六月一日经中京,当夜宿"以待宋使"的大同馆;从神恩泺回来的道上,七月一日至中京,同样宿大同馆。[1] 而由于东京、西京为辽帝罕幸之处,宋使臣也很少到达,故不需有常设使臣馆驿,《地理志》自然也就未留有记载。二,《辽史》编撰质量极其低劣,缺漏、重复之处比比皆是,而拼凑之迹也卓然可见。例如,为了富其卷帙,东取西摘,《地理志》中径抄胡峤《陷虏记》、薛映《出使记》附于"上京临潢府"条后,摘录王曾《上契丹事》附于"中京大定府"条后,匆遽之间,亦无暇顾及体例之一致。"上京临潢府"条中,关于上京建置之始末分列于前后两处,且在临潢府所统十县之后,详述上京都城的城郭规制以及接待使臣的馆驿设施。而在"中京大定府"一项中,几乎未言及城郭规制,只将馆驿之设述于所统州县之前。因此,关于使臣馆驿之语很可能也是抄录了某一现成资料。而"南京析津府"一项中,则又漏载了馆驿之制。实际上,在述南京城郭规制中提到的"永平馆",即是固定接待宋使之馆。如,路振《乘轺录》云:"八日,自良乡县北行,至幽州六十里……是夕,宿于永和馆。馆在城南。"此"永和馆"即永平馆。王曾《上契丹事》亦云:"至幽州,伪号燕京……城南……门外永平馆,旧名

---

1 （宋）陈襄:《使辽语录》,第7页。

碣石馆，请和后易之。"

因此，用《辽史·地理志》关于接待使臣的馆驿之设来说明中京是辽后期的首都，似乎是证据不足的。

（2）谭先生以《长编》所记宋抟使契丹还，言契丹"所居曰中京……宫中武功殿国主居之，文化殿国母居之"，以及是年路振使辽后所上《乘轺录》中几乎相同的文字来证明辽帝居于中京，后期以中京为首都的观点。

其实，仔细做一番考察便可以明白，宋抟与路振是同一年使辽的（一为年初，一为年底），而这一年即统和二十六年（1008），正是中京大兴土木、规模初成之际，圣宗一方面是出于对新近正式归并之奚土的重视，另一方面也是出于对新建京城的兴趣，这一年以及中京建成后数年内，便多幸中京（即使这样，也未长时间驻京），自然也就在中京接待使臣了。此后，恢复了惯例，对中京也与对其他京城一样，不过是偶然一幸罢了。至于谭先生征引的《契丹国志·景宗萧皇后传》言"自南北通和后，契丹多在中京，武功殿圣宗居之，文化殿太后居之"，其史源无疑还是出自宋人之手（此段呼"契丹"，显系宋人用语），是直接或间接来自宋抟、路振所提供的资料，并不足以说明辽后期辽帝皆住中京，更不能证明迁都中京了。

谭先生还列举理由："《乘轺录》又云：'中京……北至上国一千里……本名林荒，虏更其名曰林（临）潢府，国之南有潢水故也。'中京大定府称为'契丹国'，而临潢府称为'上国'，可见大定府是当时的国都，而临潢府则已成为'旧都'。'上国'在这里是旧都的意思。"谭先生对这里的"上国"一词之理解似有舛误。今试举史籍、石刻中"上国"一词之用例几则加以说明之：

《通鉴》卷二八六，后汉高祖天福十二年（947）正月，"赵延寿曰：'……南方暑湿，上国之人不能居也。……'"胡三省注曰："时偏方割据者，谓中原为上国。晋奉契丹，又称契丹为上国。"同卷天福十二年三月，"契丹主复召晋百官，谕之曰：'天时向热，吾难久留，欲暂上国省太后。'"胡三省注曰："契丹自谓其国为上国，中国之人亦以称之。""上国"一词，行用颇久，是对一个国家政权的尊称（自尊或他尊）。例如，《通鉴》卷二四四，唐文宗太和七年（833）六月乙巳条载："以山南西道节度使李载义为河东节度使。……载义至镇，回鹘使者李畅入贡，载义谓之曰：'可汗遣将军入贡，以固舅甥之好，非遣将军陵践上国也。'"此李载义自称唐为上国。《东国通鉴》：肃宗明孝王十年（辽乾统五年，1105）冬十月丙寅，（王颙）遣中书舍人金缘如辽告哀。缘至辽，赐宴，将奏乐，缘曰："臣来时，本国群臣皆服衰经。今至上国，获蒙赐宴，虽感恩荣，然臣子之情，不忍闻乐。"此高丽使臣称辽为上国。《金史》卷一二一《粘割韩奴传》载：皇统年间，"粘割韩奴自和州往使大石，既入其境，大石方适野，与韩奴相遇，问韩奴何人，敢不下马。韩奴曰：'我上国使也，奉天子之命来招汝，汝当下马听诏。'"此金人亦自称其国为上国。《刘继文墓志》载："公见机而变，守节而□，驱駤振缨，来归上国。"[1]此降辽之汉人称辽为上国。

宋真宗大中祥符七年（1014）正月丙辰，升应天府为南京。王仲敷曾做《南都赋》曰："祥符之际，观紫气于芒山，辨白水于南阳，于是建南京陪上国。"[2]这里的上国显系指宋朝之象征——东京开封。人们绝不会据此竟以为开封已成旧都，而南京应天府则成为新都了吧！

同样，路振所言之上国是指上京无疑。按上国之本义是国家或国家的象征——都城来看，路振之语就非但无有上国为旧都之意，恰恰相反，他到达中京却犹言上京为上国，不正说明在宋使的心目中是以上京为契丹国之象征吗？至于路振称中京为"契丹国"，自

1　陈述辑校《全辽文》，第 88 页；向南：《辽代石刻文编》，第 71 页。
2　《玉海》卷一六"宋朝四京"条。

然是辽帝当时正在中京的缘故了；且中京以南原属奚境，过中京才入契丹境，一般宋人皆以中京为"契丹前王庭也"，[1]故到达中京亦可称作到达"契丹国"了。

（3）谭先生以及后来参加讨论的一些同行，都曾谈及辽五京中哪一京被呼作"京师"的问题，并以此作为判断某京是首都的标准之一。

笔者认为，无论用京师称呼哪一京，都同样不能以此为根据，来判断某京为首都。本书曾一再论述，辽帝并不以京城为重，因而，在辽朝，对京城之称呼也并不如中原政权那么严谨。正因为如此，才使今人对《辽史》中含糊其词的"京师"一词究为何指而争执不休。笔者试举几例，说明辽朝对京城称呼之状况。

上京

称"京师"例：《辽史》卷二《太祖纪》天赞四年（925）十一月丁酉，太祖"幸安国寺，饭僧，赦京师囚"。此处京师指上京（安国寺在上京）。《辽史》卷七二《耶律李胡传》载："太宗亲征，（李胡）常留守京师。"卷八二《耶律虎古传》载："统和初，皇太后称制，召赴京师。"所称之"京师"，皆指上京。上京又有"上都"之称呼：《贾师训墓志铭》曰："高祖去疑，先仕后唐，我大圣天皇时奉使来贡，因留之，俾督工役，营上都事业。"[2]《燕京大悯忠寺故慈智大德幢记》曰："师讳惟脈……后因游方，止于上都。"[3]《梁援墓志》云："自任兴中尹至居守上都，凡辨疑狱免死罪为平民者余二十人，境内迭降甘露，驿进行在，诏建道场十昼夜于京师。"[4]此墓志既称上京为上都，又称作京师。

1　刘敞《临都馆诗》自注："中京契丹前王庭也。"《永乐大典》卷一一三一三，第5页。
2　陈述辑校《全辽文》，第252页；向南：《辽代石刻文编》，第476页。
3　陈述辑校《全辽文》，第257页；向南：《辽代石刻文编》，第493页。
4　向南：《辽代石刻文编》，第519页。

中京

称"京师"例:《冯从顺墓志铭》云:"命上京副留守邢公定发引之仪,中京度支副使李公备幽窆之礼,伎巧之匠,实自京师……于太平三年岁次癸亥十月辛酉朔十三日癸酉甲时,葬于中京东公之别墅。"这里之京师,系指中京。中京又称作"中都"。《夏蕴石棺记》载:"以重熙纪□二十禩……迁葬于中都南十里田庄之北。"[1]《孟有孚墓志铭》云:"公讳有孚,字终吉,其先平昌之著姓,迨至我朝,分其族而北,从土断例,遂为中都人。"[2]《三朝北盟会编》卷五,宣和四年(1122)正月十四日"条云:"以劲骑一日一夜行三百里,至其中都,攻之。自旦至日中,遂陷焉。始谓天祚在城中也,及破,乃知天祚闻其来,中夜已窜,即莫知所在,而天祚遽至燕山矣。"又有称中京为"皇都"者,《王说墓志铭》云:"公是供遥建彼皇都,营筑劳神,板图任重,加授户部使。"

南京

应历十年(960)所刻的《大都崇圣院碑记》中,称南京为"大都"。《辽史》卷七八《萧思温传》载,萧思温为南京留守,"周主复北侵……已而陷易、瀛、莫等州,京畿人皆震骇,往往遁入西山。……是年,闻周丧,燕民始安,乃班师"。所言之"京畿"是指南京。而称南京为"京师"者,所在皆是。《非浊禅师实行幢记》载:"京师奉福寺忏悔主,崇禄大夫检校太尉纯慧大师之息化也。……清宁六年春,銮舆幸燕,回次花林,师坐于殿,面受燕京管内忏悔主菩萨戒师。"[3]《金山演教院千人邑记》载:"涞水县西北,一舍之外,有巨镇名曰金山。其山之左有精蓝,古老相传,号演教

1　陈述辑校《全辽文》,第 373 页;向南:《辽代石刻文编》,第 258 页。
2　陈述辑校《全辽文》,第 248 页;向南:《辽代石刻文编》,第 470 页。
3　陈述辑校《全辽文》,第 181 页;向南:《辽代石刻文编》,第 317 页(题名为:"纯慧大师塔幢记")。据《析津日记》,"广恩寺,辽之奉福寺也",可知奉福寺在南京。

院。……专请到燕京悯忠寺论主大师义景在中开演。……不数年间，京师内外义学，共举师为在京三学论主……"[1]《范阳丰山章庆禅院实录》载："……又东北走驿路，抵良乡，如京师，入南肃慎里东之高氏所营讲宇。"等等。[2]《湛然居士集》"怀古诗"注曰："金兵逼京师，天祚西狩，遗传国玺于云中桑乾河，竟不获。"此处耶律楚材犹称辽南京为京师。

辽朝对东京、西京之称呼，由于史料极为有限，尚不能——举例说明。但从上述例证已足可说明，辽朝"京师"一称，不仅仅只用于对上京或中京的称呼，因此不能用这一称呼之所指，来判明哪一京处于"首都"之地位。基于以上认识，笔者不揣冒昧，试对讨论中争议颇大的所谓隆祐"留守京师"一事做一新的阐释。

《辽史》卷一四《圣宗纪》载：统和十九年（1001）十月壬寅，"徙封吴国王隆祐为楚国王，留守京师"。统和二十二年（1004）九月庚戌，"命楚国王隆祐留守京师"。在学界关于辽后期是否迁都问题的讨论中，隆祐这两次留守的"京师"均被认为是上京。其实不然。笔者认为，此二处"京师"均为南京。因为隆祐这两次受命都适逢辽帝集众师于南京，发动伐宋战争之际。辽帝在亲率大军离开南京出征时，命隆祐留守的只能是南京，而绝不会是早已远离的上京。再者，从这场战争的战略地位来说，京师也只能指南京。因辽帝率军，攻则从南京出发，退则要回守南京。当此时，上京之地位自然次要于南京。另外，原于统和十六年（998）十二月任命为南京留守的梁国王隆庆，恰在统和十九年十月的南伐中，"统先锋军以进"，[3]即隆庆并未留守在南京，这就又为隆祐留守的应是南京提供一旁证。原留守离任，又任命一留守，这两项记载，绝不会是偶然的巧合。在皇帝亲征、原南京留守也离京赴战之际，命人守南京是顺

---

1 陈述辑校《全辽文》，第 281 页；向南：《辽代石刻文编》，第 533 页。

2 陈述辑校《全辽文》，第 270 页；向南：《辽代石刻文编》，第 545 页。

3 《辽史》卷一四《圣宗纪》，第 171 页。

理成章的事，若任命隆祐为对此次战争无关紧要的上京留守，对于辽皇帝来说，无异于舍险就夷。证明隆祐留守的是南京，还可举出一条间接证据。《辽史》卷三四《兵卫志》"兵制"一项记载的几乎都是辽帝南征时的情况，其中有这样的文字："皇帝亲征，留亲王一人在幽州，权知军国大事。"很明显，辽帝南征时，幽州——南京即成为朝廷之所在，成为这时期辽国实际的首都（京师），亲王留此以权知军国大事，代替皇帝处理国家事务。因此，圣宗南征前命亲王隆祐留守的京师，当指南京无疑。与此类似的一条史料，即《辽史》卷一五《圣宗纪》统和二十八年（1010）八月丁卯，"自将伐高丽……以皇弟楚国王隆祐留守京师"。隆祐此次留守的京师，似应指东京。因在次年春正月乙亥朔，"班师，所降诸城复叛。……己丑，次鸭绿江。庚寅，皇后及皇弟楚国王隆祐迎于来远城。……己亥，次东京"。由此可见，圣宗在征高丽战争结束后，由隆祐及皇后迎回东京。由乙亥日至庚寅日，仅半个月时间，前线战报传到，且隆祐与皇后又赶到辽与高丽边境的来远城迎圣宗回东京，只有隆祐居守的是东京辽阳，才能合乎上述实际情况。另外，也有一个旁证。即在伐高丽战争之前，东京留守一直为耶律弘古，而恰在这次伐高丽之战中，他成为副先锋统帅而出征。《辽史》卷八八《耶律弘古传》载："攻宋，以战功迁东京留守，封楚国公。后伐高丽，副先锋耶律盆奴，擒康肇于铜州。"当与高丽战争之际，东京首当其冲成为前沿重镇；特别又当皇帝亲征，东京俨然已成为全国之重心，在原留守已作为先锋将领出征的非常时期，不命要臣守东京，反倒专命亲王回守上京或中京，岂不是不可思议之事？因此，隆祐这次留守的只能是东京。由此可知前此学界对隆祐所守为上京还是中京之争，皆误矣！

倘若笔者上述论证不误，则为东京亦可称"京师"提供了证据。辽朝各京皆可以京师呼之，自然也就不能以京师一称呼的用法来确定中京为辽后期的首都了。

（4）谭先生举例说明：圣宗以后的兴宗、道宗、天祚帝三代，都发生过把获罪的皇室成员囚禁于上京的事件。从史籍关于这些事件的记载看来，若上京就是京都，就该说囚于某所，何以要说"囚于上京"？太子濬先幽于"宫中别室"，[1] 废为庶人后才"监送上京"，"至则筑圜堵囚之"，[2] 可见初得罪时被幽的"宫中别室"，应在当时的都城中京城内，既废为庶人，就不许再留在都城内，得循当时惯例而囚之于上京了。

对于谭先生的上述理由，笔者认为是不难反驳的。辽朝皇帝的大本营在斡鲁朵，皇族成员以及"辽内四部族"皆随行斡鲁朵过着游牧式生活。不言而喻，太子濬所幽的"宫中别室"，自然是指在行宫中，不许他住在太子应住的庐帐中而另处"别室"；监送或囚于上京，则是从移动的斡鲁朵中将他迁出，送至上京，而不是从中京迁到上京。谭先生以"迁""徙""囚"上京，来说明上京不是都城，照此道理，又应怎样解释以下史料呢？《辽史》卷一〇一《耶律阿息保传》载，阿息保在天祚朝，与阿疎作战，"以战失利，囚中京数岁。保大二年，金兵至中京，始出狱"。《辽史》卷六五《公主表》载，兴宗女跋芹，"清宁初，改适萧阿速，以妇道不修，徙中京"，等等。

（5）在对于辽后期是否迁都中京的讨论中，还涉及《辽史》以及其他史籍中"还京"的"还"字的用法，以及所"还"为何京的问题。笔者认为，对此，还是应以辽朝廷之游牧特色来解释之。当游徙不定的辽帝在相对较长一段时间内一直活动于某京附近，并把该京作为驻跸处所时，《辽史》各《纪》中便常用"还"字来记录。有辽一代，皇帝大多活动于上京一带，这便是《辽史》中称"还"上京的情况较多之原因。而在圣宗统和年间，与宋战

---

1 《辽史》卷六二《刑法志下》，第1048页。

2 《辽史》卷一一一《萧得里特传》，第1643页。

争，圣宗及承天太后率大军常驻南京地区之际，《圣宗纪》又用"还"字来记录圣宗历次进南京的行动。《辽史》所用的"还"字并未因京而异，其实"还"哪一京也都可以用别的字来表述。《辽史》卷六八《游幸表》就将辽帝入京统作"幸""如"某京，可谓将诸京一视同仁了。

（6）谭先生还以上京、中京的祖庙、太祖庙的建置，作为衡量辽后期是否迁都中京的标准之一。其理由说，中京皇城内建有祖庙、太祖庙，此外诸京包括上京在内都没有，若中京不是都城，就很难解释得通。至于统和以前的旧都上京为什么也没有呢？那应该是由于建有列祖（太祖的高、曾、祖、考四代）和太祖庙的祖州去上京不过数十里，因而上京无须别建。

笔者认为，既然上京也并未有完整的祖庙设置（据说是因离祖州不远之故），何必要以祖庙设置相对完备作为中京是后期首都的证据呢？游牧人的心理并不会与中原汉族受封建儒教意识影响所长期造就的心理如出一辙，其礼仪、习俗以及制度也并不会与中原的契合无二。辽统治者既不以京城为重，又何必非在京城祭祀其祖先不可呢？皇帝岁无固定之居，太庙（祖庙）也伴随着四处游动，因此，与"行宫""行朝"相应，这活动的太庙可称作是"行庙"。《辽史》卷七四《韩匡嗣传》载，穆宗朝，韩匡嗣以太祖庙详稳的身份一直随从行宫。这就说明，行宫中设有太祖庙。卷二八《天祚帝纪》载，天庆五年（1115）九月，耶律章奴叛，"欲奔女直，为逻者所获，缚送行在，腰斩于市，剖其心以献祖庙，支解以徇五路"。耶律章奴于行在被剖心献祖庙，也说明祖庙随从行宫。熙宁八年（辽大康元年，1075）出使辽国的沈括，在驻扎于永安山麓的道宗斡鲁朵处亲眼见到了这种活动的太庙："又东毡庐一，旁驻毡车六，前植纛，曰太庙。"从辽太祖至道宗以前共有七个皇帝，随从道宗斡鲁朵的太庙恰有一个毡庐，六个毡车，这使我们顿悟：辽七祖庙皆备于斡鲁朵中。既然最完备的祖庙设置在斡鲁朵，上京、南京、中京、东京之祖庙设置完备与否便不是至关重要的了。

（7）谭先生还举出一条很重要的论据，即《辽史》卷八六《刘六符传》："道宗即位，将行大册礼，北院枢密使萧革曰：'行大礼，备仪物，必择广地，莫若黄（潢）川。'六符曰：'不然。礼仪国之大体，帝王之乐，不奏于野。今中京四方之极，朝觐各得其所，宜中京行之。'上从其议。"谭先生说：这一条很清楚地说明了中京是"四方之极"，是都城。

我们首先从这条记载本身来做一考察。这是就道宗之大册礼究竟在何处举行所进行的讨论。对此，萧革与刘六符各抒己见。如果按照中京是首都，大册礼固当在首都举行之理，则不应发生此次争执。是时距中京之建已近半个世纪之久，且已历经两朝皇帝六七次册礼，既然还发生册礼举行地之争辩，恰说明中京至此时尚无举行大册礼之法定资格。且此次争论之焦点在于行礼于"野"还是于"城"的问题。《刘六符传》所言道宗"从其议"，恐为史者敷衍之词或误记，因为据《辽史》卷二一《道宗纪》记载，道宗即位不久的两次册礼——清宁二年（1056）十一月的册礼及清宁四年（1058）十一月的册礼均未在中京举行。至于刘六符所言"中京四方之极"，不过是强调中京居国土中心之地理位置，便于各地前来朝觐而已，这是为其主张在中京行大册礼所提供的重要理由。所谓"四方之极"，与《契丹国志·四京本末》所言中京"居上、东、燕三京之中"的意思全同，在这里并未有代表"首都"之意。因为若是"首都"之意，前来朝觐是理所当然之事，刘六符何苦还要力辩其"朝觐各得其所"呢？

再简略考察一下辽朝册仪实行的情况。

契丹族自遥辇氏部落联盟时期就已存在部落酋长的任职仪式——柴册仪。尽管其仪式中的某些形式，诸如筑坛、燔柴等，有与中原仪式相似之处，是"契丹传统旧俗与中原传统礼制互相融合

的结果"，[1] 但对于辽统治者来说，这毕竟还是从他们的祖先那里继
承下来的仪式，"凡受册积柴升其上，大会蕃夷其下，已，乃燔柴告
天，而汉人不得预"。[2] 终辽一代，柴册仪一直保存了下来。这种仪
式一般不在京城中举行，而是在行宫所在的山川野外进行。道宗清
宁四年的柴册礼就是在广平淀西北二百七十余里的"永兴甸"举行
的。[3] 辽代石刻中也有这方面的记载。如，《萧义墓志铭》载："（乾
统）六年，上方有事于帝山，命公先仪授本府相礼，视严天仗，具
体而微，是岁阳征之月，鸣銮登坛，剡玉增号"。由此可知，《辽史》
卷二七《天祚帝纪》乾统六年（1106）十一月丙申所行之柴册礼，
地点在"帝山"；柴册礼后八天，即甲辰日，天祚帝"祠木叶山"。
由此所谓"帝山"，当指木叶山，此次柴册礼行于木叶山。稽考史
籍，辽代柴册礼举行情况如下（表2-1）。

表2-1　辽代柴册礼年表

时间	地点	仪式内容
太祖元年正月	如迂王集会埚	燔柴告天，即皇帝位
太祖六年七月	十七泺	燔柴
太祖七年十二月	莲花泺	燔柴
天显二年十一月	祖陵？	柴册礼
会同元年十一月	上京	再生，柴册礼
会同三年十二月	伞淀	燔柴
大同元年（天禄元年）九月	怀陵	柴册礼
保宁元年十一月	木叶山	柴册礼
统和二十七年十一月	中京北	柴册礼
重熙四年十一月	白岭	柴册礼
清宁四年十一月	八方陂	再生及柴册礼
乾统六年十一月	木叶山	柴册礼

1　朱子方：《论辽代册礼》，《社会科学辑刊》1985年第1期。
2　（宋）叶隆礼：《契丹国志》卷二三《宫室制度》，第225页。所谓"汉人不得预"，当非辽后
　　期之情况。
3　（宋）王易：《（重编）燕北录》，《说郛》卷三八，中国书店影印涵芬楼本，1986，第16~17页。

上面的史实清楚表明，柴册礼很少在京城中进行，主要举行于皇帝冬捺钵附近地。

如前所述，五京在辽统治者心目中未必占有捺钵那么重要的地位，其对于辽朝政治也未起到像中原政权的京城所起的那么重要的作用。但是，作为"汉制"的一种象征，在某种程度上，它在辽朝政治中又独具意义。

辽国统治者不但在政治上实行了两面制度，为了适合境内两大主要民族——契丹、汉族的不同文化、心理，连礼仪也分作了两套不同的仪式：一方面，他们保留了本族传统的柴册礼；另一方面，又模仿中原封建制度，实行所谓汉式的"大册礼"。这种"汉仪"，对契丹民族，甚至对历史上北方各民族都不同程度地起着某种特殊的政治作用。仅以《辽史》卷二八《天祚帝纪》所记为例：天庆八年（1118）七月，"金复遣胡突衮来，免取质子及上京、兴中府所属州郡，裁减岁币之数，'如能以兄事朕，册用汉仪，可以如约'"。崛起于辽东北境的女真族就要求辽朝给以汉式的册封仪。作为汉制，大册礼这一最隆重的大典要举行于都城之中，即所谓"都城大礼"。[1] 但是，在辽朝，这种大礼只需在京城举行就足够了，而并非要固定举行于某一京。历代皇帝的大册礼尽管大都在京城举行，但却是"不拘一格"的，或在上京，或在中京，或在南京。即使辽后期多在中京举行，也不过是因为中京乃"四方之极"，便于各地前来朝觐而已。兹将《辽史》所记辽代大册礼之举行情况整理如下。据此，便可得出大册礼之举行地与首都之关系的正确结论了（表2-2）。

1　《刘承嗣墓志铭》，陈述辑校《全辽文》，第365页；向南：《辽代石刻文编》，第48页。

表 2-2　辽代大册礼年表

时间	地点	仪式内容
神册元年二月	龙化州东金铃岗	上皇帝、皇后尊号，大赦，建元
天显二年十一月	上京	上皇帝尊号，大赦
会同元年十一月	上京	上皇太后、皇帝尊号，大赦，改元
应历元年九月	归化州祥古山	即位，上皇帝尊号
保宁元年二月	怀州附近	即位，上皇帝尊号，大赦，改元
乾亨四年十月	焦山？	上皇帝尊号，尊皇后为皇太后，大赦，改元
统和元年六月	上京	上皇太后尊号，上皇帝尊号，大赦，改元
统和五年四月	南京	上皇太后尊号，上皇帝尊号★
统和二十四年十月	南京	上皇太后尊号，上皇帝尊号
开泰元年十一月	中京	上皇帝尊号，大赦，改元
开泰九年九月	金钵派	上皇帝尊号
太平元年十一月	南京？	上皇帝尊号，大赦，改元
重熙元年十一月	中京	上皇太后尊号，上皇帝尊号，大赦，改元
重熙十一年十一月	南京	上皇帝尊号，册皇后，大赦
重熙二十三年十一月	中京	上皇帝尊号，册皇后
清宁二年十一月	中会川	上皇帝尊号、皇后尊号，大赦
清宁四年十一月	八方陂	大册礼，大赦
成雍元年正月	中京	上皇帝尊号，改元，大赦
寿隆（昌）七年（乾统元年）正月	混同江	即位，上皇帝尊号
乾统三年十一月	中京	上皇帝尊号，大赦

★中华书局标点本《辽史》卷一二校勘记云，统和五年（987）所上皇太后及圣宗"尊号"与二十四年（1006）所上同。疑系重出。

　　通过对大册礼的考察，可以看到，在辽代，大册礼并无固定举行于首都之制。刘六符那次于中京举行大册礼的提议，即使是按他的意见实行的，也不足以证明中京就是首都。

　　（8）谭先生引《契丹国志》天庆八年（1118），"天祚在中京，闻燕王兵败，女真入新州，昼夜忧惧，潜令内库三局官打包珠玉珍玩五百余囊，骏马二千，夜入飞龙院喂养为备"，准备遁入宋或夏，"暨闻女真焚劫新州以归……复自纵肆"。并据此认为："若中京不是首都而只是一个陪都，何以会积储这么多珠玉珍玩，这是难以解释得通的。"

这里无法确论作为一个陪都究竟能储放多少珍宝，因为辽皇室的珠宝珍玩应主要是存放在斡鲁朵中的，斡鲁朵中设有掌管皇室财产的府库、职官；当天祚帝进中京时，这些财宝自然也会被携带入中京的。至于天祚帝潜令打包，则是他预感灭顶之灾将临，命人收拾打点那些随斡鲁朵行止的珍玩宝物以备逃窜之用，并非是说这些财宝一直积储在中京。做这样的解释，不知谭先生是否还认为"是难以解释得通的"。

综上所述，笔者对主张辽后期迁都中京的论据一一做了辨析。结论无非是：辽朝作为游牧的契丹族建立的政权，基本上保持着游牧的特色，其国家政治中心在四时迁徙的斡鲁朵中，而并非在京城；五京不过是统治各京所在地区的中心地而已。建国初，皇都——上京是作为一个国家的象征——首都而建置起来的，但实际上，几乎连它也一直是徒有其名的。尽管如此，正如余靖《武溪集·契丹宫仪》所言，"胡人东有渤海，西有奚，南有燕，北据其窟穴"。作为"窟穴"之地的上京与其他四京相比，因其处于契丹本族的腹心地带，是契丹国家的"根基"所在，其附近也是辽帝终年盘桓之地，因此，它的地位一直居于五京之首。在辽代，没有行"迁都"之必要。辽后期无论从名义上、法律上，还是事实上都没有迁都中京。

第三篇　军事制度

　　契丹族是"用武立国"的。辽国疆域"东接高丽，南与梁、唐、晋、汉、周、宋六代为劲敌，北邻阻卜、术不姑，大国以十数；西制西夏、党项、吐浑、回鹘等，强国以百数。居四战之区，虎踞其间，莫敢与撄，制之有术故尔"。[1]一代辽王朝的兴衰与其军事有着直接的、密切的关系。仅据《辽史》的不完全记载，二百多年中发生过一百八十八次军事行动（不包括镇压境内人民起义和统治集团内部斗争所发生的武装冲突）。就连与他国进行的各种政治活动，诸如出使、结盟、朝贡、赏赐等，也大都与军事有密切的关系。军事活动是辽代社会生活的一项重要内容，以至于形成了一些与军事有

1 《辽史》卷四六《百官志》"北面边防官"条，第832~833页。

关的传统节日，诸如"烧甲节""战时节"，等等。[1]

军事力量的强弱直接关系这个国家、民族的生死存亡，关系这个政权的巩固与否。契丹族统治者对军权尤其重视，控制最为严密。"以鞍马为家"的皇帝是全国最高的军事统帅自不待言，连后妃也"往往长于射御，军旅田猎，未尝不从"。[2]由于在契丹统治者的民族意识中，不可避免地存在着对异民族的疑虑，因此，重大军事决策关头，通常只有契丹族军事首领参加，也就是所谓"凡军国大计，汉人不与"。[3]全国最高军政机构——北枢密院掌管部族军，也就是掌握着辽军的核心，即"北枢密院军国重任"，[4]"军政皆关决北枢密院"。[5]这样，北院枢密使的职位只能授予皇帝最亲信的契丹本族要臣：整个辽代任北院枢密使的四十余人中，除一二例外，全是契丹本族官员。历次选派的最高作战统帅罕见有汉人充任其职的。因此，辽国军权牢牢地把持在契丹族统治集团手中。

《续文献通考》曾评论说，辽"一朝官制于治军之职特详，可因以见纪律严明，克敌致果之雄略"。确实，《辽史·百官志》中约有一半篇幅记载的是军队、军事机构及职官的内容，而《兵卫志》《营卫志》也大量记载了有关辽朝军事制度的内容，足见辽朝军事制度本身内容是极其丰富而又复杂的。

辽朝的军事制度经历了由无定制到定制的过程，其间各种军事机构、设施，或置或废，或分或合，或相互承袭，或转换隶属，二百余年变化频仍。这本来已构成钻研此问题之困难，而研究这一问题所主要依据的文献——脱脱等人所修之《辽史》诸志，又是问题丛生，矛盾百出，使人很难搞清辽朝军事制度之真相。以《辽

1 《辽史》卷五三《礼志》"岁时杂仪"条，第975~976页。
2 《辽史》卷七一《后妃传》，第1329页。
3 《辽史》卷一〇二《张琳传》，第1588页。
4 《辽史》卷九〇《萧陶隗传》，第1496页。
5 《金史》卷七五《左企弓传》，第1723页。

史·百官志》"北面边防官""南面边防官"两项为例，其中所载各边防军事机构大多未明确记载其设置时间、机构所在地点、职能及其沿革变迁等。困难远不止这些，它所造成的障碍至少还有：一，不分主属，将上下隶属机构平行并列。这两项中平行排列的边防机构达一百零三项之多，其实这些机构的地位、作用并不相同，例如，"南京诸司"条下并列了十四个司。实际上，南京地区最高军政机构只有一个"南京都元帅府"（始称"南京兵马都总管府"），其他诸司是都元帅府下属的机构，且分设于一些战略要塞处，并不都在南京。二，重复罗列，将同一机构多次以异名标出。"北面边防官"条下载有"西南面安抚使司"，而"南面边防官"条下又载有"西南面招安使司""易州飞狐招安使司"等。根据《耿延毅墓志》并与其他史料相印证，已可确知，这三者实为一个机构。三，无中生有，将职名、职务误以为机构名而列出。为了拼凑篇幅，《辽史》修撰者常于本书《纪》《传》中攫取一些职名或职务，硬给安上个"司"字，强充机构，列入《百官志》。如卷九三《萧图玉传》说萧图玉"总领西北路军事"，于是《百官志》就横添一笔，"西北路总领司。有总领西北路军事官"。实际上，萧图玉当时就是西北路招讨使，[1] 西北路招讨使的职务即总领西北路地区的军事事务。再如，卷一七《圣宗纪》载，太平八年（1028）二月，"燕京留守萧孝穆乞于拒马河接宋境上置戍长巡察，诏从之"。据此，《百官志》又加进"距马河戍长司。圣宗开泰七年，沿距马河宋界东西七百余里，特置戍长一员巡察"诸语。[2] 四，不明语义，又不加考虑将其他机构胡乱排入边防机构中。《辽史》撰修者对于某些机构不明其职掌，对某些以契丹语称呼的机构也不解其名称意义，却塞进边防军事机构中，并在条目上自注"未详"。诸如"沓温司""杓窊司""遥里军

---

1 《辽史》卷一四《圣宗纪》，第 177 页。
2 《百官志》所记与《圣宗纪》所记时间不符。

诸详稳司"等等。这些机构未必都是专门军事机构，一经被塞进
"边防官"条中则鱼目混珠，给研究者造成颇大的混乱。诸如此类，
不一而足。

　　辽朝军事制度本身复杂、特殊，有关的文献及其他史料极为
有限，加上研究所依据的《辽史》编撰质量十分低劣，使辽朝军
事制度的研究面临重重困难。有许多问题，甚至是军事制度的重
要内容，至今仍"殆不可考"。基于以上原因，笔者在本篇中不能
全面论述辽朝军事制度各方面的内容，只打算按中央和地方两方面
来探讨以下两个问题：中央——禁卫组织的设置及职能的演变，地
方——糺及与之相关的部族戍边制度。

一　禁卫组织的设置及职能

　　《辽史》卷四五《百官志》"北面御帐官"的序中说道："辽之先
世，未有城郭、沟池、宫室之固，毡车为营，硬寨为宫，御帐之官不
得不谨。"卷三一《营卫志》又说："有辽始大，设制尤密。……无日
不营，无在不卫，立国规模，莫重于此。"以游牧畋猎为生业的契丹
族，受自然气候、地理环境的影响，并为生产、生活方式所决定，对
于营卫尤为重视。《辽史》所立的《营卫志》，不但为历代史书之所
无，而且列于诸志之首，足见营卫对于契丹族最高统治者之重要性。

　　以往中外史家对辽朝的禁卫组织及其制度内容没有进行过专
门探讨，间有涉及的也常将史实搞错。如，对最重要的殿前都点检
一职几无人论及，而皮室军与斡鲁朵又被混为一谈。本节拟对皮室
军、殿前都点检司进行一番探讨，以求对辽朝的禁卫组织有一个初
步认识。

（一）皮室军的创建及其职能的演变

　　"皮室"，是契丹语，《辽史》卷一一六《国语解》注为："皆掌

精兵"。《宋史》卷二六四《宋琪传》载宋琪于宋太宗时上"平燕蓟十策"，其中说"皮室"，"皆精甲也，为其爪牙"。余靖的《武溪集·契丹官仪》中皮室作"比室"，并释其义为"契丹谓金刚为比室，取其坚利之名也"。《金史》则或作"脾室"，或作"毗室"，均为"皮室"的不同译写。[1]

皮室军是辽朝皇帝的所谓"御帐亲军"。《辽史》卷三五《兵卫志》列"御帐亲军"一目予以著录，[2]《百官志》又列于"北面军官"条下。据《辽史》之《纪》《传》所记可知，终辽之世，皮室军一直存在。

那么，皮室军是怎样创置的呢？

《辽史》卷四六《百官志》"北面军官"条在"南皮室详稳司"下说："初，太祖以行营为宫，选诸部豪健千余人，置为腹心部，耶律老古以功为右皮室详稳，则皮室军自太祖时已有，即腹心部是也。"这里指明皮室军是承袭辽太祖阿保机所设置的腹心部而来。

关于腹心部，《辽史》中有若干记载可以证明其设置是在辽太祖元年（907）阿保机取代遥辇氏为部落联盟长之时。卷七三《耶律曷鲁传》载：太祖"即皇帝位，命曷鲁总军国事。时制度未讲，国用未充，扈从未备，而诸弟剌葛等往往觊非望。太祖宫行营始置腹心部，选诸部豪健二千余充之，以曷鲁及萧敌鲁总焉"。同卷《萧敌鲁传》亦载：太祖"既即位，敌鲁与弟阿古只、耶律释鲁、耶律曷鲁偕总宿卫"。《萧阿古只传》亦载：太祖"既即位，与敌鲁总腹心部"，等等。腹心部成立不久，在平定剌葛等人的反叛战争中便发挥了巨大的作用，巩固了阿保机部落联盟长的地位，为他顺利登上皇帝宝座铺平了道路。

---

1 《金史》卷七六《完颜杲传》作"脾室"，第 1737 页；卷六五《完颜劾孙传》，第 1543 页及卷二《太祖纪》"天辅六年四月"条，第 37 页，均见"毗室"。

2 《辽史》此条乃抄录宋人宋琪所上奏章之内容。详考见邓广铭（署名邝又铭）《辽史兵卫志"御帐亲军""大首领部族军"两事目考源辨误》，《北京大学学报》1956 年第 2 期。

腹心部何时正式改名为皮室军，史无明文，尚不能确指。《百官志》"南皮室详稳司"条，一面说太宗选天下精甲三十万为皮室军；另一面又说耶律老古以功为右皮室详稳，则皮室军自太祖时已有。其实，辽太祖时不但已将腹心部称为皮室，且已有了左右之分。

查《辽史》卷七三《耶律老古传》，老古任右皮室详稳，时在刺葛叛乱伪降又逃遁之后："刺葛之乱也，欲乘我不备为掩袭计，绐降。太祖将纳之，命老古、耶律欲稳严号令，勒士卒，控辔以防其变。逆党知有备，惧而遁。以功授右皮室详稳，典宿卫。"刺葛谋叛前后数次，此次绐降在太祖七年（913）正月甲寅日。卷一《太祖纪》云："王师次赤水城，弟刺葛等乞降。上素服，乘赭白马，以将军耶律乐姑、辖刺仅阿钵为御，解兵器，肃侍卫以受之。因加慰谕，刺葛等引退。"这里的耶律乐姑显然即是耶律老古，而辖刺仅阿钵也即是《老古传》中所指的耶律欲稳。因据卷七三《耶律欲稳传》，"耶律欲稳，字辖刺干"。辖刺干与辖刺仅音近，而"阿钵"为契丹族人名后常常缀上的一个语音，其义不明，但似不影响姓名，故辖刺仅阿钵即为辖刺干——耶律欲稳。

耶律老古在这次防备刺葛的斗争中立下了汗马功劳，因而被授予了右皮室详稳，可见其时皮室军之名已经存在，且已分为左右二军了。太祖七年是为阿保机任部落联盟长之第七年，下距神册元年（916）正式建立契丹国家尚有三年时间。由此可见，皮室军之正式形成，亦在阿保机建国之前。

皮室军设置之初，有左右二军。其后或因皮室军之壮大，或因皮室军职能之演变（详后），辽朝先后又出现了一些以"皮室"命名的军队。余靖在《武溪集·契丹官仪》中云："有左右等五比室。"余靖所记为辽兴宗时期事，五皮室除左右外，其他所指不明。《辽史》卷一一六《国语解》云："军制，有南、北、左、右及黄皮室。"《辽史》卷四六《百官志》"北面军官"条也记载有南、北、左、右等皮室军详稳司。《辽史》中还见有诸如敌烈皮室、[1]徒鲁古皮室[2]等名称。这些皮室所指为何，史学界曾有讨论，但尚无定说。不过，笔者对《辽史·百官志》所记之南北左右四支皮室倒颇为怀疑：这四个名称难道真的是四支并存的皮室军？

整部《辽史》较为可信之史料，主要保存在《纪》《传》之中。而查各《纪》《传》，未有一处将南北左右四支皮室并举，每言及皮室，或为左右，或为南北，或统称之为二皮室。如，卷一一《圣宗纪》统和四年（986）五月己卯"诏遣详稳排亚率弘义宫兵及南北皮室、郎君、拽剌四军赴应、朔二州界"，卷二六《道宗纪》寿隆（昌）元年（1095）二月戊辰"赐左、右二皮室贫民钱"，等等。而与辽同时代的宋人方面记载皮室，则只有南北，而无左右。如，《长编》卷二七，雍熙三年（986）八月载："初徙云、朔、寰、应四州民，诏潘美、杨业等以所部兵护送之。时契丹国母萧氏与其大臣耶律汉宁、南北皮室及五押惕隐，领众十余万，复陷寰州。"《契丹国志》卷一三《景宗萧皇后传》中则有"国中所管幽州汉兵，谓之神武、控鹤、羽林、骁武等，皆后自统之，其将有南北皮室、当直舍利等"。[3]《长编》卷一一〇"天圣九年（1031）六月"条记辽国各方面情况，其中有"国舅钤辖、遥辇详稳诸司、南北皮室、二十部族……"诸语。宋人这些记载中，有些是力图全面叙述辽国军事力量，若果有左右南北四皮室，何以仅记其南北而漏掉其左右呢？

对此疑团，不妨再做点考察。《辽史》卷一一《圣宗纪》载，统和四年十一月，"北皮室详稳排亚献所获宋谍二人"。排亚即萧排押。卷八八的《萧排押传》载："统和初，为左皮室详稳，讨阻卜有功。四年，破宋将曹彬、米信于望都。"在同一场战役中，萧排押的官衔，在帝纪中作北皮室详稳，在本传中则作左皮室详稳，二者

1　《辽史》卷七六《耶律抠里思传》，第 1380 页；卷一〇一《耶律阿息保传》，第 1581 页等。

2　《辽史》卷九五《耶律陈家奴传》，第 1529 页。

3　类似记载见（清）徐松辑《宋会要辑稿》蕃夷一之二七，"真宗咸平六年七月"条，第 7686 页上。

显然应是相同的，那么，左皮室就应是北皮室。又，卷八一《耶律欧里斯传》载，欧里斯于开泰年间，"迁右皮室详稳，将本部兵，从东平王萧排押伐高丽，至茶、陀二河，战不利。欧里斯独全军还，帝嘉赏"。此次茶、陀之败，卷一六《圣宗纪》中这样记载：开泰七年（1018）十二月，"萧排押等与高丽战于茶、陀二河，辽军失利，天云、右（应作左）皮室二军没溺者众，遥辇帐详稳阿果达、客省使酌古、渤海详稳高清明、天云军详稳海里等皆死之"。第二年三月乙亥，为追究这场战役的责任，东平王萧韩宁（排押）、东京留守耶律八哥、林牙要只等"坐失律，数其罪而释之"。六月乙巳，"以南皮室军校等讨高丽有功，赐金帛有差"。对照《耶律欧里斯传》可知，在此次战役中唯一全军返还的是欧里斯所率的右皮室军，事后且受到皇帝的"嘉赏"。果如此，开泰八年六月被赐金帛的南皮室军不正是右皮室军吗？

上举事例说明，北南皮室军不过就是左右皮室军的又一称呼。《百官志》"北面军官"条中，将"耶律老古以功为右皮室详稳"的事迹系于"南皮室详稳司"下，似乎也已表明了右皮室即南皮室的事实。

断言北南皮室就是左右皮室，还可用契丹族固有的观念习俗为证。"辽俗东向"，[1] 连建置的城邑亦"屋门皆东向，如车帐之法"。[2] 因其东向，所称左右当然即指北南。

自阿保机于建国前创建腹心部，进而演变为左右皮室军后，直至辽末，皮室军虽一直存在，但其职能前后却发生了重大变化。

腹心部之置，是为了"备扈从"，亦即作为一支亲兵，担负着辽太祖的宿卫任务。改为皮室军之初，其职能没有改变。如《耶律老古传》所说的，老古在防备剌葛时立下战功，"授右皮室详稳，典

---

1 《辽史》卷四五《百官志》，第 800 页。
2 《旧五代史》卷一三七《契丹传》，第 1830 页。

宿卫"。《耶律颇德传》:"天显初,为左皮室详稳,典宿卫。"都是太祖朝左右皮室详稳"典宿卫"的事实。

但到辽世宗时,情况出现了变化,主要担当皇帝宿卫任务的不只是皮室军了。《辽史》卷七七《耶律屋质传》载,天禄五年(951),屋质"为右皮室详稳。秋,上祭让国皇帝于行宫,与群臣皆醉,察割弑帝。屋质……亟遣人召诸王及喻禁卫长、皮室等同力讨贼"。在这里,右皮室详稳之外,又有"禁卫长",共同担负着守卫皇帝安全的职责。

"禁卫长"一职的出现,是辽朝皇帝亲兵队伍已发生变化的一个迹象。这时距离辽朝建国已有三十多年,随着国家机器的日益完善,皇权的日益巩固和强化,皇帝身边需要聚集更为精锐的亲卫力量;而且,建置已经多年的皮室军,其内部也多有变化。[1] 于是,在皮室军之外,一支新的禁卫力量便应运诞生。当中原王朝出现了"殿前都点检"这一军职之后,便被辽朝统治者迅速搬来,作为这支新的禁卫力量首领的职称。此后不久,耶律夷腊葛便被任用为殿前都点检了。[2] 可以看出,辽朝的殿前都点检,是辽国政治、国家机器自身发展到一定阶段的产物,是在辽国禁卫组织几经演变的基础上,借用了中原王朝军事组织中的一个职称。

新的亲卫力量出现的初期,皮室军是与这支新的亲卫部队同掌宿卫的。上述屋质与禁卫长同力讨伐察割即是一例。直至穆宗朝,情况依旧未变。故穆宗被弑之后,保宁元年(969)二月,"以殿前都点检耶律夷腊(葛)、右皮室详稳萧乌里只宿卫不严,斩之"。[3] 虽说皮室军仍掌宿卫事,但此时,右皮室详稳的地位已降到殿前都点

1　如宋端拱二年（989）宋琪上书中言辽朝皮室军,就有"当是时半已老矣"之语,反映了皮室军变化之一方面〔(清)徐松辑《宋会要辑稿》蕃夷一之一四,第7679页上;《宋史》卷二六四《宋琪传》,第9125页〕。

2　《辽史》卷七八《耶律夷腊葛传》,第1395页。

3　《辽史》卷八《景宗纪》,第97~98页。

检之后了。

此后，史料中再也看不到皮室军担当宿卫的记载了。在道宗朝那场著名的"重元之叛"中，叛乱和平叛的双方，都依仗行宫中的禁卫部队作战；可是，在这样一场严重的斗争中，却不见皮室军其首领的踪影，而且事后也并没有追究皮室军的责任，这就清楚地表明，至少在此时皮室军已不是皇帝最亲近的卫军了。

那么，皮室军究竟做什么去了呢？也就是说后来的皮室军的职能是什么呢？

辽朝前期，作为扈从军的皮室军常随皇帝一起出征作战。例如，任右皮室详稳的耶律老古随太祖南侵，与唐兵战于云碧店，负伤而卒；[1] 耶律朔古为右皮室详稳，从辽太祖伐渤海而立功。[2] 这时候的皮室军因担任着宿卫任务，故战则从征，无战则守宫。《辽史》卷七九《耶律贤适传》载，贤适"擢右皮室详稳。景宗在藩邸，常与韩匡嗣、女里等游，言或刺讥，贤适劝以宜早疏绝，由是穆宗不见疑，贤适之力也"。景宗在即位以前，被养于永兴宫，随穆宗行宫一起迁徙。[3] 作为右皮室统帅的贤适，能不时进劝，无疑是扈从行宫的。

辽中期以后，虽说皮室军依然扈从皇帝出征，但更多的却是被派遣作先锋军或独立部队出征讨敌。例如，统和四年（986）五月己卯，"诏遣详稳排亚率弘义宫兵及南北皮室、郎君、拽剌四军赴应、朔二州界，与惕隐瑶昇、招讨韩德威等同御宋兵在山西之未退者"。九月丙戌，"以大军将南征，诏遣皮室详稳乞的……先赴本军缮甲兵"。开泰二年（1013）正月己未，"乌古敌烈叛，右皮室详稳延寿率兵讨之"。开泰七年（1018）十二月，"萧排押等与高丽战于茶、

1 《辽史》卷七三《耶律老古传》，第1351页。

2 《辽史》卷七六《耶律朔古传》，第1374页。

3 《辽史》卷八《景宗纪》，第97页。

陀二河，辽军失利，天云、右皮室二军没溺者众"。[1]耶律大悲奴"大康中，历……右皮室详稳。会阻卜叛，奉诏招降之"。[2]等等。皮室军不但用于临时出征，也渐被派作边境屯戍部队。《辽史》卷九三《萧迂鲁传》载，因萧迂鲁守备西北边疆有功，"拜左皮室详稳。会宋求天池之地，诏迂鲁兼统两皮室军屯太牢古山以备之"。此事在卷九九《萧速撒传》中也有记载："咸雍十年，经略西南边，撤宋堡障，戍以皮室军，上嘉之。"这大约就是《百官志》"北面边防官"条将南北皮室军列于南京"备御宋国"诸司中之原因吧！

　　上述记载说明，皮室军已改变了原来作为皇帝最亲近的宿卫部队的职能，而成为一支直接由中央调遣、又被派出屯驻于边地的正规军队——即广义上的天子之禁兵了。

　　皮室军为了保持旺盛的战斗力，便要汰其老弱。统和十二年（994）五月甲寅，"诏北皮室军老不任事者免役"。[3]清宁二年（1056）正月己巳，"诏二女古部与世预宰相、节度使之选者免皮室军"。[4]这份诏书可以说是对皮室军服役制度的一项调整、改革，也是皮室军职能变化的一种相应结果。

　　辽中期以后，大规模的对外战争减少，作为正规军的皮室军逐渐成为镇戍部队长驻边防，这样，他们便与"分镇边圉"的部族担负着几乎相同的职能。[5]而且，他们的屯戍、生产、生活方式也与部族相同，军内出现了阶级分化。寿隆（昌）元年（1095）二月戊辰，"赐左、右二皮室贫民钱"。[6]在契丹族眼里，部与军在本来的意义上并没有严格的区分，因此皮室军于各部族之外，渐成为单独一部，亦被以"部"呼之。例如,《辽史》卷二八《天祚帝纪》载，天庆七

1　以上均见《辽史·圣宗纪》。

2　《辽史》卷九五《耶律大悲奴传》，第1531页。

3　《辽史》卷一三《圣宗纪》，第156页。

4　《辽史》卷二一《道宗纪》，第287页。

5　《辽史》卷三一《营卫志》，第409页。关于"分镇边圉"的部族的职能，见下节。

6　《辽史》卷二六《道宗纪》，第345页。

年（1117）正月，"女直军攻春州，东北面诸军不战自溃，女古、皮室四部及渤海人皆降，复下泰州"。《金史》卷六五《完颜昱传》载："辽帝西走……蒲家奴（即完颜昱）与赛里、斜野降其西北居延之众。而降民稍复逃散，毗室部亦叛，遂率兵袭之。至铁吕川，遇敌八千，遂力战，兵败，察割以兵来会，追及敌兵于黄水，获畜产甚众。"

腹心部建立之初是"选诸部豪健二千余充之"，到后来则有免皮室军役的记载，从这两事来看，皮室军应是选取部族中之精兵组成的。但是，按照什么原则选兵充役，从哪些部族选，兵员有多少，等等，关于皮室军的这些具体内容，因为几乎再没有任何文字资料，我们还无法详加说明。《辽史》所记任左右皮室军详稳的有二十余人，全是契丹族人，其中可以查得其出身者，除皇族、国舅族外，便是五院、六院部人。而皇族、国舅族、五院、六院都是从迭剌部中分置而来的，因此唯一可确认的事实是，有辽一代皮室军的统帅权基本上掌握在原迭剌部人的手中。

阿保机要为自己建立一支扈从力量，从而建置了腹心部。但扈从制出现在契丹族却并不始于阿保机，在其伯父释鲁"当国"之时，阿保机恰恰担任的是扈从队长官的职务——挞马狘沙里。[1]《辽史》卷一一六《国语解》："挞马，人从也。沙里，郎君也。管率众人之官。"《国语解》另有一解："挞马，扈从之官。"由此可知，"挞马"为契丹族称"扈从"之语。从这里，我们看到了一条线索：太祖时担当扈从之任的"腹心部"亦即后来命名的皮室军，似乎与"挞马"存在着一种内在的联系。

据法国学者伯希和的意见，《辽史》中之"挞马"，应即《大慈恩寺三藏法师传》中所记之"答摩支"，此名在蒙古时代乃指一种特别骑兵队伍——探马赤。此名"知其先为扈从之官，后为先锋

---

[1] 《辽史》卷一《太祖纪》。

之士而已"。[1] 辽朝挞马与元朝探马赤名称上的这种关系，辽朝挞马与皮室军的内在联系，以及辽朝皮室与元朝探马赤皆由"诸部族"人抽调组成，其职能均曾担负宿卫、征伐、镇戍等，这些现象似乎向人们暗示，辽朝的皮室与元朝探马赤有着某种渊源或相似的关系。

另外，《辽史》卷三一《营卫志》"宫卫"条载："算斡鲁朵，太祖置。国语心腹曰'算'，宫曰'斡鲁朵'，是为弘义宫。以心腹之卫置，益以渤海俘、锦州户。"根据这一记载，人们常将腹心部等同于弘义宫。[2] 其实这是不对的。斡鲁朵设立于天赞元年（922），远在腹心部设置之后，且此时腹心部已改名为皮室军，可见两者显有不同：斡鲁朵与腹心部二者成立时间不一；皮室军一直存在至辽末，与斡鲁朵并未合一；皮室军的职能与斡鲁朵户的职能实不相同。虽然从斡鲁朵之设置，也是为了在皇帝身边聚集一支护卫力量这一点来说，斡鲁朵人户自也可以称作"心腹之卫"，但它与"腹心部"毕竟不是一回事。

对皮室军的简单考察，使我们看到，左右皮室军初当宿卫之任，为皇帝最亲近的卫兵，后渐与皇帝关系疏远，以至于成为一般的正规军队被用于屯戍边境、出征作战。实际上，这已经背离这支队伍初建时的宗旨了。

（二）对《辽史·百官志》"殿前都点检司"及"宿卫司"的考察

在辽朝前期，皇帝的禁卫任务是由腹心部演变而来的皮室军直接担负的。后来，掌管保卫皇帝安全的重任则落到了殿前都点检司的肩上，直至辽末。可见，殿前都点检对于行宫来说，确系一个举足轻重的人物。但是，对于这样一个重要角色，却从未被研究辽史

1　伯希和：《中亚史地丛考》，《西域南海史地考证译丛五编》，第127~128页。

2　如岛田正郎『遼代社会史研究』、151页。

者提起，其原因盖在于《辽史》对它的记载既不明确，而又疏漏、谬误之故。因此，要深入研究辽朝的禁卫组织，必须对《辽史》上的有关记载做一番清理、考核。

　　《辽史》卷四八《百官志》"南面军官"条下的记载是：

> 点检司职名总目：
> 　　某都点检。穆宗应历十六年见殿前都点检耶律夷腊葛。
> 　　某副点检。圣宗太平六年见副点检耶律野。
> 　　同知某都点检。道宗清宁九年见同知点检司事耶律挞
> 　　　　不也。
> 　　点检司。
> 　　殿前都点检司。
> 　　点检侍卫亲军马步司。

　　与《辽史》各《本纪》对照一下，就可以知道，上述记载中"点检司职名总目"下所列举的"某都点检""某副点检""同知某都点检"的任职者，均系从《本纪》中分别摘录而来，并非另有所据。那么，"点检司职名总目"及其下列诸司很可能全不是耶律俨的《实录》中所原有，而是元朝修《辽史》时某一执笔人拼凑胪列而成的。追溯一下"点检司""殿前都点检司""点检侍卫亲军马步司"这三条材料的来源便可断定，它们所反映的基本上只是殿前都点检一司的史实。例如，"点检司"一目所据仅为卷二二《道宗纪》清宁九年（1063）八月癸酉，耶律塔不也"为同知点检司事"条中之"点检司"字样。但查卷九六《耶律挞不也传》，耶律挞（塔）不也此次所任恰是"同知殿前点检司事"。可见，"点检司"无非就是"殿前都点检司"的简称而已。这一点从另一些史实上也可得到明证，即《辽史》上所见之"都点检"也均为"殿前都点检"的简称（并非另有点检司中的都点检）。如，卷一六《圣宗纪》中太平

四年（1024）八月"驸马萧匹敌都点检"，而卷八八《萧匹敌》则作"太平四年，迁殿前都点检"；卷一一四《萧迭里得传》载："重熙十三年伐夏，迭里得将偏师首入敌境，多所俘献，迁都点检……十八年……复为都点检。"而在卷二〇《兴宗纪》中则有重熙十九年（1050）三月，"殿前都点检萧迭里得"的记事；又卷二九《天祚帝纪》载，保大四年（1124）正月，"以都点检萧乙薛知北院枢密使事"，卷一〇一《萧乙薛传》则记，"及天祚播迁，拜殿前都点检"；等等。此外，关于"点检侍卫亲军马步司"一目，必是摘取卷一七《圣宗纪》太平五年（1025）十二月甲子，"萧守宁为点检侍卫亲军马步军"一语而来的。但根据辽朝的史实来看，此职根本没有与殿前都点检并立的迹象。所谓"点检侍卫亲军马步司"这样一个机构是否存在，颇令人怀疑。

现存的文献、石刻资料可以确证，辽朝设置了殿前都点检司这一禁卫机构。可是，对这个重要机构，《百官志》除了只记其司名之外，对其建置、职掌及性质等都不曾记有一字，不能不算是重大的疏漏。

《辽史》卷七《穆宗纪》于应历十六年（966）十二月载："复幸殿前都点检耶律夷腊葛第，宴饮连日。"这是"殿前都点检"一词在《辽史》中的首次出现，但足以说明，耶律夷腊葛任此职应早于此时。据卷七八《耶律夷腊葛传》说："应历初，以父任入侍。数岁，始为殿前都点检。"可知耶律夷腊葛任殿前都点检大体在应历改元后数年。辽朝的这一官职，无疑是模仿中原封建王朝而设置的，而中原王朝创置殿前军及设置都点检一职是在后周时期。后周广顺二年（952）设殿前都指挥使[1]总"殿前诸班"。[2]后来殿前

---

[1] 《宋史》卷四八四《李重进传》，第13975页。

[2] 《资治通鉴》卷二九一"后周太祖显德元年正月壬辰"条胡三省注，第9501页；《文献通考》卷五八《职官考十二》"殿前司"条，《景印文渊阁四库全书》第611册，第353页；等等。

诸班军力不断增强，显德三年（956）乃增置殿前都点检一职。[1] 显德三年即辽应历六年，与耶律夷腊葛"以父任入侍"几乎是同时。即使辽朝将后周新创置的殿前司及都点检这一职官立即照搬仿用，也不可能早于这一年，故耶律夷腊葛大约就是辽朝殿前都点检的首任者。耶律夷腊葛任这一职务的时间与这一职官在后周政权中出现的时间前后相隔不久，说明辽朝对毗邻的汉族政权制度的动向掌握得极其迅速，且很快吸收采用，成为本国制度的一个组成部分。

由于宋太祖赵匡胤是凭借殿前都点检的职位表演了一出"黄袍加身"的闹剧而取代了后周政权，登上了皇帝宝座的，故赵宋王朝建立之后，这一位高权重的亲军要职很快便被废除。那么，在中原王朝，殿前都点检的实际存在时间不过短短几年。可是它在辽朝政权中却长期行用，直至辽亡。

模仿中原政权而设置的殿前都点检，在辽朝的职掌是否也与中原政权相同呢？

前面已简要论证了殿前都点检出现之后，接替了皮室军详稳担负的宿卫职任。在此，不妨再详述一下。《辽史》卷八《景宗纪》载，应历十九年（969）二月己巳，穆宗遇弑，第二天，景宗即位，"以殿前都点检耶律夷腊（葛）、右皮室详稳萧乌里只宿卫不严，斩之"。[2] 殿前都点检夷腊葛之被斩，是因其"宿卫不严"，由此已可证明，殿前都点检的职务正是负责"宿卫"。卷九七《孩里传》载，孩里"累迁殿前都点检，以宿卫严肃称"。卷九一《萧药师奴传》载，药师奴"累迁同知殿前点检司事。上嘉其宿卫严肃，迁右夷离毕"。此类例证，不一而足。作为四时迁徙，往来于春水、秋

---

1 《旧五代史》卷一一六《周世宗纪》显德三年十二月壬申条，第1551页。

2 疑此右皮室详稳应为左皮室详稳。因在此前后，右皮室详稳一直为贤适：卷七《穆宗纪》应历十七年（967）正月，"授贤适右皮室详稳"；卷八《景宗纪》保宁二年（970）七月，"以右皮室详稳贤适为北院枢密使"。

山、冬夏捺钵之间的辽帝的宿卫将官，时刻扈从在皇帝身边，自是势所必然。卷八二《韩涤鲁传》就记载了韩涤鲁任都点检时，扈从兴宗猎于黑岭之事。《武溪集·契丹官仪》明确指出，"胡人从行之兵……亦有大内点检、副点检之官，以备宿卫"。因此，辽朝的殿前司职掌，与宋朝这一官司"入则侍卫殿陛，出则扈从乘舆，大礼则提点编排，整肃禁卫卤簿仪仗，掌宿卫之事"[1] 大体是相同的，说明辽的殿前都点检也同样掌握着辽帝最亲近的卫兵队伍。

"殿前都点检"沿用了中原政权的名称，因此，它似可称为"汉制"。但据《辽史·百官志》"序"所言：辽朝"官分南北，以国制治契丹，以汉制待汉人。……北面治宫帐、部族、属国之政，南面治汉人州县、租赋、军马之事"。所谓北、南面官是以所治之事来区分，而不是以其名称是否为汉官名而区分的。检《辽史·百官志》北面官署中，诸如枢密院、宣徽院等以汉名命名者比比皆是。殿前都点检司所掌为辽帝在行宫中的宿卫之事，若按北南划分的话，自然应属北面事务。殿前都点检应属不折不扣的"北面御帐官"或"北面军官"，而《百官志》却把它列入"南面军官"条内，想为编修者不明其职掌所致。《百官志》之误还不止于此。在"南面朝官"条下还有一个"点签司"，下注职官云："同签点签司事。兴宗重熙六年见同签点签司事耶律圆宁。"查《兴宗纪》，重熙六年（1037）只有"签北面事耶律涅哥同签点检司事"。此处耶律涅哥所任同签点检司事，显然是殿前都点检司的职官。《百官志》将"检"写作"签"，又横添出一条"点签司"，且列入"朝官"之中，致使又酿成一误。

《辽史》所记殿前都点检（包括简称为都点检的）、副点检、知殿前点检、同知殿前点检司事等共计三十人，其中除去韩涤鲁

1　《文献通考》卷五八《职官考十二》"殿前司"条，《景印文渊阁四库全书》第611册，第353页。

是被赐姓耶律、属籍横帐的汉人韩氏家族，以及在平定重元之乱中立下特殊功勋的回鹘人孩里之外，其余全是契丹本族人。殿前都点检及殿前司中的其他将官，作为掌握皇帝近卫力量的心腹要员，几乎都选自契丹族皇帝所信任的本族人，这一事实又证实了该官职的重要。

殿前都点检司掌皇帝宿卫，乃为明显之事实。可是，卷四五《百官志》"北面御帐官"下又记载着这样一个机构：

> 宿卫司。专掌宿卫之事。
>
> 　总宿卫事。亦曰典宿卫事。
>
> 　总知宿卫事。
>
> 同掌宿卫事。
>
> 　宿卫官。
>
> 禁卫局。
>
> 　总禁卫事。
>
> 禁卫长。

根据这一记载，宿卫司所掌与殿前司完全相同。这应作何解释呢？

首先考察一下"宿卫司"的职官。"宿卫司"下首列的"总宿卫事"一职，《辽史》只一见，即卷八二《耶律隆运传》："景宗疾大渐，与耶律斜轸俱受顾命，立梁王为帝，皇后为皇太后，称制，隆运总宿卫事，太后益宠任之。"仔细分析可以看出，"总宿卫事"一语，并非是官职称呼，不过是指隆运总负责宿卫事务罢了。而且，从这一称呼再也未曾出现看来，这一职官很可能并不存在。"总知宿卫事"一职也是如此。《辽史》中仅一见的"总知宿卫"是在卷七七《耶律安抟传》中，安抟拥戴世宗，"帝立，以安抟为腹心，总知宿卫"。这里的"总知宿卫"若是官名，那么，"腹心"岂不更应是"宿卫司"中的官员了！在"禁卫局"下列的"总禁卫事"一称，见于卷八七《萧孝先传》：太平十一年（1031），"帝不豫，钦哀召孝先总禁卫事"。显而易见，这个"总禁卫事"与前面耶律隆运"总宿卫事"是同样的意思。关于"禁卫局"下列的"禁卫长"似应为一职官名称，只一见于《景宗纪》。但如本节前面所述，"禁卫长"应为一个过渡的名称，是殿前都点检的前身，这并不等于说它是另外一个宿卫司中的职官名称。

　　再对"宿卫司"条列出的另一职官——"宿卫官"做一考察，便可进一步清楚所谓"宿卫司"的内情了。

　　《辽史》卷二二《道宗纪》载，清宁九年（1063）七月平定重元之乱后，嘉奖平乱有功人员中有"宿卫官萧乙辛、回鹘海邻、裹里、耶律挞不也、阿厮……并加上将军"。[1] 这是除《百官志》外，《辽史》中唯一出现的"宿卫官"字样。可是，这些任"宿卫官"中有据可查的三个人，在当时却又有别的职称：回鹘海邻即孩里，据《孩里传》记载："重熙间历近侍长，清宁九年，讨重元之乱有功，加金吾卫上将军。"这里又称他为"近侍长"，而非"宿卫官"；卷九六《耶律挞不也传》记耶律挞不也"清宁中补牌印郎君，累迁永兴宫使。九年，平重元之乱，以功知点检司事"。说明，挞不也在平乱时的职务是永兴宫使；阿厮，在《道宗纪》对平叛战斗过程的记载中，就已明确称为"近侍详稳渤海阿厮"，而在卷九六《耶律阿思传》（阿思即阿厮）中记他是"渤海近侍详稳"。从上引诸文可以看出，这些人当时都另有职称，并非担任"宿卫官"的专职。那么，对他们所加的"宿卫官"职称，实乃一个泛称。也就是说，宿卫官是对这些任职于皇帝身边，担负保护、侍卫工作的各类官员的通称。

　　经过上述的核实，《百官志》"宿卫司"下所列的各种职官均

---

[1] 《辽史》卷二二《道宗纪》，第262页。

已化为乌有，那么，所谓"宿卫司"便是空有其名而非实有其司了。其"名"之能登入史册，实与《百官志》中其他类似条目一样，乃是修史者于《纪》《传》中摘取资料，不加比定考实，便排列入《志》中的。不过，既列出"宿卫司"一项来，倒也给我们一点启示，即那些皇帝身边的各种近侍人员都担负着宿卫工作，而真正"典宿卫"的殿前都点检自然是他们的长官了。也就是说，殿前都点检所统辖的是皇帝的近侍官兵。

以上的论述无非是说明，作为国家机器的一个组成部分——皇帝的禁卫组织是伴随着辽朝国家制度、政权组织的发展而不断变化、逐渐完备的。由于辽朝是以契丹族统治阶级为主体、联合汉族地主阶级而建立的政权，它的禁卫组织既具有游牧民族的明显特色，同时又兼有汉族王朝禁卫组织的一些形式和内容。

辽朝建国初期的禁卫组织，是从部落联盟时期联盟长的扈从队伍发展而来的。阿保机在任部落联盟长时建立了自己的腹心部，进而由腹心部发展为皮室军。皮室军建置后不久，契丹国家正式建立了，皮室军继续担负着国家的最高统治者皇帝的禁卫工作。

随着国家机器自身的日益发展，禁卫力量的逐渐扩大，以及受中原封建王朝国家制度的影响，至迟在世宗朝，皇帝身边自然形成了一批更为亲近、更为受到信任的禁卫人员，他们从皮室军的编制中脱离出来，成为一个独立的组织，与皮室军同掌宿卫。当中原王朝出现了"殿前都点检"这一主掌皇帝禁卫之实权的职官时，辽朝便很快借用来以命名这个独立于皮室军之外的禁卫组织的长官。殿前都点检及其所掌的禁卫组织出现后，皮室军的地位便逐渐为其所取代。皮室军随之演变成为一支常备军，作为一般意义上的"天子之禁兵"而担负出征作战、屯戍边防等任务，不再专门担负皇帝宫帐的宿卫工作，即使随从行宫，也只是负责外围的警备，而不是皇帝的"近卫"了。一直到辽末，主掌皇帝宿卫部队的是殿前都点检。

二 “糺”之探讨暨部族戍边制度

对于“糺”（乣）的研究，是辽金元三史中的一桩学术公案。其讨论时间之久，自清初至今，历数百年；其影响之大，致使中外若干治中国史之大师、名家都曾著文辩述。然而，时至今日，众说益发纷纭，问题亦愈趋复杂。

史籍上的“糺”，始于对辽朝“糺”的记事。因此，搞清辽朝“糺”的真实面目，有助于解决金元时期的“乣”的问题。

（一）近世诸家解说之不能成立

“糺”的争端之起，首先是由于它的字形、字音。

今本《辽史》中有“糺”字，而在《金史》中则悉作“乣”，《元史》中“糺”“乣”互见。此外，在关于辽金元三朝史实的其他文献中，也“糺”“乣”并存。从史实上看，糺、乣所指是同一事物，无疑，糺、乣乃为一字。但古今字书中无“乣”字，而“糺”则为“纠”字的俗写。那么，糺、乣二形，何者为正，何者为误？其读音如何？由此衍生出糺（乣）的意义，“糺军”（乣军）的组成、作用、性质等问题。

长期以来，中外学界对此进行了热烈的讨论，归纳起来，主要有以下三种意见。

第一，乣为正字说。主这一说的代表者为日本箭内亘。他在所著《辽金时代乣军之研究》一文中反复论证了“乣”为正字，“糺”为误字，提出“乣”字音读为查、迪等。[1]他的观点得到不少学者的赞同，并被进一步论证。

由乣形为正，又推导出乣为契丹或女真字说。日本羽田亨首先

---

1 〔日〕箭内亘：《辽金乣军及金代兵制考》，陈捷、陈清泉译，商务印书馆，1932。

提出糺为契丹字之设想。[1] 此后求证糺为契丹或女真字者不乏其人，从而又产生出糺有诸如"出""哈喇""酉"等读音的推测。[2]

第二，糺即紏字之省说。清人俞正燮就曾主张糺即纠字，亦为紏。[3] 在 20 世纪初对于糺的讨论中，王国维首倡糺乃紏字之省，糺绝非误字之说。他认为糺之音读当为"居黝反"，其或与"主""竹""敌""迪"等字相通用者，乃其讹变之音。[4] 后来若干学者力主"糺"即紏字之省说，与主"糺"为正字的意见截然相反。

第三，紏（糺）及紏军（糺军）的意义。各家对于紏（糺）的语义，紏军（糺军）的组成、性质、作用等问题的意见分歧颇大，但都试图通过论证紏（糺）的音义，来说明紏（糺）在辽朝是一个具有特定意义的专有词，紏（糺）军是某一军队或某一兵种。

可是，运用以往诸家说法去看待和解释史书上记载的辽朝糺的情况，总要碰到无法解决的疑窦或难以牵合之处。这就使我们不得不对以往所进行的探讨做一重新思索。

糺字究竟是契丹字或女真字，还是汉字？只有先确定了这个问题，才有可能进一步确定它的读音和意义。

20 世纪 80 年代初，贾敬颜先生发表《纠军问题刍议》，[5] 补充王国维之说，主张"糺"为"紏"之省文，找出了在金石刻辞或古写本书籍中不少纠字的异体，其中包括了"糺"这一种异体。这无疑是"糺"为汉字的有力证据。

但是，学界也有人虽不否定汉字中有"糺"字这一事实，却又

1　羽田亨「『再び遼金時代の糺軍に就いて』を讀む」『史学雑誌』第 27 編第 1 号。

2　藤田豊八「問題二則」『史学雑誌』第 37 編第 9 号；陈述：《糺军考释初稿》，《中央研究院历史语言研究所集刊》第 20 本（下册），1948 年；刘凤翥《关于混入汉字中的契丹大字"糺"的读音》，《民族语文》1979 年第 4 期；等等。

3　（清）俞正燮：《癸巳存稿》卷三"书金史国语解后"条，台北：台湾商务印书馆，1971，第 83 页。

4　王国维：《观堂集林》卷一六《致藤田博士书二》，中华书局，1959，第 794~796 页。

5　贾敬颜：《纠军问题刍议》，《中央民族学院学报》1980 年第 1 期。

认为这是混入了汉字中的契丹字。[1] 那么，这一"混入说"能否成立呢？倘若乣是一个契丹字，它必须起码具备如下条件，才有可能混入汉字系统：一是在长期、广泛地被使用中，逐渐为汉字系统所吸收；二是被借用来记录用汉字所无法表达的这种"乣"的事情（假定乣是一个具有特殊意义的专有词）。但是，出现在汉字中的乣的情况并非如此。

以后汉乾祐元年（948）《重修建禹庙记》[2] 中所见"乣募"二字为例，试做一简单分析。

据《辽史》，契丹大字创制于 920 年，小字则晚于大字。假设"乣"为契丹大字，且于 920 年就已被创制，那么，仅仅二十几年的时间，它就混入了汉字系统中，并被邻境后汉政权下的汉族人民所使用，又非用于对辽朝"乣"的记事方面，这显然是不可能的。何况，《重修建禹庙记》中的"乣"恰恰与"募"字连用，正是纠聚之义的纠字。

在宋人方面，也有不少关于"乣"的记载。主张乣为契丹字或女真字者，常将宋人记载的"糺"字认作是对乣字的附会、误写或版本上的改写。这种"误写说"或"改写说"的理由也是不充分的。

《宋会要辑稿·兵一七》记载了建炎四年（1130）十一月十六日刘光世奏言，其中有招到契丹"乣官"云云事；绍兴元年（1131）正月二十一日的诏书中，有"签军乣官"云云事；《建炎以来朝野杂记》卷一九，嘉定四年（1211）三月，有"金之乣军"之记事；赵珙《蒙鞑备录》有关于"乣族"之记事。

试想：一，刘光世奏言，赵珙《蒙鞑备录》等记录的"乣"字，都不是根据已有的文献资料，而是记录了自己的亲身见闻，因

1　刘凤翥：《关于混入汉字中的契丹大字"乣"的读音》，《民族语文》1979 年第 4 期。

2　（清）胡聘之：《山右石刻丛编》卷一〇，光绪二十七年刻本，第 28 页。

此，他们不会因字形相近而改"糺"为"糺"；二，如果原始记载均作"糺"，是后来者因不识糺而改作糺的，而糺的读音又与糺不同的话，那么，对于宋人来说，来自不同方面的记载（有的亲身到过北方，有的一直在宋朝境内）竟不约而同地与辽金朝一样，采用同一个契丹字或女真字来记录这一事物，而且他们自己并不以为怪，这就不能不是一个奇特的现象了。如对于刘光世来说，若听到一个"查"的音（姑定糺音为查），他为何在奏言中不直接用汉字"查"来写，而要用一个契丹字来写呢？如果"糺官"可以用契丹字来写，宋人何不将猛安、谋克等也用契丹字或女真字来写呢？

无论是糺还是糺，只有是当时汉字的异体，宋人才能对此习以为常。因此，糺不会是契丹字。

其实，从惯例上也可理解"糺"字不应是契丹字或女真字。因为至今为止，还没有发现任何一个形似汉字的其他民族文字混入汉字系统而被广泛应用，更无直接写入正史之例。无论读音如何特殊，也会在汉字系统中找出相应的叶音字，而无须借用契丹字或女真字，也无须新造一个代表其音的汉字。契丹语音的人名、地名、官名、军名等保留在汉文史籍中比比皆是，无一是用契丹字记载的。那么，为什么糺字就会是契丹字呢？

一个时代，民间常流行许多俗字、简字，甚至错别字。这些字有的因使用日久、广泛，便被后来编撰的字书收录而流传下来；而还有许多则通行一时，后来便销形匿迹，不为人们所识了。敦煌文书中有各种不见于字书著录的俗字、别字；就连高度"书同文"的今天，社会上也还随时可见一些俗字，如，菜写作"芽"，煤写作"灬"，等等。诸如此类，虽然古今字书所不载，但谁也不会因此而认为这些字不是汉字。

在出土的辽朝《北大王墓志》契丹字志文中有"糺"字，[1]这曾

1　《北大王墓志》契丹字志文见陈述辑校《全辽文》附录三。

被作为"幺"是契丹字的有力证据。但是，不能忽视的是，现存的两种字体（或认为是契丹大、小字）的契丹字石刻中，存在着相当数量的直接借用的汉字。仅以《北大王墓志》契丹字部分为例，就可见到：王、来、南、仁、有、孔、午、已、估、都、行、高、全、月、日，甚至皇帝、太后等等。不但如此，其中也借用了许多汉字的俗写体。例如，两处所见的"扵"，为汉字"於"的俗写；[1] 三处所见的"囬"字，显然为汉字"面"的俗写；七处所用的"荅"，自然是"答"的异写。幺的情况也应是如此。

《北大王墓志》契丹文部分三处见"幺"字。前两处即第四行和第五行的"幺"用在年字之前，恐表示一种纪年。而第三处，即志文第二十二行出现的幺，则似与纪年无关。可见，在契丹字中的幺，即使是作为一个表意字，至少也没有被作为一个具有特殊意义的专有词语被使用（如果是拼音文字，就更谈不上是专有词了）。那么，在契丹字中都未作为专门词语，汉字怎么可能偏要借用它来作为专门词语使用呢？这样，显而易见的是：一方面幺不是契丹字，契丹字中的幺是借用了汉字的俗写体；另一方面，被借用的幺，并不是一个特殊的名词，因此，与我们所讨论的汉文史籍中的幺并非一事。

总之，认"幺"为契丹字或女真字的说法实难以成立。

而主张"幺"字为正字或为契丹（女真）字的学者，多数主张其读音为"查"或"札"。

首倡幺音查之说者是箭内亘，其根据是：幺之语义为军,《辽史》卷一一六《国语解》、《辽史》卷五三《礼志》记载，契丹语称战为"炒伍侕";《燕北杂记》亦云"秒离是战"。"炒伍侕"与"秒离"是同语之转化。此语在战之外，有兵卒、军队之义。故"幺"可读这一表示"战"义的音。清初邵远平《续弘简录》所注"幺音

---

1 《广韵》卷一"鱼"部，中国书店影印宋本。

杳"，杳应为"查"之误，故"糺"音"查"。

箭内氏上述论证的过程，是先认定糺是表示"军"义的一个特殊用字，且具有特殊读音。那么，在寻找不到直接材料的情况下，便以间接的义为"战"的契丹语读音比定为"糺"的音。可见，他定糺音为查的根据是不能令人信服的。

自箭内氏之后，主糺字应读查、札音的学者也都未提出较可靠的语音和史实上的根据来。而且，他们往往一方面力图证明糺应音查；另一方面却不赞同糺之义为军，而设法论证糺字具有其他意义。这样做的本身，已是对箭内氏命题的釜底抽薪，那么，再证明糺音查，岂不是难上加难了吗？

（二）"糺"是军的对音

以往诸家皆以"糺军"为一种军队或兵种的名称，大概主要受误于《辽史》。《辽史》卷一一六《国语解》曰："糺，军名。"同书卷四六《百官志》"北面军官"条将五种糺军与其他诸军并列。关于《百官志》这一记载之不足为据，后面还要谈到。这里先说《国语解》的所谓"军名"。

《国语解》中，"某为某名"之解释有许多条，其中有一些则是"某为某也"之义。例如，在"虎思斡鲁朵"条下解释："斡鲁朵，宫帐名。"而在"算斡鲁朵"条下则注曰："斡鲁朵，宫也。"斡鲁朵，义为宫，在卷三一《营卫志》中已明确阐释。可见，所谓"宫帐名"乃为"宫也"之义。《国语解》中类似的例证不止这一个。那么，"糺，军名"是可作"糺，军也"之解释的。实际上，《国语解》中已经道出了事情的真相："遥辇糺，遥辇帐下军也。"这不是再清楚不过地表明，糺即军吗？而且在此条的后面还有："其书永兴宫分糺，十二行糺，黄皮室糺，仿此。"就是说，这些糺，不过是永兴宫分军、十二行宫分军、黄皮室军而已。

斡鲁朵，盖取契丹语之音而书之以汉字。那么，同样，糺正是汉字转写下来的契丹语称军的语音。既然用糺来标注契丹语音，它本身就绝不会再是契丹字，而只能是汉字，即纠字。

糺，军也。这不仅有《国语解》的说明为根据，而且从对音关系上也足以得到证实。

用汉字转写别种语言时，一般只能记其近似之音，对契丹语的译写也是如此。从汉文记载的对契丹语的译字中，可以发现这样一个现象，即韵尾有鼻音"n"和无鼻音常常是混淆的。举例如下。

《辽史》及其宋人留下的记载，都将辽太祖的名字记作阿保机，但曾任过辽朝史官的赵志忠投宋后著《虏廷杂记》却称："太祖讳亿，番名阿保谨。"[1]这"机"与"谨"之别，正是韵尾有无鼻音"n"之差。

《辽史》卷四《太宗纪》记载，会同三年（940）八月丙辰，"诏以于谐里河、胪朐河之近地，给赐南院欧堇突吕、乙斯勃，北院温纳何剌三石烈人为农田"。而卷三二《营卫志》中将此三石烈中的乙斯勃记为乙习本，温纳何剌记为斡纳阿剌。"勃""斡"分别是"本""温"脱落韵尾"n"而成的音，但它们却分别转写的是同一个契丹语音。

《辽史》卷四五《百官志》"遥辇九帐大常衮司"条记载其职官有"遥辇侍中，一作世烛"。《国语解》记："阿庐朵里，一名阿鲁敦。"这些同名称的不同汉字译名，都表现了语尾失去鼻音的音变现象。

石刻上也有同样的例子。近年出土的辽代《耶知新墓志铭》中有"迺逦兔"一词，《北大王墓志》中有"乙林兔"。此二词为同一契丹语词，即《辽史·国语解》所释的"夷离的"，为夫人或妃之义。[2]这个契丹语词汇用汉字记载，中间的音却出现了有无鼻音的区别，即"逦"（离）与"林"的区别。

---

1 《资治通鉴》卷二六六"后梁太祖开平元年五月"条《考异》所引，第 8677 页。

2 刘凤翥：《释契丹语"迺逦兔"和"乙林兔"》，《沈阳师范学院学报》1980 年第 1 期。

不同时代对契丹语的译写所用的不同汉字也有这种情况。金元史籍中屡见不鲜的契丹人姓氏"石抹"，即《辽史》所记的国舅"审密"。石、审亦为韵尾有无鼻音"n"之差。

这种现象在女真语中也同样存在。明朝永乐《华夷译语》所记录的有尾辅音"n"的女真语词汇，在会同馆《华夷译语》中几乎都遗去了"n"。例如：

语义：	山	马	玉	父	来
永乐《华夷译语》：	阿里因	母林	古温	阿民	的温
会同馆《华夷译语》：	阿力	木力	顾兀	阿麻	丢

同一语词的韵尾或有或无鼻音"n"的情况，或许是因为当时口语与文语不一致所造成；[1]或许是由于契丹部落方言差异所导致；或许是因为语音或语法上的某种规则，使同一语词的发音在不同场合或语境中有所变化；等等。现有的契丹语资料尚不能使我们为这一现象做出明白的解释。但尽管如此，这并不影响下列事实的存在：一，转写同一契丹语词的汉字，韵尾或有或无辅音"n"是一个较为普遍的现象；二，在这种情况下，韵尾有无"n"的差别，并不影响该词的语义。

根据这些事实，我们便有理由设想，紃也是被遗去韵尾"n"而发成的音。那么，在紃的韵尾加上辅音"n"之后，所得之音正是军的音。

《广韵》卷一，"军，举云切"；卷三，"紃，居黝切"。二字声母部分完全相同，韵母部分只是有无鼻音"n"的区别。

紃是军的对音，还有一个更为有力的证据，那就是《蒙古秘史》中所记蒙古语对紃的读音。早在20世纪初，王国维在所著《元

---

1 金光平、金启孮：《女真语言文字研究》，文物出版社，1980，第17页。

朝秘史之主因亦儿坚考》中，从史实上无可辩驳地证实了"主因"是指协助蒙古共围中都的金朝乣军，由此而推定，"主因"是乣军的对音。[1] 此说甚是。遗憾的是，王氏的结论至此就停止了。倘若再向前推绎一步，就会发现："主因"的拼读正是"军"。"主因"是蒙古语对契丹语"乣"音的读法，而通过蒙古人的口，又道出了乣所代表的真实读音，还原了军的本来音貌，即：

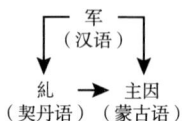

$$
\begin{array}{ccc}
 & \text{军} & \\
 & \text{（汉语）} & \\
\downarrow & & \downarrow \\
\text{乣} & \longrightarrow & \text{主因} \\
\text{（契丹语）} & & \text{（蒙古语）}
\end{array}
$$

凡是一个民族从另一个民族的语言里借词用时，总要按照自己语言的发音习惯，使借词的语音有所改变。契丹语使用了汉语"军"这一词，在失去鼻音时，便发出与"军"略有不同的"乣"音。经过这样一个反馈过程，这个词再重入汉语系统中时，其表示的汉字和读音便全与原来的"军"不同了。

我们说，乣是契丹语中的外来语——汉语。直接使用外来语，在契丹语中不乏其例。如，突厥语中的"沙衮"，乃是应用汉语"将军"一词的讹变之音，辽朝的"详稳"也出自此语。[2]

这种现象在北方其他民族语言中也不罕见。如，女真语的"出卫"，义为青绿色，就是用了汉语"翠"的音和义；女真语"化尚"，即为汉语"和尚"的音和义。[3]

金朝人称南宋为"南家"。至蒙元时代，通称汉人为"囊家"，是蒙语直接承用汉语"南家"二字之音译。[4]

契丹语和北方其他民族语言中借用了许多汉语词汇，那么，借

1　王国维：《观堂集林》卷一六《元朝秘史之主因亦儿坚考》，第 768~796 页。
2　王国维：《观堂集林》卷一四《西辽都城虎思斡鲁朵考》，第 628~634 页。
3　金光平、金启孮：《女真语言文字研究》，第 111 页。
4　陈寅恪：《元代汉人译名考》，《金明馆丛稿二编》，上海古籍出版社，1980，第 90~95 页。

用汉语的"军"这一词语，也就是正常的事了。

借用汉语的"军"，并不意味着契丹语本身无"军"或"兵"的相应词语。在多种语言交汇的地区，并行几种语言以及相互使用"外来语"的情形是常有的现象。例如，曾被日、俄占领过的东北某些地区，至今仍保留着日语、俄语的一些词，与汉语的相应词并行使用：把连衣裙称作"布拉基"、衬衫称作"宛霞子"、小水桶称作"委笭"、草垫子称作"榻榻米"等等。因此，无论契丹语系统中"军"义的词是怎样，都可以再从汉语系统中借用"军"这一词；而当其发音脱落了鼻音时，便读作"糺"（但这也不等于说，契丹语中无鼻音 n）。

当我们已经确定糺即紏、纠，是军的对音，读作"居黝切"之后，对文献上所出现的关于糺的其他读音也就可以给予相应的解释了。

《黑鞑事略》曾在"五十骑谓之一纠"的"纠"字下注"都由切"。这是由于在古代北方民族语言中，d、dj 可以互通，dju 又读作 du，故纠字的汉语注音写作"都由切"。

箭内氏曾从文献上考定出《金史》卷二《太祖纪》之萧糺里，即《辽史》卷二七《天祚帝纪》之萧敌里。因此，糺又有敌、迪之音。实际上，这也是由于 dj、d 可以互通之故。

在同一时代的同一民族语言中，常常有方言的差异，用汉字转写时，这同一个"糺"音因其差异而会产生出不同的译字；或译者虽用紏、糺来转写，又感到此时此地的音与糺的音略有不同，便又在其下注音，以使标音更近于实际发音；或由于翻译标准不统一而产生了同音却用不同的译字，和同字所代表的音却不尽相同的现象。这些不同的译字、注音，显示着它们在北方民族语言中转变、互通的轨迹。但它们都是围绕着糺的音而演变的，它们的音都来源于"居黝切"。作为汉字糺的音只应是"居黝切"，与其他字相通用者，并不说明汉字糺就又有了那些读音。

虽然汉语转写外民族语言时，有译音兼顾字义的例子，但辽、金、元史中的译音词却很少有这种情况。出现在"斡耳朵"一词中的"耳"字，只是用其音，并非用其汉字的本义。我们不会将这里的"耳"字与其本义相联系，也不会因为斡耳朵又曾译写为斡鲁朵、斡里朵，即鲁、里代替过耳字，而认为鲁、里二字也有"耳"的意思。同样的道理，糺字也是采用其音，并非用其本义——糺聚，更无引申之义——镇防巡察。所以，那些曾经以为"糺军"之名其本义取纠聚的说法，也是难以解释通的。

（三）《辽史》中的史实证明糺之义是军

糺，即军，从语义与史实的结合上也可以找出确凿无疑的根据来。

诚如一些学者所曾指出的，《辽史·百官志》在《辽史》诸志中最为疏误，大抵并无完整的官制文献可据。"北面军官"条所罗列的五种糺军，即十二行糺军、各宫分糺军、遥辇糺军、各部族糺军、群牧二糺军，是依据散见于《纪》《传》中的材料，勉强排比而成的。[1] 既然如此，我们可以置《百官志》所列举的糺军于不顾，考察一下《纪》《传》中的糺。

《辽史》卷八二《耶律隆运传》："（乾亨初）宋兵取河东，侵燕，五院糺详稳奚底、统军萧讨古等败归。"这里记载奚底的官职为五院糺详稳。此事件在卷八三《耶律休哥传》中则记为："乾亨元年，宋侵燕，北院大王奚底、统军使萧讨古等败绩。"卷八《景宗纪》、卷八三《耶律斜轸传》等处，亦都将奚底记作北院大王。查卷四六《百官志》，五院部"在朝曰北大王院"，可知五院即北院。详稳是将军、长官之义。[2] 北院大王在出征作战时为本部军的统帅，即为北

1　蔡美彪：《糺及糺军之演变》，《元史论丛》第 2 辑，1983 年。

2　详考见本书附录一《契丹详稳考》。

院将军、五院将军，五院糺详稳亦即五院糺将军。奚底所任本只一职，而各卷对其职名的称呼不同，这正表明了五院糺即五院军，亦即北院军的这一事实。《辽史》本身的记载也清楚地指出了这一点：《耶律休哥传》载，当奚底、萧讨古败绩之后，"帝命休哥代奚底，将五院军往救"。休哥代奚底所统的正是五院军。如果按以往的说法，认为"糺军"是一种特殊的军队（无论它是由什么人组成、具有什么职能），那就无法解释北院大王固可以统帅部内这一支特殊军队，但这支特殊军队的首领——糺详稳何以竟能等同于北院大王呢？

类似的例证还有。卷八五《耶律奴瓜传》载："统和四年，宋杨继业来侵，奴瓜为黄皮室糺都监，击败之。"同一事件，在卷一一《圣宗纪》、卷六九《部族表》中则将奴瓜记为"黄皮室都监"，没有"糺"字。耶律奴瓜在同时同地同一事中所任的只能是一个职务。黄皮室糺都监就是黄皮室都监，只有在糺的意义为军时，才有这种可能。而且《耶律奴瓜传》在"黄皮室糺都监"的记事之下，又载奴瓜"迁黄皮室详稳"，即由都监升迁为详稳。从这个叙迁关系，更可看出黄皮室糺即是黄皮室军了。

《辽史》卷八八《萧排押传》：统和四年，"总永兴宫分糺及舍利、拽剌、二皮室等军，与枢密使耶律斜轸收复山西所陷城邑"。此事于卷一一《圣宗纪》则记为："诏遣详稳排亚率弘义宫兵及南北皮室、郎君、拽剌四军赴应、朔二州界，与惕隐瑶昇、招讨韩德威等同御宋兵在山西之未退者。"显然，这两条材料所记是同一事件，但一作永兴宫分糺，一作弘义宫兵。二者宫名恐有一误，但"糺"作"兵"却非误写。因为在泛指军队时，军与兵是同义语。无疑，这又为糺即军提供了一条证据。

（四）军也是部的代称

《辽史》卷五九《食货志》称："契丹旧俗，其富以马，其强以兵。纵马于野，弛兵于民。有事而战，旷骑介夫，卯命辰集。马逐水草，人仰湩酪，挽强射生，以给日用。糗粮刍荛，道在是矣。以是制胜，所向无前。"这段记载，生动地描述了在建国前契丹族部落兵民一体的生活情形。辽国建立之后，作为国家机器的常备军设置起来，以血缘关系为纽带的部落组织转化为以地域来划分其人民的国家基层行政组织。但是，游牧民族特有的生产方式和生活秩序使部落组织形式的外壳依旧延续下来；部落成员人人皆兵这样一种军事制度和部落生活的习惯法也依旧得以保存，人们仍是"有事则以攻战为务，闲暇则以畋渔为生。无日不营，无在不卫"。[1] 实际上，这一生产和生活方式是普遍存在于游牧、游猎民族之中的。继契丹族而起的女真族，初期也是如此："诸部之民无它徭役，壮者皆兵。平居则听以佃渔射猎习为劳事，有警则下令部内，及遣使诣诸孛堇征兵，凡步骑之仗糗皆取备焉。"[2]

对于每一个部落成员来说，一身而兼兵民二任，平时为民，战时为兵。有调发则从戎事，事罢则各还本部。而盛行着这种全民皆兵制的游牧部落，与它的成员同样具有双重意义：既是生产组织，又是军事组织；平时是游牧的生产单位，战时是出征攻守的军队。因此，部落与军，在游牧人的心目中无异于一个同义语。

用这种观点去看待史书上的某些记载，便容易理解了。例如，《辽史》卷六九《部族表》载，会同四年正月，"涅剌、乌隗二部上党项俘获；乙室、品、突举三部上党项俘获"。这里所反映的正是涅剌、乌隗、乙室、品、突举这几个部落作为军队作战的俘获。对于这样的材料，大概不会被理解为是几个部落部民的战果，而与部落军无关吧！

但是，按照通常的观念，部落在作战时则被称作军，冠以部落的名称，便呼作某部军或某部兵。例如，《辽史》卷七《穆宗纪》

---

[1] 《辽史》卷三一《营卫志》，第410页。
[2] 《金史》卷四四《兵志》，第992页。

载，应历十五年（965）正月，乌古叛，"以枢密使雅里斯为行军都统……益以突吕不部军三百，合诸部兵讨之"。这里所言的是突吕不部三百人与其他诸部出征的军；卷一八《兴宗纪》、卷七〇《属国表》载，重熙九年（1040）十一月，"女直国人侵边，发黄龙府路铁骊军拒之"。这支铁骊军自然应是臣附于辽朝的东北边境的铁骊部出征的军队，绝非黄龙府路有一支名为铁骊的常备军；[1]卷二三《道宗纪》载，咸雍九年七月己酉，八石烈敌烈叛，"诏陬乌古部军分道击之"，这里所见的是陬乌古部的军队。陬乌古部并不是契丹族的老部落，而应是降附于辽国的其他民族部落。如果按照有些学者所主张的，边境他族民众组成的军队应一律称作糺的观点，这里应称作陬乌古糺的，可是，我们见到的却也只呼之为军。这又证实，所谓糺，并非其他，就是军的代用字。

辽朝的常备军是极为有限的，且各具专有名词。除此之外，以部落部族名称出现的军队都是部族应征的军队。这些是辽国主要的武装力量，故史称辽朝"虎视四方，强朝弱附，东逾蟠木，西越流沙，莫不率服。部族实为之爪牙云"。[2]由此可见，在辽朝，无论从部族本身所具有的军事性质来看，还是从部族军在整个国家的军事地位来看，部族与军都是一个无法分割开来的概念。

部落实行着"军政合一"的制度，在部落首长的职掌上也体现得极为鲜明。[3]

部落的最首要、最基本的活动是从事生产。因此，部落首长担负着掌管部落生产、民政事务的职能。《辽史》卷七七《耶律挞烈传》："会同间，为边部令稳。应历初，升南院大王，均赋役，劝耕稼，部人化之，户口丰殖。……时耶律屋质居北院，挞烈居南院，

1　《辽史》卷四六《百官志》将铁骊军作为一支常设军队或军事机构列入"北面边防官"条的"长春路诸司"中，实属错误。

2　《辽史》卷三二《营卫志》，第 427 页。

3　辽朝各部落首长先后有夷离堇、令稳、大王、节度使等名称。

俱有政迹，朝议以为'富民大王'云。"卷一一《圣宗纪》："统和五年七月戊辰，涅剌部节度使撒葛里有惠政，民请留，从之。"卷一六《圣宗纪》：开泰九年七月，"谛居、迭烈德部言节度使韩留有惠政，今当代，请留"。

一遇战争，这些平时掌管生产、民政的部落首长又立即成为本部军队的最高统帅。在辽国对外战争中，部落首长往往身先士卒，冲锋陷阵，以至于战死沙场。《辽史》上关于这类记载所在皆是。

出土的辽代石刻中的文字，也很能说明部落首长的这种双重职任。《韩橁墓志铭》有云："四十万兵马都总管兼侍中、南大王赠政事令陈王，讳遂贞。"《北大王墓志》有云："重熙四年（1035），封为北大王……四十万之军戎，咸归掌握。"《耶律宗政墓志铭》有云："重熙二十年，为四十万军南大王，兵府浩繁，暂资统领。"这些记载径直呼北南大王府为"兵府"，北南大王所掌为四十万兵马。北南大王为军事统帅的事实在此又可得到印证。《萧袍鲁墓志铭》载："差知兵帐，而能阅兴赋之耗登，较军帅之众寡。"这也说明，"知兵帐"的人也要阅民事。

由此可知，军与民，军事统帅与部落首长，军事与民事，是一而二、二而一的，是一个事物的两个方面。那么，在辽朝，"兵"本身就包含着"民"的意义，而"军"本身也可以代表着"部"的意思。再有史为证：《辽史》卷八二《萧阳阿传》记载，乾统年间萧阳阿"历乌古涅里、顺义、彰信等军节度使"。这里将乌古涅里与顺义、彰信节度州军并称为军，无疑是将乌古涅里部称作了军（辽朝部族、节度州设节度使）。此为以军称部之证。

《法均大师遗行碑铭》中有一条更为明确且饶有趣味的例子，咸雍五年（1069）冬，法均大师受诏治理金台僧务：

> 因顺山上下众心之愿，始于此地肇辟戒坛，来者如云，官莫可御。凡喑聋跛伛，贪愎恃顽，苟或求哀，无不蒙利。至有

> 邻邦父老，绝域羌军，并越境冒刑，捐躯归命。自春至秋，凡
> 半载，日度数千辈。半天之下，老幼奔走，疑家至户到，有神
> 物告语而然。[1]

这段记载，着重描述的是法均大师开张戒坛，度僧行法，在北方地区所引起的广泛影响。我们所应注意的是这里的"绝域羌军"四字。绝域，无疑是指极边远之地区；羌是对辽国西方、西北方游牧部族的泛称。但"绝域羌军"，绝不是指由羌族成员编制的常备军（因为绝不会有这样的专门军队被法均大师的佛法所感召，越境前来度僧做佛），而只能是与前句之"邻邦父老"为同义语，是指那些羌部落、羌民。

至此，似可断言，在辽朝，"部"又可以"军"为代称，即，某部可呼作"某军"。

（五）诸部亦称作诸糺

辽朝末年，耶律大石"鸠集群糺"而西迁，[2]仰仗了"群糺"的力量得以在中亚重建契丹国家，前后持续将近一个世纪，对东西方产生过重要影响。因此，"群糺"一词，引起了许多治辽金、蒙元以及中亚史专家的兴趣，为之进行了不懈的探讨。然而，至今未得定说。笔者既用"军"来释"糺／糺"，且论证了军又是部落之称，若此论点无误，则"群糺"一词之本义便极容易求得了。

耶律大石所鸠集的"群糺"，即《辽史》卷三〇《天祚帝纪》"耶律大石"条及卷六九《部族表》所记的大黄室韦、敌剌、王纪剌、茶赤剌、也喜、鼻古德、尼剌、达剌乖、达密里、密儿纪、合主、乌古里、阳卜、普速完、唐古、忽母思、奚的、糺而毕十八部

1　陈述辑校《全辽文》，第 208 页；向南：《辽代石刻文编》，第 438 页。
2　（金）刘祁：《归潜志》卷一三，中华书局，1983，第 167 页。

王众。这是已为学界所公认的。而这段史料因出现以"儿"音译契丹语或蒙古语［ɹɐ］或［ɹ］，可证明其史料出自蒙元时代。[1]这十八部在《辽史》上明确记作"部"，已可以说明所谓"群糺"的"糺"是部的称谓。如果说，这里的"部"只是作为泛称，而非部族、部落之义，那么，我们再进一步论证：这些部都曾作为部落的形式存在过，而且其中也包括了契丹本族的部落。

已有学者证明：这十八部中的王纪刺、茶赤刺、密儿纪即蒙古的弘吉刺、札答刺、蔑儿乞三部；[2]也喜、鼻古德即女真的越棘（越里吉）、鼻古德（鳖古德）二部；阻卜作为辽朝北边一大部族，始终见于《辽史》记载；忽母思见于卷四六《百官志》、卷三六《兵卫志》所记；大黄室韦、敌刺（即敌烈）、乌古里（即乌古）、唐古四部也是《辽史》所不绝书的四个部族。它们都以部落的形式存在也是没有问题的。

剩下的名称情况是这样的。

糺而毕部。箭内亘曾指出，此部应即《辽史》卷一二《圣宗纪》统和七年（989）七月所记之迪离毕。王国维对此曾加按语说，亦即《营卫志》之"突吕不"。[3]王氏未言所据，笔者则为此结论找到了根据。

辽太祖时，参预制契丹大字的一个功臣名叫突吕不，被任命为文班林牙。据《辽史》卷七五《耶律突吕不传》载，他在太宗朝的事迹是："淳钦皇后称制，有飞语中伤者，后怒，突吕不惧而亡。太宗知其无罪，召还。……十一年，送晋主石敬瑭入洛。"而卷三《太宗纪》里有一名为迪离毕者，其事迹则与突吕不全同：天显七年（932）三月，"林牙迪离毕指斥乘舆，囚之"。八月，"林牙迪离毕逸

1　杨若薇、张本楠：《汉语"儿"音嬗变新探》，见本书附录五。
2　冯承钧：《辽金北边部族考》，《西域南海史地考证论著汇辑》，中华书局香港分局，1976，第188~199页。
3　王国维：《观堂集林》卷一六《致藤田博士书一》，第789~794页。

囚，复获而鞫之，知其事本诬构，释之"。天显十一年（936）闰十一月，"惕稳洼、林牙迪离毕来献俘。晋帝辞归，上与宴饮……命迪离毕将五千骑送入洛"。两相比照，自然可以得出迪离毕即突吕不的结论来。人名突吕不又写作迪离毕，那么，突吕不部同样可以写作迪离毕部、乣而毕部。这样，可以有理由确信，"群乣"中有《辽史》卷三三《营卫志》记载的契丹遥辇氏时就已存在的老部落之一——突吕不部。

尼剌部。箭内氏曾将尼剌比定为《辽史》所记的涅剌，[1]其说甚是。从语音上考察，尼与涅音最近，故在唐世立遥辇阻午可汗的迭剌部长、阿保机的先祖涅里，又被记作泥礼。[2]涅剌部也是契丹遥辇部落联盟时就已有的老部落之一。

普速完部。岑仲勉先生曾在《读西辽史书所见》一文中写道："普速完直是蒲速盌之同音异写……吾故谓普速完部为蒲速盌斡鲁朵之遗军也。"[3]其说可取。按，蒲速盌斡鲁朵即应天太后所立之长宁宫。辽朝诸斡鲁朵所置的部族人户，至辽末独立成部，以宫名为部名。如，《金史》卷六五《完颜昂传》载："天辅六年，昂与稍喝以兵四千监护诸部降人……昂不能抚御，降人苦之，多叛亡者……惟彰愍宫、小室韦二部达内地。"彰愍宫为辽景宗所置斡鲁朵，这时已与小室韦并称为部。那么，普速完也作为长宁宫部落是可信的。

大石林牙十八部中还有达密里、合主、奚的、达剌乖这四个部名，由于资料缺乏，尚不能将它们一一确指，但这四部也必是曾处于辽朝统治下的游牧部落。因此，可以断言，所谓"群乣"，仍是"群部""群军"之义，并非由某种人组成或具某种职能的特殊军队；所谓"鸠集"，则是指由大石重新集合了那些被金兵攻打而离散了

---

1 〔日〕箭内亘：《辽金乣军及金代兵制考》，第 34 页。

2 《辽史》卷六三《世表》，第 1057 页；《旧唐书》卷一九九下《契丹传》，第 5353 页。

3 岑仲勉：《读〈西辽史〉书所见》，《中外史地考证》，中华书局，1962，第 455 页。

的部落。某个部落尽管离散了，而其被"鸠集"起来的一部分，也仍以原部落名称为号。这就是后来有些纠的名称会出现于不同地区的原因。

再举一个例证。

《辽史·国语解》的"纠，军名"一条，是对《太祖纪》所做的解释。原文字是："天赞元年，以户口滋繁，纠辖疏远，分北大浓兀为二部，立两节度以统之。"[1] 从这段文字可知，将北大浓兀分作二部，乃是为了"纠辖"的方便；而实行"纠辖"的人则是节度使。我们知道，节度使所辖为部族，而不是只辖部族中之某一部分人、某一种人。因此，"纠辖"只能是军辖、部辖之义。这同时就又证实了《国语解》的"军名"实即与"军"同义。

部落既可称纠，则纠官当即指部落之官。这在当时的北方游牧民族乃至于宋人都是极为清楚的事实。因此，当人们对后起的金朝勃极烈一官的职掌尚不明了时，即用纠官做注释。无名氏《北风扬沙录》称，勃极列"犹中国总管，盖纠官也。自五户勃极列推而上之，至万户，皆自统兵，缓则射猎，急则击战"。[2] 据《金史》卷五五《百官志》、卷四四《兵志》，"部长曰孛堇"，孛堇即勃极烈。[3] 平时管民事、生产，即所谓"缓则射猎"；战时则统兵出征，即所谓"急则击战"。这与契丹部落长官的职任是相同的。用纠官来解释女真的部落长官，正是说明契丹的部落长官就称作"纠官"。而在汉人的眼里，部落长官——纠官，对于军事、民事，无所不统，用汉语"总管"一词来概括，是最恰当不过的。

（六）部族的戍边制度

与辽朝的"纠"的探讨紧密相关的问题，便是部族的戍边制度。

---

1 《太祖纪》并无"纠辖"一词，恐原底本有，修《辽史》时删去。此处引自卷三四《兵卫志》。

2 （明）陶宗仪：《说郛》卷二五，第 25 页。

3 （清）俞正燮：《癸巳存稿》卷三"贝勒"条，第 75 页。

《辽史》卷三二《营卫志》"部族"序言中，有一段关于部族戍边制度的至为关键的记载：

> 契丹之初，草居野次，靡有定所。至涅里始制部族，各有分地。太祖之兴，以迭剌部强炽，析为五院、六院。奚六部以下，多因俘降而置。胜兵甲者即著军籍，分隶诸路详稳、统军、招讨司。番居内地者，岁时田牧平荡间。边防紇户，生生之资，仰给畜牧，绩毛饮湩，以为衣食。各安旧风，狃习劳事，不见纷华异物而迁。故家给人足，戎备整完。

以往的学者大都摘引过这段文字却做了不同的解释。笔者认为，对这段话可做如下的理解。

第一，开头至"奚六部以下，多因俘降而置"为一部分，简要阐明了契丹早期部族生活以及各部的形成和成员。

第二，"胜兵甲者即著军籍，分隶诸路详稳、统军、招讨司"。这句话是笼统地对契丹境内各部而言。有的学者以为，只是奚六部以下那些"因俘降而置"的被征服的各部军兵，才分隶各统军司或招讨司。这是误解。因为《辽史》卷三三《营卫志》及卷三五《兵卫志》明文记载，除去称王府的五院、六院、乙室三部以外，其他非俘降所置的契丹本族部落品部、楮特部、乌隗部、涅剌部、突吕不部均有隶属的招讨司（突举部记作"戍隗乌古部"）。

第三，自"番居内地者"以下，则是对各部落中分居不同地域的人户的生活状态的记述。部族之职，在于"守卫四边"，边地是其长驻地。因而，入内地"番居"者是暂时的、少数的；驻扎在边地的人户是长期的、多数的。与"番居内地者"相对而言，他们便被称作"边防紇户"，也就是边防军户、边防部户。他们既从事于畜牧生产，又担负着边境防守的任务。

随着辽国疆域的基本固定以及与邻近政权的相对和平，辽国形成了较为完备的部族戍边制度。《辽史》上有关于边地糺户担负守边任务的几条宝贵材料。

一条是重熙年间（1032~1055）萧韩家奴的应诏答书中说：

> 乃者，选富民防边，自备粮糗。道路修阻，动淹岁月，比至屯所，费已过半；只牛单毂，鲜有还者。其无丁之家，倍直佣僦，人惮其劳，半途亡窜，故戍卒之食多不能给。求假于人，则十倍其息，至有鬻子割田，不能偿者。或遗役不归，在军物故，则复补以少壮。其鸭渌江之东，戍役大率如此。况渤海、女直、高丽合从连衡，不时征讨。富者从军，贫者侦候。加之水旱，菽粟不登，民以日困。盖势使之然也。[1]

这里主要揭示了辽国东部边境戍役的流弊，从中可以看出部落戍役制度的几方面内容：（1）以富民防边，自备粮糗，到边境屯戍。（2）屯田戍边是部民的一种徭役，无丁之家则要加倍出资雇人为戍卒运送资粮。（3）贫者不适于从军，则担任侦候工作。

另一条材料是耶律昭统和间（983~1012）上书。他所讲的是西北诸部戍边流弊：

> 夫西北诸部，每当农时，一夫为侦候，一夫治公田，二夫给糺官之役，大率四丁无一室处。刍牧之事，仰给妻孥。一遭寇掠，贫穷立至。……兼以遗亡戍卒，随时补调，不习风土，故日瘠月损，驯至耗竭。[2]

不少学者都用这条材料来说明作为具有特殊意义的糺户或糺军的情

---

1 《辽史》卷一〇三《萧韩家奴传》，第 1594 页。

2 《辽史》卷一〇四《耶律昭传》，第 1602~1603 页。

况。其实，略加比照就可以明白，这段文字说明的内容与东边部族戍边的情形是一样的："一夫侦候"，正是萧韩家奴书奏中所谓"贫者侦候"，以备敌寇侵掠骚扰。笔者认为，并不能用侦候来说明糺军之义导源于汉语的纠察。因为侦候不仅仅出现于边地部族处，每行军作战、部队驻扎之地均有侦候。例如，《辽史》卷八四《萧讨古传》：乾亨初，与宋作战，萧讨古败绩，景宗责之曰："卿等不严侦候，用兵无法，遇敌即败，奚以将为！"卷一一《圣宗纪》：统和四年十月，"分遣拽剌沿边侦候"。卷八五《耶律谐理传》统和四年，"宋将杨继业来攻山西，谐理从耶律斜轸击之，常居先锋，侦候有功"。显然，这些侦候并无丝毫纠聚之义，不过是侦探敌情的哨兵而已。"一夫治公田"，是指那些从军的富民屯种公田。这由《辽史》卷五九《食货志》的记载可以得知："当时沿边各置屯田戍兵，易田积谷以给军饷。故太平七年诏，诸屯田在官斛粟不得擅贷，在屯者力耕公田，不输税赋，此公田制也。"所谓"二夫给官之役"，应即指担负运送资粮及部落其他的徭役，由糺官——部落之官统一调发、差派，故称"糺官之役"。

萧韩家奴与耶律昭二人所说的情形正是辽国"分镇边围"的部族情况，也是对《辽史·营卫志》记载的"边防糺户"的更详细的阐述。由此可见，糺户、糺官不外乎就是部户、军户、部落官之义，绝非另由某种人构成。这是因为以下三种原因。

第一，辽朝诸部族的职任为"守卫四边"。萧韩家奴与耶律昭所言已包括了东边和西边，占据辽国大半边境的防守区。这两边正当要冲之地，若由一种特殊的糺户或糺军来防卫，其地位之重要便可想而知。但这与《辽史·兵卫志》通篇只字未提"糺"，《辽史》其他处对"糺"的记载也寥寥无几的情形是极不相称的。

第二，游牧民族由它特有的生产方式所决定，不可能从事零散的个体经营。因而，在辽国边境不可能存在分散的牧户。俘降的他族，或是以原部落的形式存在，或是编入契丹本族部落中去。而作为俘奴被编入契丹本族部落的人，是不符合"富者从军"这一戍边原则的。所以，"糺"不会是专指契丹部落中俘降的各族人的。

第三，耶律昭上书是为答当时任西北路招讨使萧挞凛之问而写的。萧挞凛所问为："今军旅甫罢，三边宴然，惟阻卜伺隙而动。讨之，则路远难至；纵之，则边民被掠；增戍兵，则馈饷不给；欲苟一时之安，不能终保无变。计将安出？"[1]这段问话，显然是萧挞凛对自己管辖下的整个西北路防边事务征求计策的。

即使西北路确有一种特殊的"糺"，萧挞凛也并非就这种"糺"而发问，若耶律昭的答书只就"糺"侃侃而谈，岂不是所答非所问？

查《辽史》卷三五《兵卫志》，隶西北路招讨司的有突吕不部、奥衍女直部、室韦部和楮特部。这四部中，既有契丹族的老部落，又有后来以其他民族组成的部落。耶律昭宣称所言为"西北诸部"的情况，既非单指其中某一部落，也非单指各部落中的某一种成员，那么，糺不是泛指"部落""军"，又是什么呢？

经过上述的分析、论证，我们基本上可以对辽朝"分镇边圉"的部族做出一番描绘了。

辽国内各部族都分别隶属于某一招讨司或统军司，平时受其调遣，担负着一定区域的边防守卫任务，战时则受其统率，出征讨敌；各部并非全体成员驻扎在边境线上，而是由部民轮流到防卫区去担当屯戍任务；从戍的原则是选部落中的富民组成戍军，而其家属及未尝抽调的部落成员则依旧留在部族的牧地从事畜牧生产，称作"留后户"；由于屯戍地常常距离部族牧地很远，戍军与留后户要分别统领、管理，这便是《辽史》卷三三《营卫志》"品部"条所说的："凡戍军隶节度使，留后户隶司徒。"但是，由于游牧生产的移动性，戍军与留后户又并不总是相距很远，有时部落直接驻在屯戍

---

1 《辽史》卷一〇四《耶律昭传》，第1602页。

地界，与戍军邻近。特别是当大规模战事爆发时，全体部落成员出动，家属随行，便没有或很少有"留后户"了。

（七）关于糺的其他几个问题

以上从语音和史实两个方面论证了糺是军的音变，它本身依旧是军的意思。那么，这就产生了有人曾提出过的问题：既然如此，"则辽金军队皆当呼作糺，但辽金两朝诸军中非糺军者尚多"，如何解释？

按，在辽朝，契丹语失去鼻音"n"而呼军，成为"糺"。汉人对这个"糺"无不明之意，因此，汉文中便直接译写作军，而偶尔按其原读音径记为"糺"，对于当时人来说，也是信手写来，并无特殊含义。这种情况如同已将诸部长官更名为节度使，而契丹语本名——夷离堇仍与节度使之称并见于史册；辽帝主要冬捺钵——广平淀，按契丹语音又书作"藕丝淀"，[1]《辽史》中此二名称互见；斡鲁朵即宫之义，而《辽史》却将斡鲁朵、宫二词交替使用等情况一样，不过是一个事物的不同名称而已，并非以"糺"来区别于军。故辽朝之军确是皆可呼作糺的。

在辽朝，人们明白糺的本义，一般不将糺、军二字连用。或直写作糺，或将糺还原为军，故《辽史》纪传中所见十余处"糺"，仅《韩德威传》一处作"糺军"。而笔者颇疑此传源于金人陈大任之《辽史》。陈大任以金人观念对待辽朝的糺，所以在糺字后面又加了军字。

女真族建立的金王朝承袭辽王朝对北方各民族的统治。契丹族以及原置于辽政权统治下的其他部族，已习惯于辽统治以来二百多年的称呼，自称或互称为糺。而女真族未必不解其意，他们一则为了区别异己，二则因女真族另有猛安谋克编制，便对这些部落人

---

1 傅乐焕：《广平淀续考》，见《辽史丛考》，第173页。

统称为"纠人""纠户"等，由这些人户中调发的军队，便赋予了"纠军"的专号。

至于金人屡称"纠人"为"杂类""杂人""生蕃"，是因他们所称的纠人，是泛指女真人以外的包括契丹人在内的所有原辽朝统治下的北方游牧部族（其中没有剔除契丹人，只指边境小族之意）。但若把女真人的口吻变作契丹人的口吻，也认辽朝的纠为"杂类"，那自然就要得出错误的结论了。

将纠字与军字连成为一个词，这本是同义语的重复。但在金人那里，一方面，纠已具有了一层新的意义——区别于女真族；另一方面，纠与军的读音也有差别，因此便将其连缀在一起。这是不同语言在转译时常有的现象——译音加义。例如，《演繁露》记载，辽人所称的"徐吕皮"，即是契丹语义为皮、革的"徐吕"的对音，[1]又加上汉语的同义词"皮"而成为音译加意译的词。

金元时期，纠军专指原辽朝统治下各部落人组成的军队，约定俗成，将纠与军二字连用。至元朝修《辽史》时，对辽事已不甚了了，又无心深究，见《纪》《传》中有纠，就在《百官志》中横添了"纠军"诸项，以至于乱人耳目，直到今日。

传袭到金元的诸纠，保留着辽朝时的许多制度，纠在一定程度上仍具有"军"和"部"的双层意思。一方面，纠具有军事职能，"分番守边"；[2]另一方面，《金史》将纠详稳列"在部族节度使之后，诸移里堇司之前，则纠亦部落之称"。这是清朝学者钱大昕曾指出的。[3]连清朝乾隆皇帝命馆臣所修的《元史语解》卷三亦解"迪烈纠"为"部名"。可见，他们也将纠认作"部"。

正因为纠具有部的意义，所以，终金之世，散隶于猛安谋克的契丹人及其他游牧民族的人则不再称为纠，而仍以部落形式生活的

1　〔日〕白鸟库吉：《东胡民族考》。

2　《金史》卷四四《兵志》，第 995 页。

3　（清）钱大昕：《潜研堂文集》卷三四《三答袁简斋书》，商务印书馆，1935，第 538 页。

契丹，以及其他部族的人则一直还被称作"乣"。由于女真猛安谋克相率徙于汉地，习于汉化，皆渐文弱，而守卫在边防的诸乣仍过着游牧的部落生活，剽悍善战的习气未减。故金之季世，除这些当边防之任的乣之外，金朝几无精锐。当乣军一叛，金国便迅速土崩瓦解了。

元朝以后，"乣"这个字形不再见于史书，且"乣"作为一个名词使用的现象也完全泯灭了。这曾使以往的研究者殊感奇怪。其实，从历史唯物主义的观点来看，这一现象是社会发展的正常结果，这是由于"乣"作为一个名词得以产生、存在的历史文化背景已经变迁。辽朝灭亡以后，契丹族加速了与汉族及其他民族的融合过程。留居原地的契丹族大部分已与汉族、女真族融合，小部分与蒙古族融合。而随同耶律大石西走中亚的那一部分契丹人，后来也与当地民族融合。至元末明初，契丹族作为一个民族已基本上退出了历史舞台。那么，由契丹族所使用的"乣"这一特殊语音，以及记载这一语音的乣、乣的汉字不再被使用，便是自然而然的事情了。

需要解释的是，我国古代史书上所称的"部"，并不能完全等同于一般意义上的"部落"。在这种"部"的下面，常常还分有若干小的部落、小的游牧集团。金朝以后，乣的内涵发生了变化。以部落为单位的乣，各自担当一定地域的守边任务。因此，我们在史书上看到了诸如迭剌部、唐古部"二部五乣"及其他诸乣的名称。因本节旨在探讨辽朝的乣，至于金元的"乣"已与辽朝的"乣"有所不同，则容他日另述。

简单总结一下本节的意见。

第一，辽朝根本不存在一种由某些人组成或担当某种特殊职能的"乣军"，也不存在特指某一种人的"乣人""乣户"等。

第二，"乣"是契丹语直接借用汉语"军"，由于遗去韵尾鼻音"n"而发为"居黝反"，即乣音的。因此，它的音、义都是军，是对军队的通称。

第三，纠字不是契丹字或女真字，而是汉字纠的简写、俗写。契丹字中出现的"纠"，是借用了汉字。汉文史籍中的纠与纠同样读"居黝反"。

第四，在辽朝，契丹及其他游牧民族保持着部落生活习惯。部落成员平时是民、战时是兵，部落是个军政合一的组织——既是生产单位，又是战斗集团。在游牧人的心目中，部就是军，所以部也称作纠。

第五，辽朝"分镇边围"的各部族实行严格的戍边制度。驻扎在边地的部落民户，被称作"边防纠户"，由部落长官——纠官统辖。

第六，金元时期，"纠"的含义发生变化，不再作为军和部的泛称。

附录一 契丹详稳考

"详稳"一词，始于辽朝，后行于金元。以其他同音汉字书写，又作相温、详温、襄昆、桑昆、想昆等。王国维先生曾考订，突厥所称的"沙衮"，即汉语的"将军"，而详稳亦自此语出。[1]

突厥语借用汉语词汇，称将军为沙衮；契丹语转而讹音为详稳。本文旨在为详稳即"将军"说提供一些史实证据，并借以澄清《辽史》上几项混乱不明的记载。

《资治通鉴》卷二八〇"晋高祖天福元年（936）闰十一月壬申"条记载："帝将发上党，契丹主举酒属帝曰：'余远来徇义，今大事已成，我若南

---

1 王国维:《观堂集林》卷一四《西辽都城虎思斡耳朵考》，第 628~634 页。

向，河南之人必大惊骇；汝宜自引汉兵南下，人必不甚惧。我令太相温将五千骑卫送至河梁……'"此句下胡三省注云："按吐蕃、契丹皆有太相。……《考异》曰：《废帝实录》作'高谟翰'，范质《陷蕃记》作'高模翰'，欧阳《史》作'高牟翰'。盖蕃名太相温，汉名高谟翰。今从《晋高祖实录》。"据此可知，诸书早就曾对"太相温"一词有不同的解说了，或以为官职"太相"之谓，或以为高模翰之蕃名。其实皆误也。查《辽史》卷七六《高模翰传》，此时高模翰恰好被授"上将军"。那么，《通鉴》所记辽太宗所说的"太相温"，自然应是用契丹语所称的"大将军"之音了。

《辽史》卷一七《圣宗纪》载，太平九年（1029）八月己丑，"东京舍利军详稳大延琳囚留守"。而《东国通鉴》显宗元文王二十年（1029）九月条记此事，称大延琳为"契丹东京将军"。

《萧袍鲁墓志铭》载："重熙中……授本府敞史，历左金吾详稳。"查《辽史》卷四七《百官志》"诸卫职名总目"中，没有"详稳"一职，只有大将军、上将军、将军之称。可见，左金吾详稳，应即左金吾将军。

详稳，从将军进而又具有"主帅"之意。《圣武亲征录》载，甲戌年（金宣宗贞祐二年，1214）四月，"金主南迁汴梁……金主行距涿，契丹军在后，至良乡，金主疑之，欲夺其元给铠马还宫。契丹众惊，遂杀主帅襄昆而叛"。[1]这里的襄昆即详稳，亦即金末契丹军之主帅。

详稳由将军、主帅之义又转用为泛称各种长官。《辽史》卷一一六《国语解》所记"详稳，诸官府监治长官"，其注释的原史料为《太宗纪》会同元年十一月条，"改……鹰坊、监冶等局官长为详稳"。

"详稳"作为"长官"的意思，直到"因辽语而稍异同"的金

---

1 （明）陶宗仪：《说郛》卷五五，第15页。

朝也仍未改变。《金史》卷五五《百官志》记载："皇统五年，以古官曰'牧'、曰'长'，各有总名，今庶官不分类为名，于文移不便。遂定京府尹牧、留守、知州、县令、详稳、群牧为'长官'，同知、签院、副使、少尹、通判、丞曰'佐贰官'……"[1]

辽朝的"详稳"一称并不固定指某一职官，它是对将军、长官的一种通称。无论是军事统帅还是民事长官，用契丹语呼之，均可称之为"详稳"。

《辽史》卷四六《百官志》"北面边防官"条下并记西南面两个边防军事机构：西南面都招讨司、西南边大详稳司。

表面看来，此二司似为平行机构。但二者关系究竟怎样呢？

《辽史》卷七六《耶律鲁不古传》记载，鲁不古在太宗朝"为西南边大详稳。……会河东节度使石敬瑭为其主所讨，遣人求援，鲁不古导送于朝，如其请"。此事又见于卷三《太宗纪》：天显十一年（936）七月，"唐河东节度使石敬瑭为其主所讨，遣赵莹因西南路招讨卢不姑求救。……遂许兴师"。鲁不古与卢不姑为同音异写。两处所记这同一人在同一事件中，一作西南边大详稳，一作西南路招讨，岂不说明西南边大详稳即西南路招讨使？同样的例证还有：《辽史》卷四《太宗纪》会同五年（942）二月，"诏以明王隈恩代于越信恩为西南路招讨使以讨之，且谕明王宜先练习边事，而后之官"。整个辽代封为明王者仅太祖弟安端一人。查卷六四《皇子表》："安端，字猥隐。"隈恩与猥隐，同名异写，故此处隈恩即为安端（然据《皇子表》，安端封明王在世宗天禄初，而此处为太宗朝，两记恐有一误）。安端为西南路招讨使，而在卷一一二《耶律察割传》中却记为"西南面大详稳"。

西南面招讨使为西南一路最高军事统帅，当可称作西南面大将军。由契丹语呼之，便为西南边大详稳。那么，西南面招讨使司与

---

1 《金史》卷五五《百官志》，第 1230 页。

西南边大详稳司实为一个机构。《百官志》将其并列为二司，实为重复。

照此道理，继续考察《辽史》，同类重复记载还有多处。

《百官志》"北面边防官"中"长春路诸司"条列举有"东北路都统军使司。有掌法官。道宗大安六年置"。此条所载与卷二五《道宗纪》大安六年（1090）四月丁酉，"东北路统军司设掌法官"实为同一事件。《百官志》在"统军使司"前加一"都"字，其实所指即为东北路统军司。可是，《百官志》"北面边防官"项中另有一条"东北路诸司"，其下列有"东北路兵马详稳司，亦曰东北面详稳司"（《辽史》中，某路又称作某面）。这东北路统军司与东北路详稳司二者的关系如何，《辽史》中又未做交代。

查《辽史》诸帝《纪》，在大康三年（1077）二月所见"东北路统军使萧韩家奴"这一记载之前，即《辽史》卷二三以前，全然不见东北路统军使及东北路统军司之记事。在此之前，辽圣宗朝以来屡见记载东北路详稳之活动。可是，自卷二三开始，东北路详稳骤然不见，代之而经常出现的则是东北路统军使。

如前所述，统军之帅均为"详稳"，招讨使可称为"详稳"，统军使也同样可称为"详稳"。那么，东北路统军使自然可呼作东北路详稳。东北路详稳司即应为东北路统军使司。这是一个机构的两种称呼。《百官志》将本纪中这两个前后名称稍异而其实就是一个机构的记载，错误地并列成为两个机构了。

与此相同，《辽史》卷二三，咸雍八年（1072）以前，频繁可见乌古敌烈都详稳（又作乌古敌烈详稳、乌古敌烈部详稳）的记事，在此之后，则一无所见，却出现了乌古敌烈统军使。例如，大康八年（1082）十二月，见乌古敌烈统军使耶律马五；大安九年（1093）十月，见乌古敌烈统军使萧朽哥；等等。显而易见，这两种不同称呼所指的实为同一职官。

乌古敌烈统军使司无疑是辽朝西北边境一个重要边防机构。奇怪的是,《百官志》"北面边防官"条竟然未载这一机构。修《辽史》者在编撰《百官志》时,不断取材于《纪》《传》,而竟不加考证,甚至多次重复记载,却对《纪》《传》中屡见的乌古敌烈统军只字不提其所属之"司"。对此究将如何解释呢?理由只能是《百官志》用了另外的一个名称。查《百官志》"北面边防官"下"西北路诸司"中列有"西北路统军司",似与"乌古敌烈统军司"相近。再查《纪》,西北路统军司一称出现于大安十年(1094)。果然自此名称出现,乌古敌烈统军司的名称就于《辽史》中销声匿迹了。由此可知,乌古敌烈统军司在辽后期被改称作了西北路统军司。

值得一提的是,东北路详稳与乌古敌烈都详稳二职称改作统军使,《纪》中记载的时间大约在咸雍末大康初。可是在各《传》中,在此之前,已偶有记作"统军"职名的。这或者是因为两种职称本来就并用;或者是因为修史者以后来改换的职称追记前事;或者是因为《纪》成书时所据底本不同,卷二三以后另据一底本,而这一底本将各职官均以汉官名称称呼。从各方面史料中可以看出,辽朝是越来越趋向于使用汉名职称的。

由上面的论证可知,辽朝各统军司、招讨司在用契丹语的称呼时,则被称作详稳司。难怪《辽史》卷三二《营卫志》"部族"一项的序言说:各部族"胜兵甲者即著军籍,分隶诸路详稳、统军、招讨"。可查《兵卫志》众部族军分隶的有诸统军司、招讨司,却未有一个详稳司!详稳司不过是重复了统军司、招讨司的名称而已。

与诸路最高军事长官可称作详稳同样,诸部最高长官亦可称作详稳。《辽史》卷六九《部族表》与卷一〇《圣宗纪》记载了一个同样的事件(但文字稍有不同)。统和二年(984)三月乙卯,"划离部人请今后详稳只于当部选授。上以诸部官长惟在得人,诏不允"。这里明确地说明了详稳为诸部官长。因各部的长官可称作详稳，所以，总管各部的长官，为区别于诸部长官，又可被称作"都详稳"。例如，卷九四《耶律速撒传》载，耶律速撒就曾任"九部都详稳"。

这样看来，诸部族之长官——节度使是可用详稳称呼的。这也有迹象可寻。

据《百官志》"北面部族官"条，各部族有节度使司，又有详稳司；节度使司中有节度使（某些部亦称大王），详稳司中有详稳、都监等职官。这二司似为上下级机构。可是，在《百官志》以外，或是看到某部详稳与都监并提（这似乎倒与《百官志》所记相符），或是看到大王与都监、节度使与都监并提。例如，卷三三《营卫志》载，五院部"大王及都监春夏居五院部之侧"，六院部"大王及都监春夏居泰德泉之北"，乙室部"大王及都监镇驻西南之境，司徒居鸳鸯泊"，等等。在这些记载中，似乎都监越过了详稳而与大王同掌部族，而详稳却又不知去向了。这些疑点其实已暗示了大王即详稳的事实。所谓部族节度使司，不过是部族详稳司的汉名称罢了。用这一结论就可以解释下面的现象：《辽史》所记诸部长官，凡是称节度使的，此部就不再见称详稳的职官，诸如突吕不部、突举部、涅剌部等；而称作详稳的，则不再称节度使，例如黄皮室韦部的长官称详稳，即黄皮室详稳，而未另见有节度使的称呼。

但在《金史》中又有这样的记载：金世祖（劾里钵）被辽朝任命为生女直节度使时，辽朝还命太祖（阿骨打）为详稳，命穆宗（盈歌）、辞不失、欢都皆为详稳。[1] 这似乎与节度使亦称详稳的结论不同。但这并不难解释。生女直部族节度使下辖若干部落（部族并不等同部落，部族中可以包括若干部落）。阿骨打诸人被任命的是各部落之长官——详稳，而总辖各部落之节度使若用详稳一称，则

---

1 《金史》卷二《太祖纪》，第 20 页。

应为"都详稳"。

总之，从上述论证可知，"详稳"一称在辽朝并非为某一种职官的专称，而是对各种长官的通称。

辽朝前期以至于中期，详稳一称，上可应用于对一路之帅、方面大将的称呼，下可以做鹰坊、监冶等长官的职称。辽朝的招讨使、统军使的官品无资料可据，但可参借金朝的情况。《金史》卷五七《百官志》记载，招讨使、统军使均为正三品，足见其官位之高，权势之要。辽朝可用"详稳"一名称呼这样的显官要职。与此同时，辽朝"详稳"一称相对说来，还可用于对基层小官的称呼。《辽史》卷三三《营卫志》记载："特里特勉部……初于八部各折二十户以戍奚，侦候落马河及速鲁河侧，置二十详稳。"按，此二十详稳总管一百六十户，每一详稳平均只管辖八户，竟亦呼作"详稳"。到辽后期，重要的边防机构大都通用汉名称。详稳作为契丹语的称呼也逐渐不大用作对高级将帅、官员的称呼了。至金以后，"详稳"主要用于对原契丹统治下各游牧部落——糺的长官的称呼。糺详稳，官品为从五品，与女真族谋克的官品相同。

附录二　辽朝科举制度的几个问题

一　辽朝科举始于何时？

关于辽朝开始实行科举的时间，在《辽史》中有这样两条明确记载：《景宗纪》保宁八年（976）十二月戊午，"诏南京复礼部贡院"；《圣宗纪》统和六年（988），"是岁，诏开贡举"。

大概正是根据了上面两条材料，出于元人之手的《辽史》卷一〇三《文学传》"序"这样写道："辽起松漠，太祖以兵经略方内，礼文之事固所未遑。及太宗入汴，取晋图书、礼器而北，然后制度渐以修举。至景、圣间，则科目聿兴，士由下僚擢升侍从，骎骎崇儒之美。但风气刚劲，三面邻敌，岁时以蒐狝为务，而典章文物视古犹阙。"这段议论旨在综述有辽一代的"礼文之事"，其中《辽史》

的撰修者们已明确地说，"至景、圣间，则科目聿兴"，即辽朝科举制度兴起于景宗、圣宗时期。

到了清朝乾隆年间，学者厉鹗曾在《易水志》上发现有这样的记载：易州在保宁九年（977）有进士魏璟，统和二年（984）有进士魏上达，统和五年有进士魏元贞。于是，厉鹗编撰《辽史拾遗》时，在卷一六《补选举志》中加了这样一段按语："史称景宗保宁八年诏复南京礼部贡院，圣宗统和六年诏开贡举。而保宁九年至统和五年，十年之中易州已有进士三人，又出一姓，皆在未开贡举之前。岂景宗诏复贡院之后，南京已设科而未及他处耶？惜不可考矣！"厉鹗这段话，明显是对《辽史》关于"开贡举"时间的记载表示疑问，不过他遗憾地认为这一问题"不可考矣"。厉鹗提出的疑问并没有引起人们的重视，乃至于今天的学者，仍大都不以辽朝开贡举在景圣时期为疑。

厉鹗所发现的易州进士的事例，已是对《辽史》所云开贡举于景圣间的一个有力反驳，那么，辽朝究竟于何时开始实行科举的呢？这并非是件"不可考"的事。

在统和六年"诏开贡举"之前、保宁八年"诏复南京礼部贡院"之后这段时间里，易州已有三名进士，而比这时间更早，即在保宁八年之前，辽朝已实行科举的史料亦可以找到。

保留下来的辽代《重修范阳白带山云居寺碑》，撰刻于应历十五年（965），其碑末署"前乡贡进士郑熙书"。应历十五年前，这里既已有"乡贡进士"称号，可为已有举行进士科举之证。但这个碑虽然是应历年间所刻，而这个乡贡进士郑熙却不一定就是经辽朝科举所录取的。郑熙所生活的幽州地区划入辽国版图是在会同元年（938），到应历十五年有二十七年的时间，这就不能排除郑熙是中原后唐政权统治下幽州地区乡贡进士的可能性（尽管这种可能性并不大）。既然如此，就还应举出更有说服力的史料。这种史料在《辽史》中也是可以找见的：卷七九《室昉传》载，室昉为南京（幽州）

人，"幼谨厚笃学，不出外户二十年，虽里人莫识，其精如此。会同初，登进士第"。会同元年十一月，后晋石敬瑭正式将幽云十六州地割献给辽。《室昉传》此处明言辽国年号"会同"，显然，室昉所登，应为辽国的进士第。这就说明，会同初年，当幽云十六州地入辽之后，辽朝就在幽云地区沿袭其旧来的科举制度了。

来自宋人的记载，也可以对这一事实做出说明。北宋人田况在他所写的《儒林公议》（卷下）中说："契丹既有幽、蓟、雁门以北，亦开举选，以收士人。"而在元人所修的《宋史》卷二六四《宋琪传》中也载，宋琪为幽州蓟人，"少好学，晋祖割燕地以奉契丹。契丹岁开贡部，琪举进士中第，署寿安王侍读，时天福六年也"。寿安王后来即位为辽穆宗，天福六年即辽会同四年（941）。上述这些记载都无可辩驳地证明了，辽朝在会同年间已开科举这一事实。再考虑一下这些应科举的人，都出自幽蓟地区。这就更可确证：辽朝在得到幽云十六州大片汉地之后，便在这一地区继续实行了中原封建王朝所实施过的科举制度。

基于这样的事实，再看《辽史》上的记载，就可以做出合理的解释。

保宁八年"诏复南京礼部贡院"一事，有可能出于下面的某一原因。一，保宁八年之前，因为辽国仅仅是在局部地区——幽云十六州之地实行科举，故只由这一地区的地方官掌管，并没有像中原政权那样，设置一个隶属礼部掌管全国科举考试的机构——贡院。经过了近四十年局部地区实行科举的实践，根据需要，到保宁八年，辽政府才决定正式设置这样一个机构，以便在全国实行科举制度；二，在幽云地区实行科举时，南京曾设有贡院，但并未作为常设机构，而是或置或废，至保宁八年正式恢复设立，并作为常设机构。

关于统和六年所谓"诏开贡举"一事。在统和六年之前，幽云地区已是"岁开贡部"，即每年都行科举，且就在统和五年，易州

还有魏元贞为进士，那么，就绝不能把这条材料理解为是在停止了
多年之后，才又于此年重开贡举的。它只能从别的方面说明辽朝在
贡举制度上起了变化。仔细分析比较统和六年诏令下达之前与诏令
下达之后辽朝科举实施的情况便可以看出，圣宗皇帝正式下诏开贡
举，是指从这一年开始，辽国就不限于在幽云地区内，而是在全国
范围内对汉人实行科举制度。本文下面对辽朝应试对象所由来地区
的考察，也可对此做进一步的证实。

　　《辽史》卷一七《圣宗纪》太平十年（1030）七月壬午条云：
"诏来岁行贡举法。"这条记载说明，辽朝在全国实行科举相当一段
时间之后，才制定或完善了"贡举法"，并决定从太平十一年开始
颁行这一贡举法。我们不会据此认为辽国于太平十一年才实行科
举，正如不应以统和六年"诏开贡举"一语就认为辽国科举始行于
统和六年一样。

二　辽朝科举应试之对象

　　宋人路振于统和二十六年（宋大中祥符元年，1008）出使辽
国，回宋后所作《乘轺录》记载说，辽国"岁开贡举，以登汉民之
俊秀者"。从《辽史》记载的历年登科者姓名中也可以看出，辽朝
科举的主要对象是汉人。

　　自圣宗统和六年诏开贡举之后，辽朝五京各地区都有汉人应举并
登科。兹将见于文献及石刻明确记载的出自某京道的进士简列如下。

　　南京道：统和十四年进士张俭，开泰五年进士杜防，太平十一
年进士杨绩，重熙五年进士刘伸、赵徽，重熙七年进士王观，咸雍
中进士牛温舒，[1]乾统间进士韩企先，等等，[2]知其姓名并确为出自南

1　以上所列见《辽史》各《传》。
2　《金史》卷七八《韩企先传》，第 1777 页。

京道者已有三十余人。

中京道：中京道兴中县人姚景行重熙五年中进士，中京人窦景庸清宁年间中进士，中京道建州永霸县人张孝杰重熙二十四年中进士，等等。[1] 出土的辽代墓志中也有中京道人进士登科的记载，如大康二年撰刻的《王敦裕墓志铭》记，中京道建州人王敦裕曾中进士；[2]《孟有孚墓志铭》记，中都人孟有孚于咸雍九年登科；等等。[3]

上京道：元好问《遗山先生文集》卷二八《费县令郭明府墓碑》云，辽上京临潢府长泰县之汉人郭愿诚曾中辽进士；[4]《遗山先生文集》卷二九《显武将军吴君阡表》云，辽上京道长春州人吴昊曾于咸雍十年进士登科；[5] 等等。

东京道：东京道人马人望于咸雍中"第进士"，[6] 东京道显州人曹勇义曾为辽进士，[7] 等等。

西京道：《史洵直墓志铭》记载，西京道儒州人史洵直于清宁八年登进士第；[8]《大同府志》记载，辽末大同有边贯道为状元；等等。

上述材料证实，辽朝的科举制度自统和六年之后便面向全国各地区的汉人（统和六年之前，找不到一例幽云地区以外之汉人应举者）。不仅如此，辽朝的科举制度同样适用于"一依汉法"治理的渤海人。例如，《契丹国志》卷一〇"天庆八年"条载："有杨朴者，辽东铁州人也，本渤海大族，登进士第，累官校书郎。"《辽史》卷一〇五《大公鼎传》亦载，居住于中京的渤海人大公鼎是咸雍十年的进士，等等。这说明，在辽朝，渤海人与汉人一样可以参加科举。

1　以上所列见《辽史》各《传》。

2　陈述辑校《全辽文》，第 218 页；向南：《辽代石刻文编》，第 378 页。

3　陈述辑校《全辽文》，第 248 页；向南：《辽代石刻文编》，第 470 页。

4　（金）元好问：《遗山先生文集（三）》卷二八，第 376~377 页。

5　（金）元好问：《遗山先生文集（三）》卷二九，第 383 页。

6　《辽史》卷一〇五《马人望传》，第 1610 页。

7　《金史》卷七五《曹勇义传》，第 1725 页。

8　陈述辑校《全辽文》，第 319 页；向南：《辽代石刻文编》，第 651 页。

契丹统治者奉行的是"以国制治契丹，以汉制待汉人""蕃汉不同治"的治国政策，对于契丹族以及辽国境内的北方其他部族人民，采取的是与汉族和渤海人民截然不同的统治政策和制度。科举制度作为"汉制"，只是用以对待汉人的，因此，辽统治者从一开始就绝对不允许契丹族以及北方其他部族人涉足科举场中。但随着契丹社会的发展，与汉族的杂居和日益密切的经济、文化交往，契丹族以及北方其他部族受到汉族文化的强烈影响，从而仰慕和崇尚汉族文明，于是，契丹族的某些文人冲破陈规，径自参加了汉族文人们引以为荣的科举考试。《辽史》卷八九《耶律蒲鲁传》载，横帐季父房的耶律蒲鲁，"幼聪悟好学，甫七岁，能诵契丹大字，习汉文，未十年，博通经籍。重熙中，举进士第"。但由于当时契丹统治者依然严禁契丹人参加科举，所以，在耶律蒲鲁举进士第之后，"主文以国制无契丹试进士之条，闻于上，以庶箴（耶律蒲鲁之父）擅令子就科目，鞭之二百"。但是，这种不许契丹人"就科目"的禁令可能没有再维持多久，因为它已阻挡不住契丹及北方部族人崇尚、学习汉文化而希图获取科举功名的大势了。有例为证：辽末率众西迁中亚、建立了西辽国的耶律大石是契丹皇族，他就曾在天庆五年（1115）登进士第。[1]再举一个北方其他族人参加科举的事例，证明辽后期对科举政策（即对应试者民族成分的规定）的改变。《郑恪墓志铭》记载：

> 君讳恪，世为白霫北原人。……君少敏达，博学世俗事，通契丹语，识小简字。生二十九年，以属文举进士，中第三甲。……生子六人，三男三女。长企望，次企荣，皆隶进士业。[2]

---

1 《辽史》卷三〇《天祚帝纪》。
2 陈述辑校《全辽文》，第236页；向南：《辽代石刻文编》，第428页。

白霫，与奚族毗邻，居中京以北地区，是与契丹族习俗相近的一个游猎民族。《郑恪墓志铭》记载，白霫人郑恪卒于大安六年（1090），寿五十七。据此上推，可知他生于 1033 年。而二十九岁时进士登科，时为清宁八年（1062）。这就说明，至少在辽道宗朝，白霫族人参加科举不但为法律所允许，且已非偶然之事（郑恪的两个儿子亦"皆隶进士业"）。由于辽统治者对白霫是采取与契丹族基本同样的"国制"来治理的，所以，白霫人可以参加科举，无疑又提供了一个间接证明，即至少到了道宗朝，包括契丹族在内的北方各族人可以参加科举考试了。

《金史》卷五一《选举志》中记载了金世宗对臣下说的一段话：

> 契丹文字年远，观其所撰诗，义理深微，当时何不立契丹进士科举。今虽立女直字科，虑女直字创制日近，义理未如汉字深奥，恐为后人议论。[1]

从这段话可以看出，辽后期契丹族人所参加的科举考试，是与汉人同样的科目，并未另立契丹字科。

辽朝前期在幽云地区实行科举，每年取士的数目尚无从考究。圣宗统和六年对全国汉人普遍实行科举后，至统和二十二年，即宋辽澶渊之盟前，辽国几乎是每年开科取士一次，但每次所取进士一般仅一二名，最多不超过六人。这一方面可能是由于取士标准过严，另一方面也可能是由于应举者数量并不太多。这一现象在某种程度上反映了辽前期尚武轻文的风气。澶渊之盟后，随着宋辽战争的减少，军备防御的松弛，辽国的经济文化得以迅速繁荣发展，于是社会风气转变，由崇武转趋于尚文，科举取士之数便日见增多。到兴宗朝中期，一次取士已达六七十人。这在很大程度上反映了科

---

1 《金史》卷五一《选举志》，第 1141 页。

举应试人数之增多。正因为如此，辽廷开始采取了对应试者加以限制的措施：兴宗重熙十九年（1050）六月壬申，"诏医卜、屠贩、奴隶及倍父母或犯事逃亡者，不得举进士"。[1] 这一诏令恰从反面说明，当时社会上各阶层的各色人物都有参加科举应试的，他们以科举作为进身、提高或改变社会地位的一个途径，这是科举在辽代政治、社会上作用增大的反映，致使统治者对科举一事给予了高度的重视，专门颁布了限制应举人员的诏令。科举制度继续实行和发展，到了道宗、天祚帝朝，取士常常一次多达百数十人。天祚帝乾统五年（1105）十一月戊戌，颁布禁令："禁商贾之家应进士举。"[2] 这又把商贾之家排斥在可以应举的范围之外了。

三　考试科目

《契丹国志》卷二三《试士科制》云："程文分两科，曰诗赋，曰经义，魁各分焉。……圣宗时，止以词赋、法律取士，词赋为正科，法律为杂科。"这说明，辽朝的科举主要分诗赋和经义两科，而在圣宗时期，则是分作词赋和法律两科的。但这一说法也不甚准确。因为圣宗朝以后，辽国仍有律学科考试。《窦景庸女赐紫比丘尼造经记》中有"乡贡律学张贞吉"的字样。[3] 窦景庸为道宗朝人，必其时仍有"律学"一科，故有所谓"乡贡律学"存在。《涿州志》又载，王吉甫，涿州人，天庆二年（1112）试律学第一。天庆为辽天祚帝年号。这说明直到辽末，仍有"律学"一科。但"颇用唐进士法取人"[4] 的辽朝，与唐朝相似，一直是重进士科，即诗赋、词赋科考试的。《辽史》中未用只字记录其他科目考试之情况，

1　《辽史》卷二〇《兴宗纪》，第 278 页。

2　《辽史》卷二七《天祚帝纪》，第 360 页。

3　陈述辑校《全辽文》，第 350 页；向南：《辽代石刻文编》，第 742 页。

4　《金史》卷五一《选举志》"序"，第 1129 页。

已足见其轻视态度，而迄今所能见到的其他文献和石刻材料上有关明经及律学等科情况的文字，亦寥若晨星。与此形成鲜明对照的是，仅据《辽史》诸《纪》中所记，圣宗统和六年以后（包括辽末耶律淳在燕京建立的北辽政权），辽朝放进士五十五次，总计人数达二千三百三十八人。进士科（亦即诗赋或词赋科）在辽朝备受重视，由此可见一斑。

史籍中留有一些辽朝进士科考试诗赋的题目。如《辽史》卷一八《兴宗纪》载，重熙五年（1036）十月壬子，"御元和殿，以《日射三十六熊赋》《幸燕诗》试进士于廷"；《辽史》卷五七《仪卫志》载"兴宗重熙七年，以《有传国宝者为正统赋》试进士"；《老学庵笔记》卷七载"仁宗皇帝庆历中尝赐辽使刘六符飞白书八字，曰'南北两朝，永通和好'。会六符知贡举，乃以'两朝永通和好'为赋题，而以'南北两朝，永通和好'为韵"。因为辽国地偏北方，且为游牧的契丹族统治者所建，故其封建文化程度与科举水平同中原相比，自然要略逊一筹。这曾引起宋人的嘲讽。宋人周辉《清波杂志》载："吕正献公以翰林学士馆伴北使，使颇桀黠，语屡及朝廷故事。公摘契丹隐密询之曰：'北朝尝试进士，出圣心独悟赋。赋无出处，何也？'使人愕然语塞。"吕正献公即吕公著，他以辽朝科举考试题目无经典根据为话柄，反唇相讥，大挫辽使傲慢之气，足证辽朝使臣的文化水平尚难与宋比。

辽朝模仿中原科举制度，也开设过制科，即于常科之外，皇帝临时定立科目以试士人。《辽史》上明确记载的制举有三次，均为"贤良科"。道宗咸雍六年（1070）五月甲寅，"设贤良科。诏应是科者，先以所业十万言进"。[1] 咸雍十年（1074）六月丙子，道宗"御永定殿，策贤良"。[2] 天祚帝乾统二年（1102）闰六月庚申，"策贤良"。[3]

---

1 《辽史》卷二二《道宗纪》，第305页。
2 《辽史》卷二三《道宗纪》，第314页。
3 《辽史》卷二七《天祚帝纪》，第357页。

此外，史书上还有制举登科者的记载。《辽史》卷一○四《刘辉传》载，刘辉于大康五年（1079）第进士之后，"诏以贤良对策。辉言多中时病，擢史馆修撰"。《金史》卷七五《虞仲文传》记载，虞仲文在辽后期曾"第进士，累仕州县，以廉能称。举贤良方正，对策优等，擢起居郎，史馆修撰"。根据时间推算，刘辉与虞仲文所参加的，大约都是天祚帝乾统二年的那次制科。

四　科举在辽朝的地位和影响

"辽以用武立国"，[1] 本不以"礼文之事"为重。所以，辽前期，特别是只在幽云地区实行的科举制，并不被统治阶级看重，也不以此作为选拔汉人官僚的主要途径。因此，当时的科举制度对辽国社会没有起到什么重要影响，就连实行科举的幽云地区的汉族士大夫也不以应举为要务。除室昉外，《辽史》上记载的辽前期担任重要官僚的幽云地区的汉人，均不是以科举之途入仕的。如，应州人邢抱朴及其弟邢抱质，在景宗、圣宗朝，皆"以儒术显"。邢抱朴官至南院枢密使，邢抱质亦官至侍中，然他们都未曾参加科举。[2] 南京人马得臣，在景宗、圣宗朝亦为显官，史称他"好学博古，善属文，尤长于诗"，但亦非科举出身。[3]

辽后期，随着崇尚中原文明的风气日盛，科举对辽国社会，包括契丹族人在内，起到越来越重要的影响，契丹统治阶级也越来越重视这一制度，并积极利用这一制度来作为加强巩固其政权的工具。这有以下事实可以为证。

第一，辽朝对进士科中第者待遇优厚，表现在朝廷礼仪上，专门制有"进士接见仪""进士赐等甲敕仪""进士赐章服仪"等。进

1　《辽史》卷六一《刑法志》，第1037页。

2　《辽史》卷八○《邢抱朴传》，第1409页。

3　《辽史》卷八○《马得臣传》，第1409页。

士登科者，将由朝廷在皇帝行宫为他们举行一系列礼仪。《辽史》卷五三《礼志》对这些礼仪做了详细记载。但是，这些礼仪并不是辽朝实行科举制度伊始，也不是统和六年"诏开贡举"后制定并实行的，这些礼仪是随着辽后期统治阶级对科举制度重视程度的日益提高才制定并固定下来的。《辽史》卷八〇《张俭传》载，张俭，"统和十四年，举进士第一，调云州幕官。故事，车驾经行，长吏当有所献。圣宗猎云中，节度使进曰：'臣境无他产，惟幕僚张俭，一代之宝，愿以为献。'……召见，容止朴野，访及世务，占奏三十余事"。张俭于统和十四年（996）举进士第一，且是年只放进士三人。倘若当时已有"进士接见仪"及其他礼仪，圣宗皇帝一定已见过张俭。然而不然，圣宗在猎云中时才初次见到"容止朴野"的张俭。这足以说明，辽朝那些对待进士的礼仪是后来才出现的。

第二，科举的实施，使一般汉族以此为目标，竞相教习，以求登第。从出土的石刻中就见到不少有关汉族人自小"习进士业""学进士业"，然后"应进士举"的内容。受这种浓厚的社会风气的影响，辽朝中后期，就连契丹族的皇帝、后妃以至于一般贵族也都积极学习和接受中原文化，崇尚诗文，喜好儒术，等等，具备了较高的汉文化修养。例如，《辽史》记载，圣宗"幼喜书翰，十岁能诗"；兴宗"好儒术，通音律"。道宗懿德皇后、天祚帝文妃也都留有艺术价值很高的诗词。《秦晋国妃墓志铭》载，秦晋国妃为景宗的外孙女，她"博览经史，聚书数千卷，能于文词。其歌诗赋咏，落笔则传诵朝野，脍炙人口"。[1]汉文化在契丹族的普及和提高，促使契丹族文人涌向科场。终于，禁限被冲破，契丹族人也被允许参加科举考试。这正是科举制度对辽朝社会影响甚大的极好说明。

第三，辽国入仕之途有多种。对于契丹贵族，有世选制度；对于汉族，则有因袭中原政权制度的荫补等制度。特别是汉族的一些

---

[1] 陈述辑校《全辽文》，第193页；向南：《辽代石刻文编》，第340页。

世家大族，如所谓韩、刘、马、赵四大家族，基本上都是靠荫补而世代做官。重熙六年（1037）撰刻的《韩橁墓志铭》就记载韩氏一门靠荫补而做官的情况。韩氏家族中，韩德让被"赐姓耶律氏，属籍于宗室"，其余"戚属族人，拜使相者七，任宣猷者九，持节旄、绾符印，宿卫交戟，入侍纳陛者，实倍百人"。而韩橁本人也是靠"袭世禄"而做官的。荫补之盛，是《金史》卷五一《选举志》"序"中说的辽朝"仕于其国者，考其致身之所自，进士才十之二三耳"这一现象产生的重要原因之一。但《金史》上的这段议论是统括有辽一代情况而言的，仔细分析起来，辽后期与前期状况是大相径庭的。辽圣宗朝以后的汉人重要官僚，大都是进士出身，而南面最高官署——南枢密院，从长官到下面的院史，几乎都由进士出身者担当。由于受这种科举取士的强烈冲击，世有荫补特权的汉族显贵家族也开始不以荫补得官为满足，而以获取科场之名为荣耀了。《金史》卷七八《韩企先传》记载，韩氏家族的韩企先在辽后期就参加了科举，并中进士第。《金史》卷七八《刘筈传》记载，刘筈幼时以荫隶阁门官职，他却不就，而"去从学"，后被耶律淳建立的北辽政权赐进士第。《王师儒墓志铭》载，辽道宗朝为宰相的王师儒，其父亲和他都以进士登科而得官。王师儒的儿子王德孙承恩荫被授率府副率、阁门祗候，但仍"应进士举"。诸如此类，不一而足。

　　第四，辽末，耶律淳在燕京建北辽，耶律淳死后，由其妻德妃摄政。这个政权首尾维持统治不过九个月的时间，政治无所更张，而面临着宋、金大兵压境的险恶局势，竟曾两次放进士：耶律淳放进士一十九人，德妃放进士百八人。北辽政权的这种举动，一方面是用以稳定燕京地区的人心，拉拢燕京地区士大夫对北辽政权的支持；另一方面进一步证明，科举在辽政治中占有极其重要的位置，即使在国难当头之际，仍把科举作为不可或缺的大事来做。

附录三　辽五京留守年表

吴廷燮曾著《辽方镇年表》（以下简称吴《表》），以辽五京留守及兴中府、黄龙府二大府为方镇，按其长官任职时间系年编排，做成一表，不失为治辽史者一有用工具书。然《辽史》在二十四史中以疏漏、疵谬著称，人们多曾受误于《辽史》。吴《表》亦有此例。笔者在学习辽史过程中，查检史籍，参以辽代各种石刻，将五京留守重新加以考核，对吴《表》做了一番校正、补充工作。证补内容主要为：一是补吴《表》所缺漏者；二是纠吴《表》所误，如误将一人作二人，误将任年、任职系错者；三是吴《表》存疑而笔者考明者。笔者因此重做年表，删去兴中府、黄龙府二项，改作《辽五京留守年表》，兹附录于此。

诸京 时间	上京	东京	南京	中京	西京
神册元年					
二年					
三年					
四年					
五年					
六年					
天赞元年					
二年					
三年	耶律倍				
四年	耶律倍				
天显元年					
二年					
三年		耶律觌烈			
四年		耶律觌烈			
五年		耶律觌烈			
六年		耶律觌烈			
七年		耶律觌烈			
八年		耶律觌烈			
九年		耶律觌烈			
十年		耶律觌烈			
十一年					
十二年	★韩知古				
会同元年			赵思温		
二年		★耶律和里	赵思温		
三年		耶律和里	赵延寿		
四年		耶律和里	赵延寿		
五年		耶律和里	赵延寿		
六年	耶律迪辇	耶律和里	赵延寿		
七年		耶律和里	刘晞		
八年		★耶律和里	刘晞		
九年	耶律李胡	耶律和里	刘晞		
大同元年 天禄元年	耶律李胡		赵延寿		
二年			赵延寿 耶律牒蜡		

时间＼诸京	上京	东京	南京	中京	西京
三年			耶律牒蜡		
四年			耶律牒蜡		
应历元年	高勋		耶律娄国 耶律娄国		
二年	高勋		萧海贞		
三年	高勋				
四年	高勋				
五年	高勋				
六年	高勋				
七年	高勋		萧思温		
八年	高勋		萧思温		
九年	高勋		萧思温		
十年	高勋		萧思温		
十一年	高勋		萧思温		
十二年			高勋		
十三年			高勋		
十四年			高勋		
十五年			高勋		
十六年			高勋		
十七年			高勋		
十八年			高勋		
保宁元年	耶律道隐				
二年	韩匡嗣				
三年	韩德让	耶律隆先	韩匡嗣		
四年	韩德让	耶律隆先	韩匡嗣		
五年	韩德让	耶律隆先	韩匡嗣		
六年		耶律隆先	韩匡嗣		
七年		耶律隆先	韩匡嗣		
八年		耶律隆先	韩匡嗣		
九年		耶律隆先	韩匡嗣		
十年		耶律隆先	韩德让		
乾亨元年		耶律隆先	耶律道隐		
二年			耶律道隐		
三年	除室		耶律道隐		

续表

诸京 时间	上京	东京	南京	中京	西京
四年			耶律道隐		
统和元年	耶律稍	耶律抹只	耶律休哥		
二年	耶律稍	耶律抹只	耶律休哥		
三年	耶律稍	耶律抹只	耶律休哥		
四年	耶律化哥	耶律抹只	耶律休哥		
五年	耶律化哥	耶律抹只	耶律休哥		
六年	耶律化哥	耶律抹只 萧恒德	耶律休哥		
七年	耶律化哥	萧恒德	耶律休哥		
八年	耶律化哥	萧恒德	耶律休哥		
九年	耶律化哥	萧恒德	耶律休哥		
十年	耶律化哥	萧恒德	耶律休哥		
十一年	耶律化哥	萧恒德	耶律休哥		
十二年	耶律景	萧恒德	耶律休哥		
十三年	耶律景	萧恒德	耶律休哥		
十四年	耶律景	耶律斡腊	耶律休哥		
十五年		萧排桿	耶律休哥		
十六年	耶律八哥	萧排桿	耶律隆祐		
十七年	耶律八哥	萧排桿	耶律隆祐		
十八年	耶律八哥	萧排桿	耶律隆庆		
十九年	耶律八哥	萧排桿	耶律隆祐		
二十年	耶律八哥	萧排桿	耶律隆庆		
二十一年	耶律八哥	萧排桿	耶律隆庆		
二十二年	耶律八哥	萧排桿	耶律隆祐		
二十三年	耶律八哥	耶律弘古	耶律隆庆		
二十四年	耶律八哥	耶律弘古	耶律隆庆		
二十五年	耶律八哥	耶律弘古	耶律隆庆		
二十六年	耶律八哥	耶律弘古	耶律隆庆		
二十七年	耶律八哥	耶律弘古	耶律隆庆		
二十八年	萧继先	耶律隆祐	耶律隆庆		
二十九年	耶律八哥		耶律隆庆		
开泰元年	耶律八哥	耶律隆祐	耶律隆庆		
二年	耶律八哥	耶律团石	耶律隆庆		
三年	耶律八哥	耶律团石	耶律隆庆		

时间＼诸京	上京	东京	南京	中京	西京
四年	耶律八哥	萧惠	耶律隆庆	王继忠	
五年	韩制心	萧惠	耶律隆庆	王继忠	
六年	萧敌烈		★马廷煦	王继忠	
七年	萧敌烈	耶律八哥			
八年	萧敌烈	耶律八哥			
九年	萧敌烈	耶律八哥	韩制心		
太平元年	萧敌烈	耶律八哥	韩制心	韩制心 耶律宗业	
二年	萧敌烈	耶律八哥	韩制心	耶律宗业	
三年	耶律合葛	耶律八哥	韩制心 萧孝穆	耶律宗业	
四年		耶律八哥	萧孝穆	耶律宗业	
五年	萧孝先	耶律八哥	萧孝穆	武白	
六年	萧孝先	耶律八哥	萧孝穆	萧敌烈	
七年		萧孝先	萧孝穆	萧敌烈	
八年	耶律敌烈	萧孝先	萧孝穆	萧敌烈	
九年		萧孝先	萧孝穆		
十年	萧孝先	萧孝穆	★耶律宗范		
景福元年	萧孝先	萧阿姑轸	耶律宗范		
重熙元年	耶律弘古	萧惠	萧孝穆		
二年	耶律弘古	萧惠	萧孝穆		
三年	耶律弘古	萧普古	萧孝穆		
四年	耶律弘古	萧孝忠	萧孝穆		
五年	耶律弘古	萧孝忠	萧孝穆		
六年	萧查剌宁	萧孝忠	★萧孝先		
七年		萧孝忠			
八年		萧孝忠			
九年		萧孝忠			
十年		萧孝忠	★耶律吴哥		
十一年		萧孝忠			
十二年		耶律侯哂			
十三年		耶律侯哂			
十四年		耶律吾扎	耶律重元	萧滴冽	
十五年			耶律重元	萧滴冽	耶律马六

续表

时间＼诸京	上京	东京	南京	中京	西京
十六年		萧孝友	耶律重元	萧滴冽	耶律贴不
十七年		萧孝友	耶律重元	萧滴冽	耶律贴不
十八年	耶律庶几	萧塔烈葛	耶律重元	萧滴冽	耶律贴不
十九年		萧塔烈葛 / 萧孝友	耶律重元	耶律贴不	萧滴冽
二十年	萧孝友	萧阿剌	耶律重元		萧滴冽
二十一年	萧孝友	耶律仁先	耶律重元		
二十二年	萧孝友	耶律仁先	耶律重元		
二十三年	萧孝友	耶律仁先	耶律重元		
清宁元年	萧孝友 / 韩绍文	萧孝友	耶律重元	耶律侯古	
二年	耶律宗政 / 耶律和鲁斡	萧孝友			
三年	耶律和鲁斡	耶律贴不			
四年	耶律和鲁斡	耶律贴不			
五年	耶律和鲁斡	耶律贴不			
六年	耶律和鲁斡	萧阿剌			耶律宗允
七年	刘二玄	萧阿剌	耶律明		耶律宗允
八年			耶律明		耶律贴不
九年			耶律明		
十年	耶律侯古		萧惟信		
咸雍元年	耶律侯古		萧鲁信 / 耶律仁先		
二年	耶律侯古		耶律仁先		耶律合术
三年	耶律侯古		耶律仁先	韩迥	耶律阿琏
四年	耶律侯古		耶律仁先	萧素飒	耶律阿琏
五年	耶律侯古		耶律仁先	萧素飒	耶律阿琏
六年	耶律侯古		耶律和鲁斡	耶律白	耶律阿琏
七年	耶律侯古		耶律和鲁斡	耶律白	耶律阿琏
八年	耶律侯古		耶律和鲁斡	耶律白	耶律阿琏
九年	★耶律阿琏		耶律和鲁斡	耶律宜新	
十年			耶律和鲁斡	耶律宜新	萧燕六
大康元年			耶律和鲁斡	刘云	萧燕六
二年	姚景行		耶律和鲁斡	耶律乙辛	

续表

诸京／时间	上京	东京	南京	中京	西京
三年	萧速撒 萧挞得		耶律和鲁斡		
四年	萧挞得		耶律和鲁斡	★萧吐浑	
五年	刘伸		耶律和鲁斡		
六年			耶律和鲁斡		
七年			耶律和鲁斡		
八年	耶律世迁		耶律和鲁斡		
九年	耶律世迁		耶律和鲁斡		
十年	★耶律敌烈		耶律和鲁斡		
大安元年			耶律和鲁斡	邢熙年	
二年			耶律和鲁斡	邢熙年	
三年			耶律和鲁斡	邢熙年	耶律燕哥
四年			耶律和鲁斡	耶律慎思	耶律燕哥
五年			耶律和鲁斡	耶律慎思	
六年	梁援		耶律和鲁斡	耶律慎思	
七年			耶律和鲁斡	窦景庸	
八年			耶律和鲁斡	窦景庸	
九年			耶律和鲁斡	窦景庸	
十年			耶律和鲁斡	贾师训	
寿隆（昌）元年			耶律和鲁斡	贾师训	
二年			耶律和鲁斡	贾师训	
三年			耶律和鲁斡	韩资让	
四年			耶律和鲁斡	牛温舒	
五年			耶律和鲁斡	牛温舒	
六年		耶律何鲁扫古	耶律和鲁斡		
乾统元年	耶律慎思		耶律和鲁斡		
二年	耶律慎思 耶律大悲奴		耶律和鲁斡		萧夺剌
三年	耶律大悲奴	耶律淳	耶律和鲁斡		
四年		耶律淳	耶律和鲁斡		
五年		耶律淳	耶律和鲁斡		
六年		耶律淳	耶律和鲁斡	耶律那也	
七年			耶律和鲁斡		
八年			耶律和鲁斡		

续表

时间 \ 诸京	上京	东京	南京	中京	西京
九年			耶律和鲁斡		
十年	萧贞一		耶律和鲁斡		
天庆元年	萧贞一		耶律淳	★刘霄	
二年	萧贞一		耶律淳		
三年	耶律亦狗儿		耶律淳		
四年	耶律亦狗儿	萧保先	耶律淳		
五年	萧挞不也	萧保先	耶律淳		
六年	萧挞不也 耶律大悲奴	萧保先	耶律淳		
七年			耶律淳	大公鼎	萧乙薛
八年			耶律淳	大公鼎	萧查剌
九年			耶律淳	大公鼎	耶律习泥烈
十年	萧挞不也 萧乙薛		耶律淳	大公鼎	耶律习泥烈
保大元年	萧乙薛		耶律淳	大公鼎	耶律习泥烈
二年			耶律淳		萧查剌 苏京
三年	萧乙薛				
四年					
五年					

注：表中画有★号者，为任职时间尚不能确考，姑系于此处。不能确认是否连任者，表中也均不填写。

附录四　辽帝幸五京一览表

　　辽各代皇帝游幸各京城之史实，散载于《辽史》各《纪》及《游幸表》中，查览不甚方便，且间有漏记、不明言者（诸如不记幸某京城，只记幸某寺庙，实则某寺庙正在京城之中；只记御某殿，实则某殿亦为京城中之宫殿；等等）。笔者考核史籍，做成表格（史实一栏，除注明外，均引自《辽史》），以备读史参阅。

表 1 辽帝游幸上京年表

时间	史实
神册三年（918）二月癸亥	城皇都
天赞四年（925）十一月丁酉	幸安国寺（注：安国寺址在上京）
天显二年（927）十一月戊辰	还都
天显三年（928）十月甲子	御五鸾殿受群臣及诸国使贺（注：五鸾殿在上京）
天显四年（929）五月癸酉	谒二仪殿（注：二仪殿在上京）
天显十年（935）十一月丙午	幸弘福寺为皇后饭僧（注：弘福寺在上京）
天显十一年（936）四月戊辰	还都
会同元年（938）十一月丙午至 　会同二年（939）二月	御开皇殿，召见晋使，御宣政殿，行大册礼；晋遣使以幽云十六州并图籍来献；赐在京吏民物及内外群臣官赏有差（注：开皇殿、宣政殿在上京）
会同八年（945）九月辛酉	还上京
应历二年（952）八月己丑	李瀚等谋南奔，事觉，械赴上京，帝欲杀之，高勋救止之，杖李瀚而释之（《辽史》卷一〇三《李瀚传》）
应历七年（957）四月戊午	还上京
应历七年（957）十二月辛巳	还上京
应历九年（959）十二月戊寅	还上京
保宁元年（969）三月丙戌	入上京
保宁二年（970）六月	还上京
保宁六年（974）十月乙亥	还上京
统和元年（983）六月丙戌	还上京
统和元年（983）九月壬戌	还上京
统和三年（985）五月壬子	还上京
统和十六年（998）五月乙酉	还上京
开泰元年（1012）五月戊辰至六月	还上京。驻跸上京
开泰五年（1016）八月戊寅至 　十二月	还上京。是年冬宋使薛映见圣宗于上京（《长编》卷八八）
开泰六年（1017）九月庚子	还上京
开泰六年（1017）十二月丁卯	上轻骑还上京
太平二年（1022）十月辛亥	至上京
景福元年（1031）	御宣政殿，放进士刘贞等五十七人
重熙十九年（1050）十月庚午	还上京
咸雍十年（1074）九月庚戌	谒二仪、五鸾殿

时间	史实
大安二年（1086）九月庚午至十二月	还上京。谒二仪、五鸾二殿。曲赦上京囚……
大安七年（1091）九月丙申	还上京

表2　辽帝游幸东京年表

时间	史实
天显四年（929）九月庚午	如南京（会同元年十一月改南京为东京）
天显四年（929）九月癸亥	至南京……至自南京
天显五年（930）三月庚寅	驾发南京
天显六年（931）三月丁卯至五月乙亥	如南京……至自南京
会同元年（938）四月戊寅	如南京
天禄二年（948）四月乙未	如辽阳（《资治通鉴》卷二二八"后汉高祖乾祐元年"条）
保宁二年（970）四月	幸东京
统和元年（983）四月丙戌	幸东京
统和二十九年（1011）正月己亥	次东京
重熙八年（1039）十月	驻跸东京

表3　辽帝游幸中京年表

时间	史实
统和二十五年（1007）正月	建中京
统和二十五年（1007）十月至十二月	驻跸中京。是冬宋使宋抟见圣宗于中京（《长编》卷六八）
统和二十六年（1008）十月至十二月	幸中京。是冬宋使路振见圣宗于中京（《乘轺录》）
统和二十七年（1009）四月丙戌	驻跸中京，营建宫室
统和二十七年（1009）十二月戊申	如中京
统和二十八年（1010）五月己卯	如中京
统和二十八年（1010）八月辛亥	幸中京
开泰元年（1012）十月至十二月	如中京；大册礼。是冬宋使王曾见圣宗于中京（《长编》卷七九）
开泰三年（1014）十月甲寅	幸中京
开泰七年（1018）十一月戊子	幸中京
开泰八年（1019）十一月至十二月	幸中京，驻跸中京

续表

时间	史实
太平八年（1028）九月壬子至太平九年（1029）正月	幸中京……至自中京
重熙元年（1032）十月己酉	幸中京
重熙八年（1039）七月丁巳	还京。迎太后馆置中京门外（《契丹国志》）
重熙十年（1041）十月甲午	幸中京
重熙十六年（1047）十月辛亥	幸中京谒祖庙
重熙二十三年（1054）十月丁酉	驻跸中京
清宁二年（1056）九月庚子	幸中京
清宁十年（1064）十月壬辰	驻跸中京
大康九年（1083）十月丁丑	谒观德殿（注：观德殿在中京）
大安元年（1085）	幸中京（《辽史》卷一一四《奚回离保传》："大安中，车驾幸中京。"姑系于大安元年）
乾统三年（1103）十月甲辰	如中京
天庆七年（1117）十月乙卯	至中京

表4　辽帝游幸南京年表

时间	史实
会同二年（939）三月己巳	如南京
会同二年（939）四月庚子至六月壬寅	至燕，备法驾，御元和殿……驾发燕京
会同五年（942）二月甲午	如南京
会同六年（943）十二月丁未	如南京，议伐晋
会同七年（944）四月癸丑	还次南京
会同八年（945）四月甲申	还次南京
大同元年（947）六月甲寅	次南京
应历元年（951）九月戊辰	如南京
应历四年（954）二月丙辰	幸南京
应历九年（959）五月癸亥	如南京
保宁三年（971）九月甲寅	如南京
保宁四年（972）十月丁亥	如南京
保宁五年（973）十月丁酉	如南京
保宁六年（974）正月癸未	幸南京
乾亨元年（979）	是冬，驻跸南京
乾亨二年（980）十月癸未	次南京
乾亨二年（980）十一月乙丑	还次南京

续表

时间	史实
乾亨三年（981）二月己丑	复幸南京
统和四年（986）四月己亥	次南京北郊
统和四年（986）五月壬午	还次南京
统和四年（986）十月乙卯	幸南京
统和五年（987）正月戊寅	还南京
统和五年（987）四月癸巳	幸南京
统和五年（987）九月丙戌至十二月	幸南京。是冬止焉
统和六年（988）四月乙未	幸南京
统和六年（988）九月戊戌	幸南京
统和七年（989）正月辛亥	还次南京
统和七年（989）四月甲寅	还京
统和九年（991）三月甲子	幸南京
统和十二年（994）三月戊午	幸南京
统和十二年（994）四月辛卯	幸南京
统和十二年（994）十二月丁未	幸南京
统和十四年（996）十二月甲子	幸南京
统和十五年（997）四月己酉	幸南京
统和十七年（999）九月庚辰	幸南京
统和十八年（1000）正月	还次南京
统和十九年（1001）九月辛卯	幸南京
统和二十二年（1004）九月丙午	幸南京
统和二十三年（1005）正月戊午至五月	还次南京。五月，宋使孙仅见圣宗于南京（《长编》卷五九）
统和二十四年（1006）九月	幸南京
太平元年（1021）十一月癸未	御昭庆殿，行大册礼（注：昭庆殿在南京）
太平五年（1025）九月至十二月	驻跸南京。幸内果园宴。礼高年，惠鳏寡，赐酺饮，士庶嬉游，圣宗亦微行观之……
重熙五年（1036）十月丁未至十二月	幸南京。御元和殿，试进士于廷……
重熙十一年（1042）闰九月至十二月	宴群臣于昭庆殿；行大册礼；与皇太后饭僧于延寿、悯忠、三学三寺……
重熙十二年（1043）三月辛卯	幸南京
清宁五年（1059）十月壬子	幸南京

续表

时间	史实
清宁六年（1060）春	幸燕（此据《非浊禅师实行幢记》。《辽史·道宗纪》"清宁六年春，如鸳鸯泺"）
咸雍三年（1067）九月癸卯	幸南京
乾统四年（1104）十月己未	幸南京
天庆二年（1112）十一月乙卯	幸南京
保大元年（1121）九月	至南京

表 5 辽帝游幸西京年表

时间	史实
重熙十三年（1044）十二月己丑	幸西京
清宁八年（1062）十二月癸未	幸西京
咸雍九年（1073）十月	如西京
大康五年（1079）十二月乙卯	幸西京
天庆十年（1120）九月	至西京
天庆十年（1120）冬	复至西京

附录五 汉语"儿"音嬗变新探[*]

北京话和北方方言中的儿化韵是汉语语音中独一无二的特殊现象。儿化韵词尾的"儿",打破了汉语以音节为基本单位的原则的束缚,不再构成一个独立音节,成为仅仅附着于被儿化音节末尾的"音彩"音素。它的发音方式,也与汉语系统的读音规则截然不同,成为例外的卷舌(翘舌)韵母。"儿"作为独立音节的读音,在中古以前与今日判若二音。"儿"经过了脱胎换骨的改变之后才成为今日的面貌。"儿"的这些特殊性,引起了中外诸多语言学家的研究兴趣。儿化韵及"儿"音的历史演变,不但是汉语语音史研究上的一个

* 本篇原载香港中文大学《中国文化研究所学报》新第 6 期,1997 年,第 493~512 页。笔者与张本楠合著。

饶有趣味的课题，也是现代汉语的审音及语音规范化的重要历史
依据。

一　关于"儿"字译音史料的考察

根据以往学者的研究结果，汉语"儿"字以及今日与它读音相
近的一系列字，包括《广韵》支部的"儿""尔"，脂部的"二"，
之部的"而""耳""饵"等字的读音，从中古开始，发生了重大的
变化。对于"儿"在中古或以前的音值，虽然至今仍是众说不一，
但有一点是学界公认的，即"儿"系列字在中古或以前，从未有过
卷舌的音值。也就是说，"儿"系列字是在中古以后，由不卷舌音变
作了卷舌韵。那么，"儿"音究竟何时变作了今日的［ə］读音？

"儿"音的变化是隋唐以后才产生的，这是不争的事实。但这
一音变究竟发生于后来的何时，学界却有不同的认识。自 20 世纪
30 年代唐虞提出辽金时代说之后，又有南宋说、元代说，以至于近
年李思敬提出的明代前期的说法。[1]

语音考古研究是一件极其困难的事，此乃因古无录音设施，话
音则一现即逝，让人无以对证。即使有丰富的音韵史料，研究者仍
不免有臆测之嫌。为了能够令语音考古更加接近历史真实，音韵学
家开辟了许多路径，除了以今日方音参照古音之法，以求用活化石
敲开古音重门之外，更有以中外译音来比对古代音值的方法。这是
因为，一方面在历史上汉语借用了异民族语言的词语；另一方面异
民族也借用了汉族的词语，这两方面的译音材料恰可以相互参照、
考订，以求更真实地再现古汉语的语音。

唐虞在 20 世纪 30 年代著文《儿［ə］音的演变》便采用了这
一方法："就外国古来传述之中国语而观其切音之如何；就中国古来

1　李思敬：《汉语"儿"［ə］音史研究》（增订版），商务印书馆，1994，第 42 页。

音译之外国语而反求原语之发音。"[1] 由此，唐先生为自己的方法找到了"儿"［ə］音出现于文献记载中的最早的证据，即辽代已出现了用"儿"［ə］音来对译外来语的材料。

唐文中引用了《辽史》《元史》中有关有"儿"的外来语译名，从而得出的结论是："拿'儿''耳''尔'等字对译 r 音或 l 音自辽以来已经找到直接的证据了。"[2] 这就形成了在探讨"儿"［ə］音始生年代问题上的众家之说中，时代最早的所谓"辽金说"。唐先生所运用的方法无疑是可行的。不过，遗憾的是，由于他对史料有欠考据，以至于运用了不正确的材料，遂得出了不正确的结论。

儿［ə］音产生的时代，是探讨其音变过程的前提。我们先就此问题做一番考察。兹将唐文所排列之《辽史》资料照录如下：

> 起儿漫（《辽史》卷六十九，七页《部族表》）
>
> 起儿漫就是现在波斯的起儿米内（Kermineh or Kermaneh）在撒马儿干和不花剌之间，在中古时是欧亚往来必经之孔道。《海敦纪程》把它译作 Kerman。
>
> 葛儿罕（《辽史》卷一百一二六，三页《国语解》）
>
> 葛儿罕是漠北君王称号也译作菊儿汗或菊儿（《元史》卷一《太祖本纪》）阔儿汗（《元史》卷一百二十《曷思麦里传》）和菊儿可汗（《元圣祖亲征录》）。依宾爱尔阿梯儿记哈剌契丹把这名字译作 Gurkhan。卢白鲁克《纪行》译作 Coir-Khan。志费尼《世界征略家传》译作 Gurkhan。拉施特《史记汇编》译作 Gurkhan。
>
> 畏吾儿城（《辽史》卷六十九，七页《部族表》）
>
> 畏吾儿也译作畏兀儿，是当时一个种族的译名。勃拉

1　唐虞：《儿［ə］音的演变》，原载《中央研究院历史语言研究所集刊》第2本第4分，1932年，第457~467页；现据李思敬《汉语"儿"［ə］音史研究》附录，第159页。

2　李思敬：《汉语"儿"［ə］音史研究》附录，第166页。

奴克劈尼《游记》译作 Huyri。志费尼《世界征略家传》译作 Uighurs。小亚美尼亚亲王海敦《东方诸国风土记》译作 Yogurs。拉施特《史记》译作 Uighurs。

值得注意的是，唐文在引用了上述三条《辽史》的材料之后，接着引用的便是《元史》中的二十八条材料。那么，金代的情况如何呢？不得而知。既然辽朝已采用了"儿"对译 r，之后的元朝更是广用"儿"的 r 译音，按常理，承辽启元的金代，当是儿的 [ɚ] 音的发扬光大时期了。可是，不但唐先生未能举例任何金代使用"儿"字对译的证据，就是笔者在洋洋一百三十五卷的《金史》中，也遍寻不获一个"儿"的译名；即使在金人留下的文集、杂记和其他文字记载中，也照样觅不到"儿"字译名的踪影。这不能不令人质疑："儿"在汉语系统中的音变发生了什么故障？何以会出现这种戛然而止之后，元朝时却又东山再起的怪异现象？这使我们不得不回头检讨一下唐先生从《辽史》中所撷取的史料。

唐先生在文中所引用的"儿"译名的史料，两条来自《辽史·部族表》，一条来自《辽史·国语解》。《辽史》之编撰，向以仓促、草率著称于世。当时元朝史臣以既有的辽人耶律俨《实录》、金人陈大任《辽史》为底本，又参考了十分有限的资料之后，加以修订编排，前后只用了十一个月时间（至正三年四月至四年三月）便令今日所见之一百一十六卷《辽史》问世。其中疏漏、讹误、抵牾之处，每每可见。故今人治史而使用《辽史》之资料，不得不谨慎再三。

考《辽史·部族表·序》，可知该表为元朝史官自《纪》《传》所记摘取有关资料拼成，并非耶律俨《实录》、陈大任《辽史》所原有者。考《辽史·国语解》，其"序"言："今即本史参互研究，撰次《辽国语解》以附其后。"可见，此《解》亦出自元朝史官之手。既是自"本史"中摘取资料，且看"本史"又是如何情形。

这三个"儿"译名，均出自《辽史》卷三〇《天祚帝纪》所附的"耶律大石"条。[1]《辽史·天祚帝纪》为元人草率拼凑而成，前人已有论证。元朝史官不加考证，自《契丹国志》中摘取部分内容填充了该《纪》的部分篇幅，已是证据确凿。[2] 据此推测，该《纪》其他内容也可能是拼凑当时的现有材料而成。可是，元史官究竟是从什么史料中断章取义组成了"耶律大石"条，今日已无从考证。但有一点可以确定的是，"耶律大石"条绝非出自辽人之手（其实，耶律大石建西辽已是辽亡之后事，即使有关记载出自西辽人之手，其时期亦非属辽代）。可见，唐先生所据以证明辽朝便出现了以"儿"对译 r 的史料，非辽所属，乃元人之物也。由此，唐先生的儿［ə］音始于辽代之说，当不攻自破了。

同样成书于元朝的《金史》，主要是根据金人留下的史书编成，其译名中没有一个"儿"字出现；金末丘处机的《长春真人西游记》，记载了大量长春真人西行拜谒成吉思汗所经之处的地名、部族名以及所见之外族人名，亦均未使用过"儿"字来对译外音，足以证明在金代，"儿"尚未进入对译 r 的阶段。

《元史》中触目皆是的"儿"字译音，已显示"儿"以前所未有的姿态登上了汉语翻译舞台的这一事实。除了唐先生在其文中列举的《元史》中二十八条地名译音中采用"儿"的用例之外，以下略举元代各种史料中俯拾皆是的众多例证。

1　"畏吾儿城"之名在《辽史》他处无所见，可是《部族表》将二十四个部族译名单独列表附于该卷之后，应表明其史源与前表不同。《天祚帝纪》"耶律大石"条载耶律大石西奔，会七州及十八部王众，其中这十八部名称及耶律大石所经的另外四地的名称均出现在《部族表》中，只有"回回大食部"与"畏吾儿城"并未出现在《天祚帝纪》中。但由于"畏吾儿"一语在辽金均未出现过，所以，可证明是元史臣所造，可能据《天祚帝纪》中"回鹘"之名改译。《天祚帝纪》"耶律大石"条还有其他用译音"儿"（而、耳）例，如"床古儿""密儿纪""轧而毕""忽儿珊""虎思斡耳朵"等，均与通篇《辽史》风格迥然不同，而与《元史》极为相似。

2　见冯家昇《辽史源流考》，《冯家昇论著辑粹》，第125~130页。

（一）地名译名

额儿古涅河（arkiūneh），蒙文 ergüne。《蒙古秘史》141、144 等节译作"额洏古涅河"，《元史·字秃传》译作"也儿古纳河"，即今黑龙江上源额尔古纳河。

兀儿失温，蒙文 urši'un。《蒙古秘史》译作"兀儿失温"，即发源于贝尔湖而注入呼伦湖的鄂尔顺河。

忒耳迷（tirmiz），城名。位于暗木北岸，离苏尔汉河口十余里。《元史·地理志》译作"忒耳迷"；《圣武亲征录》作"迭儿密城"。

（二）部族译名

塔塔儿（tātār），《蒙古秘史》《元史》（《太祖纪》等）均译作"塔塔儿"。

禹儿勤（yūirkin），《蒙古秘史》133 节译作"主儿乞"（他处又作"禹儿乞""主儿勤"）；《圣武亲征录》译作"月儿斤"；《元史·博尔术传》译作"要儿斤"。

（三）人名译名

塔儿忽台－乞邻秃黑（tārqūitāi-qiriltūq），《蒙古秘史》72 节译写作"塔儿忽台－乞邻秃黑"；《圣武亲征录》作"塔儿忽台－希怜秃"。

拙赤－合撒儿（jūji-qsār），《蒙古秘史》60 节译作"拙赤－合撒儿"；《元史》《圣武亲征录》译作"搠只·哈撒儿"。

脱端－塔忽儿赤（tahārči），《蒙古秘书》译作"脱朵延－吉儿帖"；《圣武亲征录》《元史·太祖纪》译作"脱端－火儿真"。

（四）其他译名

保兀儿赤（职名。蔚子、司膳者），拉施特《史集》记作

bāūrči，蒙文 bagursi。《蒙古秘史》124 节译作"保兀儿赤"；《元史·兵志》译作"博尔赤"；《圣武亲征录》《元史·失里伯传》译作"宝儿赤"。

速古儿赤（职名，后成为称号。撑伞盖者），蒙文 šikürčio《元史·兵志》译作"速古儿赤"。

槐因－亦儿坚（泛称森林民），拉施特《史集》记作 hūiin-irkān，蒙文 oi-yinirgen。《蒙古秘史》239 节译作"槐因－亦儿坚"；《圣武亲征录》译作"火因－亦儿干"。[1]

《元史》是明朝初年所修，据以成书的资料是元朝遗留下来的大量官修典籍。《元史》自首卷首页《太祖纪》一开宗，"儿"字译名便亮了相，然后不断出现，直至二百一十卷的《元史》终了。《元史》首页就出现的"儿"，是音译了成吉思汗的十世祖"孛端叉儿"。如果按每代二十年算，从成吉思汗出生的1162年上溯二百年，[2] 960年前后，则正当北宋初年。那时，蒙古民族尚未有自己的文字，汉文史籍中也从未记录过这位祖先的名字。所以，成吉思汗十世祖的名字应当是据蒙古人后来的追忆而译写出来的。

用"儿"字来译音的最确凿可信的较早史料，当数约成书于 13 世纪中叶的《蒙古秘史》。[3] 蒙古太宗至宪宗时期编成的历史及文学巨著《蒙古秘史》，一般认为是用畏兀儿字蒙古文写成的。该书的蒙文有汉文标音，蒙文原文右侧标有用汉文逐词直译的译文；每节之后，又有全节汉文译文。当代学者因此把它当作研究古代蒙古语言的珍贵文献，认为它的价值是任何一部古典蒙文文献都不能媲美的。其实，它又何尝不是研究汉语史的宝贵资料呢？

1　所引译名词例，选引自拉施特（Rashid al-Din）主编《史集》第 1 卷第 2 分册，余大钧、周建奇译，商务印书馆，1983。

2　周清澍：《成吉思汗生年考》，载成吉思汗研究所编，沙日靳岱、武占海、刘毅政主编《成吉思汗研究文集》，内蒙古人民出版社，1991，第 8~10 页。

3　有关该书的成书年代，参考余大钧《〈蒙古秘史〉成书年代考》，《中国史研究》1982 年第 1 期，第 144~157 页。

在这部蒙汉文并用的文献中，"儿"被明确并大量用来对应蒙古语中的卷舌韵尾 r 音。仅举数例：安答合儿（andaqar），意为"做誓"；影吉儿察（inggirčaq），意为"单鞍"；斡儿合（orqa），意为"人烟"；纳木儿罕（namurqan），意为"陷泥"；斡儿木格（örmüge），意为"毛衫"；孛儿（bor），意为"葡萄酒"。[1]这些史料，可以充分证实，至迟到 13 世纪中叶，即金朝灭亡之后，北中国广大地区处在蒙古帝国统治下时，"儿"已作为外来语中 r 的译音字而出现在汉语中了。

以上是对"儿"最早对译外来语 r 音的历史考察。

二 "儿"音的演变是渐变抑或突变?

"儿"在蒙元时代以前，无 [ɚ] 音，也从未用来对译外来语中的 r 音。那么，"儿"音是如何由古音变作了 [ɚ] 的读音呢？不少学者对此做过大量的论证，对"儿"音演变到 [ɚ] 的过程拟测过各种不同的演变模式。最早由汉学家高本汉提出假设"儿"音有七个过渡音：[nzi] > [zi] > [zi] > [ʐʅ] > [ʐ̩] > [°ʐ̩] > [ör]，到近年李思敬又提出：[nzi] > [ɻʅ] > [ɚ] 的演变过程。[2]毫无疑问，这些学者的意见，对"儿"音的演变做出了极为有益的探索。但是，若对史料进行深入爬梳整理，我们不难发现，"儿"音似乎并非如以往学者所认为的那样，经过了漫长的自身音位的演变过程，才实现了向 [ɚ] 音的转变。

"儿"系列字在现代方言里分成了两大读音系统。今天南方的粤语、客家话、汕头话、福州话、温州话、上海话，同北方的方言

1　所引译名词例，选引自额尔登泰、乌云达赉、阿萨拉图《〈蒙古秘史〉词汇选释》，内蒙古人民出版社，1980，第 87、110、117、134、127、152 页。

2　高本汉观点为唐虞文所引。参见李思敬《汉语"儿"[ɚ] 音史研究》附录，第 167 页；原文，第 156 页。

对于"儿"以及儿系列字的读音截然不同。如果拿可以代表隋唐古音的几个外国译音——高丽、安南、日本吴音、日本汉音作参证，可以说明，大部分南音还能够保存儿系列字的古读音，而北音对于这些字的读法，无论声、韵，都去古甚远。[1]

对"儿"音的变化，以往的学者自然都是从汉语语言系统本身的发展规律去寻求答案，[2]但是没有人解释清楚，为什么南北方言本是同一个系统，北音却发生了变化，而南音却未遵从同样的变化规律呢？也就是说，以往的学者并没有对"儿"音演变的根本原因提出系统的解释，没有讨论为什么"儿"音发生了这样的变化，而不是发生了另外的变化？为什么在北方语言变化了，而在南方却没有变化？

把语音变化看成是一种渐变，变化的每一步都是微小的。这种传统的历史语言学的看法，一直为人们所相信和接受，认为"语音的变化是不自觉的，由语音本身决定的"，"参预变化的人是看不见的"。但是，西方一些新的语言学理论则从根本上否定了这一看法。新的理论中，有的认为："可以有意识地推进语音变化，语法因素可能会调整语音变化。根据新观点，语音变化是观察得到的，可以控制的。"[3]这就是说，我们应当从社会动机、意识及其社会机制方面去寻求语言变化的原因，也就是要解释变迁的动力和条件。"换句话说，说话人可能为某种目的而改变自己言语的特点——或是有意识地为改变而改变，或是下意识地追求为社会所接受之更高的战略目标"。[4]既然单纯遵循语言内部的规律，难以解释汉语"儿"音变化的根本原因，那么就应当注意到语言所处的环境、外来因素，以

1　唐虞：《"儿"[ɚ]音的演变》，第157~158页。
2　参见邢公畹《对外汉语[ɚ][i]两音位的教学及[ɚ]音史的问题》，《语言教学与研究》1995年第3期，第24~34页。
3　理查德·柯茨：《历史语言学新天地》，收入汪榕培、顾雅云编译《八十年代国外语言学的新天地》，辽宁教育出版社，1992，第53页。
4　理查德·柯茨：《历史语言学新天地》，第56页。

及语言运用者等诸方面因素。

如前所述,"儿"的读音是蒙元以后,在北方开始发生变化,那么,我们不妨考察一下当时北方的社会环境和语言条件。中华民族在长期的历史过程中,储存了在它的土地上生息繁衍过的众多个民族、部落的"基因",组成了今日的中华民族。中华民族今日的文化,也是在这样一个历史过程中形成和发展起来的。

蒙古族在成吉思汗建国以前还没有文字,后来采用畏兀儿文书写蒙古语,创制了畏兀儿字蒙古文。1269 年,忽必烈命国师八思巴采用藏文字母创制了"蒙古新字"作为官定的蒙古文,但畏兀儿字书并未废弃,后来经过改革,更趋完善,一直沿用到今天。蒙元时代,蒙古族统治者极力推广蒙文、蒙语,企图以自己民族的文化统治和征服占领区的各族人民。当时,蒙古族大臣可以不学汉文,而汉人大臣却非学蒙文不可。这使得在蒙元统治的汉人地区内,在社会的不同层面、不同程度上出现了两种语言并行的情况。尽管一些汉人史家出于正统观念或是歧视态度,企图抹杀一些史实,但史籍中仍留下了在蒙古族当政的蒙元时代,许多汉人能够使用"蒙语""胡语"的记载,这不能不说是蒙古统治者推广自己民族语言政策的功效。在这样的一个语言环境下,两种语言的相互渗透、影响,已是在所难免的了。

蒙古语言属于阿尔泰语系。根据历史遗留下来的阿尔泰语系的语音资料来看,中世纪时期的阿尔泰语系与印欧语系同样,其语音系统中存在着大量的卷舌音。这种卷舌音在中世纪以前的汉语语音系统中是根本不存在的。而恰恰这一语音在这个时期借助"儿"的音变而进入了汉语语音系统。那么,我们难道没有理由说,"儿"所发生的音变,也即变作了卷舌元音的读音,是来自蒙古语(或由蒙古语所传递的西域各族语言,其中有些属于印欧语系的语言)的影响,或者说是蒙古语中的外来语音的影响吗?如果是借用外来语,那么,可以肯定地说,"儿"的这种音变是突变,而非渐变。

　　"儿"读音的变化，并不像有些学者试图描述的那么复杂，它不过是向外来语借用了一种语音而已。在辽金几百年统治中，北方人民经过耳濡目染，对于契丹语、女真语已相当熟悉。汉文为尝试译写 r 音？也做了不少努力。例如，用"鲁""里"等带有近似卷舌特征的 l 声母的汉字来译写 r 音。到元朝，改译作斡耳朵 ordo 的"宫帐"一词，在辽、金则一直译作"斡鲁朵""斡里朵"。到了蒙古人占领广大中原地区之后，大量的蒙古语词汇进入中原地区，加上与汉语北方语音系统内部的变迁相适应（见下文所述），于是以"儿"来代替以前"鲁""里"等的地位，更准确地译写 r 音，便成为水到渠成之事了。

　　在元朝，"儿"字所音译的外来语，并非都是蒙古语。例如当时中国西部许多地区使用的吐火罗语，就被认为属于印欧语系；蒙古语本身中也有许多借词，其中包括了阿尔泰语系中其他语支的语音，诸如突厥语；在蒙古族向外武力扩张，建立横跨欧亚大陆的大帝国时期，其统治版图内包括众多的种族、民族及其语言，故蒙古语中也借用了许多来自这些地区和民族的词语。汉语系统通过蒙古语，而间接接触了这些语言，在译音中也自然有这些语音的痕迹。

　　当时汉语译音中出现的"儿"，其语音是为了译写外来语，也就是说汉语使用者在向外来语借词。当代历史语言学家理查德·柯茨曾运用方言借词的实例来论证"某些语音变化是从具有特殊文化意义的借词开始的，这种借词的发音对借用的人来说是不熟悉的"。[1]

　　这些借来的词中的"儿"的发音，显然是为了与外来语中的相对应音值相同或相似。因此，"儿"音便发生了违反本系统的语音演变律。这种语音变异是世界其他语言中也曾屡有发生的现象。例如，罗马征服高卢，拉丁语就代替了凯尔特语成为高卢的语言。可

1　理查德·柯茨：《历史语言学新天地》，第 50 页。

是被征服的高卢人即使采用拉丁语，也是用凯尔特语的腔调说拉丁语。据说，法语里头 u 音前移变成 y，就是由于凯尔特语的影响。[1]有人用同样的理由来解释印欧语辅音在日耳曼语言里头发生的很大的变化，其中最主要的变化是带声爆发音变成不带声爆发音，不带声爆发音变成不带声摩擦音。人们把这些变化归咎于说日耳曼语的部落所征服的操史前印欧语的民族的某种语言特点。[2]

既然自蒙元时代开始，汉语中吸收了大量外来译音名词（在此之前，例如魏晋唐朝，汉语中也引进了不少译名，诸如佛经译文，却没有引起类似"儿"的音变的原因，将在下文论述），我们本应据此便可得出"儿"在蒙元时代便已有了卷舌元音［ɚ］的读音的结论，可是事实并非如此简单。

李思敬在反驳唐虞的以中外译音来求"儿"的音值时说："凭这些对音材料还只能判断儿系列字的相对音值而无法确定其绝对音值。也就是说，我们只能大体估量一下是哪一类音，而确定不了究竟是哪一个音。因为，在不同的民族之间，像'r''l'以及汉语的'儿'这一些音，彼此听起来远不像［p］［pʻ］这一些音那么明确，那么容易判断。所以，唐文所引用的对音材料所反映出来的事实，只能说明那些音大体与汉语当时的儿系列字的读音相类。"[3]

李文的这个论点立足似欠坚强。大量的史料显示，蒙元以后，"儿"字均用来译写外来语中的韵尾 r 音。元代文献中凡译名为"儿"字，悉为 ar，or，ir，er，ür 以及与此相类的译音（r 音尚有用"里""鲁"等字译写），但"儿"字从未用来译写其他音，诸如 l 音者。[4]这是当时的译音规则。所以，"儿"的对应译音是相当确定的。

ar，or，er，ir，ur，ür 等音位都是元音加上一个卷舌动作构成。

1 L.R. 帕默尔：《语言学概论》，李荣等译，商务印书馆，1983，第 41 页。

2 L.R. 帕默尔：《语言学概论》，第 42 页。

3 李思敬：《汉语"儿"［ɚ］音史研究》，第 4 页。

4 韩儒林：《穹庐集》，上海人民出版社，1982，第 153 页。

元音a→o→e→u之间的差异只在于发音部位在舌面上的略微移动，而其外加的卷舌动作则是同样的。"儿"字对应的这些卷舌元音，在听感上其差异是极其微小的。因为借用的外来语音，总要经过固有语言系统的一番改造。如果说因为这样的差异而难以确定"儿"或儿系列字的读音的话，那么，今天儿系列字可能依旧没有将此问题彻底解决。

儿系列字在今天北方方言中，仍然存在着与历史上相似的不同读音。例如，在北方有些方言地区，人们把"耳朵"读作 ar duo、or duo；"儿子"读作类似 ar zi 的音。就连在大力推广了几十年的标准语普通话中，虽然"二""贰"的拼音明确标作 er，可是操标准普通话的人也一直读作类似ar的发音。儿系列字读音的这种不确定性，是由其音色本身决定的，而非表明是其音变的某一阶段。

今天英语中 r 前面的许多元音的区别也是被中立化了的。比如，[i] 和 [I] 在许多词中都有区别功能，但在 −r 前面差不多减少了一半。[1] 英语元音在 −r 前面区别功能的大大减少与汉语儿化音的读音的不确定性，十分相似。

更为有趣的是，今天的"儿"作为"儿化韵"的读音，在与前面的音节发生合音作用时，所产生的音变现象，也同历史上语音的不确定现象类似。例如：

前韵尾为 a, ai, an	→	儿化韵读为 ar
前韵尾为 o, ou	→	儿化韵读为 or
前韵尾为 e, en, ei, ie	→	儿化韵读为 er
前韵尾为 u, ui, un	→	儿化韵读为 uer
前韵尾为 ü, ün	→	儿化韵读为 üer

---

[1] 北京大学中文系《语言学论丛》编委会编《语言学论丛》第11辑，商务印书馆，1983，附录一《关于区别性特征理论》，第88页。

"儿"字的卷舌读音在历史上最初出现之时，表现的正是外来语中与儿化韵类似的卷舌音色，而并非一个完整的音节（详见下文），故其情况与今天的儿化韵读音正相同。我们能够说在这些儿化韵中"儿"的读音只是"一类"音，不是"一个"确定的音，而否定了今日"儿"的读音 [ə] 吗？回答如果是否定的，我们就完全有理由认为，在蒙元时期，当汉语借用外来语时，以汉字中原有的"儿"为载体，借用了外来语中 r 这一卷舌音，形成了汉语中前所未有的儿的 [ə] 音。其实，李文不能确定"儿"在蒙元时代便已变为与今日 [ə] 相似的音的重要理由，不是上述所言，倒是那个时期历史遗留下来的大量其他汉语语音资料中，"儿"字依旧属于支思韵，而且，它还有声母。[1]

三 "儿"音变的词汇扩散过程

以往学者在探究"儿"音的演变过程时，几乎无一例外都遵循着这样一个逻辑过程："儿"由中古以前的拟音 [nzi] 或 [nzie] 渐变为带有卷舌色彩的音（如 [ʅ] 等），再变为完全的 [ə] 读音，最后形成今天的儿化韵卷舌读音。这一考察过程也可以简略描述为，"儿"首先以一个整体音节演变成为 [ə] 的读音，然后才出现了今日的儿化韵。

笔者的认识与上述的看法恰好是始末倒置："儿"音的演变是由于它在儿化韵中的卷舌音彩影响，而改变了其作为独立音节时的读音。这一过程即为：

儿化韵 r → "儿"音 [ə]

---

1 见李思敬的论证，《汉语"儿"[ə] 音史研究》，第 26 页。

阿尔泰语系或印欧语系韵尾的 r，在其本来语言系统中，都只是一个音节的组成部分，并不构成一个独立音节。它必须与附着其前的元音（或类似元音）共同发音，才能构成一个特殊音彩的音节。[1]汉语系统在借用这些外来词时，这种音色对于当时的汉语系统来说，是一个截然不同的语音特征，不能听而不闻。为了用汉字准确地表达出这一语音特色，人们采用了"儿"（或儿系列字，诸如"耳""尔"）来描写借词中的这一语音。而这个"儿"在当时所表示的音，是外来语的语音模式，必然要与外来语同样，只做出一个卷舌的音彩来，并非一个独立音节。这便是汉语系统儿化韵的开始。

在所有对译的借用词中，可以清楚地看到，在"儿"的前面，必然有一个以元音为韵尾的对应汉字，这个汉字所译写的正是对应借用词 r 前面所代表的元音。毫无疑问，这些元音后面的"儿"，不会再需要独立的元音作为开头的韵首音，它只是为了让说话者做出一个附着的卷舌动作而已。

儿化韵中的"儿"已确定为 r 的读音之后，汉语系统接纳"儿"字作为独立音节的发音便是不期然而然的事了。因为在各个元音与 r 的组合中，[ə]的发音在听感上最适中。作为卷舌央元音，它与 a，o，i，u 的接近程度相等，可以轻易转换为［ar］［or］［ur］等读音。于是，"儿"在脱离了限定的借用词后，其读音便以［ə］的面貌出现了。这就是说，因为有了作为儿化韵的读音，"儿"的［ə］音性格便相应独立了。

儿化韵 r 是儿［ə］音之母，而儿的［ə］音则是儿化音 r 之子。这是本文与以往探讨"儿"音演变结论所持的根本不同的意见之一。换句话说，不是"儿"经过长期的演变成为零声母之后，才出现了儿化韵，而是儿化韵的出现，使"儿"变成了零声母。"儿"自其在译名中出现的那时候起，便应有了［ə］的独立音节的读音，

1　r 在印欧语系的一些语言中代表滚音，本文所谈限于其所代表的卷舌音。

可是，怎么来解释同时代的史籍中，诸多令人困惑的"儿"非读［ɚ］音的材料呢？这里不妨借鉴一下西方语言学界较新的"词汇扩散"（lexical diffusion）理论。

19 世纪德国的新语法学派，对于语言演变问题做出了很大的贡献，他们的许多理论至今仍在历史语言学领域中被广泛接受和运用。这个学派对于语音演变理论上的一个重要观点是，语音变化可以从两个方面去看：一是作为词汇中的词，二是作为变化中的语音的不同特征。他们认为，作为词汇，要变就都变，因而是一种突变。作为语音，变化是逐渐的，因而是一种渐变。这两者的关系刚好相反。可是，由王士元于 20 世纪 60 年代末首先提出的词汇扩散理论，则与新语法学派的主张截然相反。词汇扩散理论指出，在语言演变过程中，语音是突变，词汇是渐变的。这个理论的基本内容是，虽然不容易看到语言在任何时候都存在共时变异的现象，比如总是有些词具有两个或更多不同的念法，但这种共时变异正是词汇扩散常常经过的途径。[1]

在一般典型的音变中，有些词变得较快，有些变得较慢。所以在音变过程中，总是可以把词分为未变、变化中、已变三类。即有的词已经完成了变化；有的词有时读旧音，有时读新音；有的词则根本没变化。比如英语中由双字母 oo 表示的元音［u:］，在很多方言中在向［u］变，也就是音长缩短了一些，舌位降低了一些。look，读作［luk］，已经变了；room 有时读［ru:m］，有时读［rum］；而 food，读［fu:d］，根本没有变。这就是词汇扩散的表现。[2]

对"儿"音历史演变的分析考察，可以说是为词汇扩散理论提供了又一有力证据。r 音进入汉语系统，从而导致"儿"读作了

---

1 William S-Y. Wang ed., *The Lexicon in Phonological Change*，The Hague：Mouton，1977，pp.148–157. 另见《语言学论丛》第 11 辑，第 119~122 页。关于词汇扩散理论的概述，参见石锋编《汉语研究在海外》，北京语言学院出版社，1995，第 31~47 页。

2 《语言学论丛》第 11 辑，第 120 页。

［ə］，正是随着一个个外来词的借用而逐步扩散开来的。如上所述，"儿"的音变首先发生在儿化韵上面，然后才延及"儿"的独立读音，因此，儿化韵的音变属于语言学上所说的类推音变。按词汇扩散理论，在社会上使用频率较高的词汇，在类推音变中，音变速度较慢。这可能是由于这些使用频率较高的词已经约定俗成，不容易发生类推音变。这就是"儿"字在译音上已读作了［ə］，而蒙元时代的"儿"字在民歌中出现时均与 i 韵母字押韵，《中原音韵》仍将"儿"字附属在支思部的原因所在。

李思敬详细考察了自金元至近代儿系列字在诗歌中的押韵情况。这些现有资料同样可以作为本文论述的依据。李文考察了诸宫调中用儿系列字与 i 押韵的幅度是相当大的。而在元杂剧中所出现的儿系列字与 i 押韵的比例，据他的不完全统计，为 112∶149（已并非全部）。而从明代早期引用的四首用支思韵的俗曲中，只有一个"儿"作韵脚字。这个比例已比元曲时代的小得多了。而根据李思敬对清代《白雪遗音》和《霓裳续谱》两大歌曲集一千三百多首歌曲的考察，则没有一首北方民间创作用儿系列字与含有 i 韵母的字互相押韵的。而对代表现代汉语近期、中期、早期的材料的考察证实，儿系列字是从没有与 i 押韵的。[1]

这个统计资料正好提供了"儿"音在其历史演变中，以词汇扩散形式进行的过程。"儿"读［ə］的过程，是由一部分词、一部分词的音变蔓延开来的。从这个意义上讲，它的演变是渐变的。这个渐变过程并非由原始音［nzi］→［ʅr］（［ə］的史前音）→［ə］，或其他的什么过渡过程，逐步把声音由［nzi］变成了［ə］。无论语言学家试图把这个过渡过程描述得如何细致，在"儿"脱掉其 i 韵以及其原有声母（这里暂不讨论其声母究竟为何）之际，对于每一个具体的词汇来说，都不能不是一个突变过程。人们要一个词一个

---

1 李思敬：《汉语"儿"［ə］音史研究》，第 14~24 页。

词地变音；老一代没变的词，新一代的变了；那一类词没变，这一类词变了。终于，一直到了近代，北方方言才完成了"儿"字[ə]音的彻底演变过程。

我们面对着的是这样一个漫长的历程。如果说今天"儿"[ə]读音的始生时期，或者说"儿"[ə]的诞生，则应当在蒙元时期。如果说"儿"[ə]的读音的彻底完成，或者说它的古音在北方方言中彻底消失，则应当在清朝时期。

四 《中原音韵》中的"儿"非[ə]音

元人周德清著《中原音韵》，另辟新径，将《广韵》中本属日母止摄支韵字的"儿"字，连同其他儿系列字，统统划归为支思韵。

主张"儿"在元代时并未变作[ə]音的学者，据此认为"儿"与支思韵的其他字同韵，故尚未有[ə]的读音；[1]而主张元代时"儿"已有了[ə]读音的学者，则认为《中原音韵》将"儿"由《广韵》止摄支韵另属支思韵，正是儿已有了[ə]读音的证明。[2]同一史料，却引发出两个截然不同的结论。

本文则与上述两种意见相左：既主张元代"儿"已有了[ə]音，又不认为《中原音韵》已标出了"儿"的[ə]音值。据《中原音韵·自序》可知，该书是作者周德清根据当时各名家（关、郑、马、白）的戏曲用韵编纂而成的。考察关、郑、马、白各家戏

---

1 李思敬在《汉语"儿"[ə]音史研究》第一章批评说，赵（荫棠）先生既在支思部拟音附记中说儿系列字当时"显系 ər 音"，却又在字表中把儿系列字拟为[ʐ]，不免自相矛盾。

2 赵荫棠在其《中原音韵研究》卷下《支思部》附记中说："韵中儿、尔、二等字与齐微韵的日字本系一音四声相承，今既分离，在本韵者显系 ər 音。金尼阁将此数字标为 ul，固为明显，而徐孝将它们列为影母，亦合道理。"（台北：新文丰出版公司，1984，第158页）钱玄同对其意见极为赞同，认为此乃"精当之论"（见王洁心《中原音韵新考》，台北：台湾商务印书馆，1988，附录《"中原音韵"审查书》，第151~153页）。

曲用韵的情况可以清楚地看到，当时的"儿"依然是与支思部的 i 韵相押的。无论是在历史上还是在现代语音中，[ə] 与 i 都没有押韵的现象，而且两个音在人们的音感上也是没有谐和性的。[1]《中原音韵》从这些与 i 韵相押的曲段中，如何能总结出"儿"的音值为 [ə] 呢？所以，《中原音韵》没有指出"儿"音为 [ə] 应是不言而喻的。

本文既然已经论证了，在元朝时，"儿"已有了 [ə] 的音，为什么《中原音韵》却没有标出这种 [ə] 音呢？问题的关键是，"儿"的 [ə] 音出现于蒙元时期，但其音通行的范围是在包括今天北京在内的北方方言中。可是，《中原音韵》却没有代表当时大都（今北京）的音系。它所代表的方言，是当时以洛阳音为主体的河南音。[2]而当时人们所推崇的传统的中原之音与大都之音是有差别的。元朝以降，明清相继以北京为都，至清代后期，以洛阳音为代表的河南话的共同语地位才为北京音所代替。[3]

蒙元时代，随着蒙古族铁骑由漠北向南的挺进，蒙古语也是由北方、由蒙汉接触最密切、时间最早的地区率先输入汉语中，然后逐渐向南扩散的。因此，在大都话（北京话）中已借用了蒙语中的 r 音之时，中原的"儿"音未必受到这个影响。另外，由于传统的汉人名流文人阶层出于对"蕃"语的蔑视态度（北方少数民族语言遭到一些汉人的抵制是必然的），出于厚古薄今的崇古倾向，对来自蕃语的 [ə] 充耳不闻，在其文学作品中固守汉族文化的陈规，那么，《中原音韵》没有反映"儿"的 [ə] 音变自是顺理成章的事了。

周德清在其《中原音韵·自序一》中就曾借萧存存之口，诟病

1　参见李思敬《汉语"儿"[ə] 音史研究》，第 20 页。

2　李新魁：《中原音韵音系研究》，中州书画社，1983，第 46 页。对于《中原音韵》所代表的音系问题，学界众说纷纭，笔者认为其代表当时河南音一说，证据较为充分。

3　李新魁：《论近代汉语共同语的标准音》，载《李新魁自选集》，河南教育出版社，1993，第150~167 页。

当时文人所作曲词之弊端:"有不遵音调作者,有增衬字作者……有歌其字,音非其字音者,令人无所守。"[1]可见,当时的诗词戏曲,有增衬字者(儿化音之"儿"即属此类),字音不相符者("儿"不读古音而读新音者),已比比皆是。

当时的中原音无"儿"的[ɚ]音,是符合词汇扩散理论的。地域扩散应是词汇扩散的方式之一。当"儿"的[ɚ]音在大都地区扩散时,由于政治、经济、文化等因素,河南方言中或许根本就未有"儿"的[ɚ]音出现,或许有了[ɚ]音,但尚不普遍。"一条语音演变律只能管到很小的人群,那里的说话基本一致。所以,每一个方言都有自己特别的一套语音演变律"。[2]"儿"的[ɚ]音至今仍未能进入汉语南方方言中,便是一个例证。那么,当时还未完全扩散至河南的中原音中去,是不足为奇的。

事实上,"儿"音在汉语系统中的演变过程是以两条线索平行发展的。如前所述,"儿"音在北方,一方面受外来语的影响和作用而发生了语音突变过程;另一方面,唐宋至元这个时期中,在中原以及以南的汉语方言区域,"儿"音在汉语系统内部亦发生了它自身的某些变化。《广韵》及《中原音韵》中反映的"儿"音由日母止摄支韵字到支思韵的变化,正是其语音在汉语系统已发生了变化的佐证。

蒙元时代,"儿"的新旧两种读音是并行的。文人在作诗填词写剧时,使用的是"儿"的旧音,而人们在许多日常口语中及在借用词中,则操着"儿"的新音。在一些蒙汉交流频繁、蒙汉杂居地区,"儿"音早已变读为[ɚ];而在另一些地区,"儿"音仍持续使用着汉语旧音。

蒙古语在反向音译汉语时,对于依然操旧音或书面语的"儿"音,则依样画葫芦,译成与[ɚ]音截然不同的汉语发音。如元代

---

1 王洁心:《中原音韵新考·附录》,第 164 页。
2 帕默尔:《语言学概论》,第 36 页。

八思巴字圣旨碑中，译"儿"字为 zi。[1]但这不但不能证明"儿"字不读 [ɚ]，反而只能说明，在当时，"儿"的新旧两种音的确是并用的。因为，找不到任何证据，证明已被译作儿化音形式的蒙古语，反译回蒙古语时，把"儿"变作了 [nzi]，或非 [ɚ] 读的汉语旧音，而使原本的蒙古语（或其他语）面目皆非。

五　"儿"音变的内在条件

本文论证了汉字"儿"自蒙元开始被借用来译写外来语中的 r 音，因而彻底改变了其读音。那么，与此相关的问题是，为什么是"儿"字获选担当了这个历史角色，而非另外的汉字呢？"儿"字发生这个音变，是有其内在条件的。外因通过内因起了作用。

在今天以北京话为代表的北方方言中，儿化词十分普遍。其基本特点据伍巍《汉语"–儿"尾纵谈》一文所说大概有五："一、频繁地见用于口语；二、'–儿'在词中已彻底虚化；三、'–儿'附着于前一音节的末尾，仅是一个轻而短的音素，不独立成音节；四、常带有说话人的某种感情色彩，往往有区别词义或词性的作用……；五、儿化范围……以名词居多。"[2]

"儿"字在汉语中最初完全是当实词的。《说文·儿部》："儿，孺子也。"东汉以后，"儿"的词义渐有了虚化的趋向，有了较明显的词缀的意味。至迟到了南北朝时期，"儿"已可以完全虚化了。到了唐代，儿化词已广泛见于汉语口语中，这从唐代的童谣、敦煌曲子词、敦煌变文以及当时文人作品中可找到众多的例证。这些儿化词中的"儿"字，不同于后位词缀，已成为词尾。也就是说，汉语"儿"尾在唐代已正式形成。儿化词发展到了宋代，则已基本上成熟

1　韩儒林：《穹庐集》，第 467 页。
2　伍巍：《汉语"–儿"尾纵谈》，《音韵学研究》第 2 辑，中华书局，1986，第 297 页。

了。宋代的话本、文集、杂记中，儿化词的使用已成为司空见惯的事了。根据儿化词的特点，附着于前一音节末尾的"儿"并不独立成音节，而只是造成一种音彩，那么，唐宋时代的"－儿"尾的实际读音在汉语中是怎样的呢？伍巍提出在中古儿化音节中，作为词尾"－儿"的读音应作"－儿"。[1]对于元代儿化词在数量上爆发性地骤增，似乎达到饱和程度的现象，他解释为两个原因："一、当时的北方官话系统已基本形成，广大的中原地带的语言已基本统一，这给儿化词的通行提供了一个前所未有的博大场面；二、北方统治者的南下，促成中原地带的语音发生巨大的变化，舌尖元音使'儿'声母由前颚位置松开，逐渐偏央，朝着更有利于发儿化音的方向发展。"[2]

伍先生的第一个原因所解释的元代语言变化的大环境是值得赞同的。正所谓"国家混一，始得以音问相通"。[3]至于其所谈的第二个原因，几乎已接触到问题的要害所在，可惜伍文把北方统治者南下促成中原的语音变化，亦以"渐变"作了结局：首先一步是要摆脱掉"儿"的声母，然后，"儿"的舌尖元音逐渐偏央，一步一步向着［ɚ］的方向挪移。过了几百年，差不多到了明代末年，"儿"的［ɚ］音最终才诞生了。

按照伍先生的论点，既然"儿"音的演变又经历了那么长的历程，这与元初北方统治者的南下，就很难说还有什么瓜葛了。实际上，正如前面所述，北方统治者南下所促成的汉语的巨大变化，是把［ɚ］的语音直接注入进了汉语系统中。之所以选中了"儿"作为外来语 r 音的对应物，则是由于"儿"在当时已具备了 r 所有的一些特点。

（1）儿化词在汉语中已形成，且被广泛应用。而外来的借词中的 r 音的译写，与儿化词有着同样的形式。即借词中的"儿"音，

1　伍巍：《汉语"－儿"尾纵谈》，《音韵学研究》第 2 辑，第 301~302 页。
2　伍巍：《汉语"－儿"尾纵谈》，《音韵学研究》第 2 辑，第 302 页。
3　（清）胡聘之：《山右石刻丛编》卷三四，光绪二十七年刻本，第 2 页。

也可以作为一个虚化字来看待，有它和无它对于理解词义没有影响，成为借词中纯粹的附加成分。例如，在元朝的历史文献中，将今天新疆维吾尔族祖先的一支一般译写作"畏吾儿"。《元史·太祖纪》：成吉思汗四年（己巳）春，"畏吾儿国来附"。《圣武亲征录》：己巳春，"畏吾儿国亦都护闻上威名，遂……欲求议和"。可是，与此同时，元朝文献又常常将"畏吾儿"这个族名译音中的"儿"忽略不译。例如，同是《元史》，《世祖纪》至元十六年春正月条丙子载："禁中书省文册奏检用畏吾字书。"《元史》列传中，更有许多"畏吾人"之记载。这些"畏吾"显系"畏吾儿"的省略。又，《蒙古秘史》卷一〇载："委吾种的主亦都兀惕差使臣阿惕乞剌黑等，来成吉思处。"此处之"委吾"亦为"畏吾儿"之省。由这些译名中有无"儿"并无关词义这一事实可以证实，译写出的"儿"与汉语中的儿化词尾的性质相同，只充当一个虚化成分而已。

　　西方语言中的 r 在转译为没有卷舌音的语言中时，r 忽略不译是非常普遍的。姑且不说在进入汉语系统以前的汉文译名中，汉文根本无法译写出这个音（即使用其他"里""鲁"等字译写，也未全面顾及 r 的音色特点），就是现代许多语言对 r 的转译也有着与中古汉语类似的现象。例如，没有对应卷舌元音的日本语在译写西方语言时，至今仍常常不译 r 这个音，而采用把 r 前面的元音略微拖长音长的方法来代替 r 的音色（参见表 1）。

表 1　日文以长音转译英语带 r 音的音节

英文	假名罗马拼音	日文
worker	waka	ワーカー
number	nanba	ナンバー
major	mezya	メジャー
regular	regyura	レギュラー
doctor	dokuta	ドクター
farmer	fama	ファーマー

在保留了中国古音而无卷舌音的香港粤语中，借用外来语时也同样如此。例如，计算机的英语读音 computer 的尾音，在香港的粤语读音里近似 "塔"；教授 professor 的尾音，则近似 "洒"；工人 worker 的尾音，则近似 "卡"；等等。今天的日语、粤语，在仍无 r 音的条件下借用外来语的情况，恰好为 r 音在这些借词中可以作为纯粹的附加成分，"儿"是虚化字的观点提供了论据。这种作为词尾附加成分，有它无它并不影响语义的性质，导致外来语中的韵尾 r，与汉语系统中已形成的儿化词中的 "儿"尾具有了完全同样的结构形式。

（2）汉语儿化词的 "－儿"尾读音已具备了改造成为 r 的读音特征。如前所述，韵尾 r 在外来语中，都并非一个音节，而只是一个存在于音节中的音素。汉语是音节文字，本来并不具备任何这样的音素文字，可偏偏就在唐宋以来，儿化词的大量涌现，导致了词尾 "－儿"的读音演化成了一种不同于汉语语音的特例，即它并不独立成为音节，而只是一个音素附着于其他的音节后面（至于它在当时究竟是否读 –n，限于篇幅，将另文论述）。它的这种语音形式，恰又与外来语韵尾 r 不谋而合。那么，由 r 来代替 "－儿"尾以前的读音，而形成真正的今天的儿化韵，不是因势利导吗？

（3）汉语儿化词的使用范围正适合译写外来词的需要。不同语言之间的相互借词，都是以借用名词为主的。10 世纪以后，北方处于契丹、女真民族政权的统治下，至 13 世纪蒙古族统一全中国，其间中国处于空前的战争、交往、和平、迁徙、民族大杂处阶段，导致中原文化，包括语言，受到了各种形式、不同程度的冲击和浸染。如同一千多年前，法国诺曼底人侵入英国，统治英国一二百年，很多法语词在这一时期进入英语一样，在辽金元时期，少数民族政权的统治，导致汉语必然吸纳许多这些民族的语言。而在吸纳的词汇中，名词是主要的，包括人名、地名、官名、器物名等。这些名词中韵尾 r 的音，正好可以被当时汉语中已经形成的、以名词为主的儿化词中的"－儿"尾来对应。

（4）汉语儿化词在唐朝时已开始频繁地应用于口语中，而韵尾 r 音在外来语（阿尔泰语系或印欧语系）中频繁使用的例证俯拾皆是。这两个音素在口语中的应用频率也是如此相似。

以上从儿化词的构词形式、儿化词"儿"尾的读音、儿化词的应用范围及口语使用频率等四个方面，分析了汉语中的"儿"尾成为唐宋时代独一无二可以在汉语中等同于外来语中 r 的角色。

六　蒙元以前的译音为何不使用"儿"？

本文论证"儿"的［ə］音是自蒙元时代开始，直接来自外来借词的。那么，汉文译写外来语并非自蒙元时代开始，何以在以前的汉文史籍中并无"儿"的［ə］音出现呢？

第一，魏晋至唐宋时期，随着中外交通的日益发达，中外经济、文化交流也日益扩大，中国人对外族语言的接触及了解也日益加深。但是，唐宋以前，汉文翻译外来语的工作，主要限于佛经方面。这些佛教用语，对于国计民生并无直接利害关系，对人民的社会生活自然影响甚微。这些外来语，在汉语口语中较少使用，汉语系统对它的反馈便也相应消极了。

第二，蒙元帝国建立以前，中国历史上还没有一个少数民族政权像蒙古民族这样统治了如此辽阔的疆土。在元朝的版图内，众多民族共处、融合，为各民族间的语言交流创造了空前的契机。外来语的大量涌进，迫使汉语不得不做出相应的调整和改变。这是［ə］音进入汉语系统的社会历史前提。这个历史条件元以前的中国社会并不具备。

第三，汉语系统自身的发展尚不足够，"儿"或其他汉语音节均未发展到适合于译写 r 音的条件。这便是本文上面所论述过的，儿化词及读音的变化，都是到了唐代才开始趋于成熟的。

　　第四，与外来语频繁交往的结果，使汉语翻译水平逐步提高，才出现了更精细地描述外来语音的需求。

　　在宋以前，人们对外来语的译写，因为受到汉语语音等各种条件的限制，无法精益求精，故连当时人都不满意汉语译写的外来语音。例如，北宋熟谙北方夷情的洪迈就说："蕃语以华言译之，皆得其近似耳！天竺，语转而为捐笃、身毒；秃发，语转而为吐蕃。"[1]显然他是不满于华言对蕃语的有些译写不准确。

　　随着时代的发展，汉语翻译水平有了长足的进步。这可以体现在对同一个外来语，在前后不同时代译写的不同，而越来越趋向于译音的近似。例如，突厥语中的"俟斤"，是突厥诸部族首领（酋长）的称号，突厥语为 irkin、erkin。这个称号是突厥族沿用柔然、鲜卑语而来的。在唐和唐以前的汉文文献中，都译写作"俟斤"，又作"颉斤""乙斤"，显然对其中的韵尾 r 未作对译。辽朝建立后，契丹族继续沿用这个称号，汉文却译作"夷离谨"。此后金代女真族又沿用契丹制，并改译作"移里谨"。这个名称的译写虽然没有使用"儿"来译写 r，但明显地看出，汉语开始注意了对该语词中的卷舌音的译写，在词中加进了"里"（这个有趣的现象可以间接为赵元任的儿化音来源的说法，即"儿"化来源之一为"里"提供一个佐证）。再如，突厥语、蒙古语中均有的 darqan，"得自由"之义。[2]《唐书》译作达干，中间的 r 在汉语中没有表现。在《辽史》及以后的史书译名中，便译作"达剌干""答剌罕"，《蒙古秘史》则译作"答儿罕"。显系突出译了其中的 r 音。[3]诸如此类，不一而足。

1　《资治通鉴》卷二五三"广明元年七月"条胡注引，中华书局，1956，第 8232 页。

2　（元）陶宗仪：《南村辍耕录》卷七三，收入《历代小史》，台北：台湾商务印书馆，1974，第 4 页。

3　额尔登泰等：《〈蒙古秘史〉词汇选释》，第 278 页。

七 小结

本文的主要论点如下：

（1）汉语"儿"的［ə］音，起始于蒙元时代（至迟到 13 世纪中叶），是直接由模拟转译外来语中的韵尾 r 音而产生的。

（2）"儿"音由中古读音演变为现代的［ə］音，并非如以往学者所言，是经过了一个漫长的音位演变过程。它的变化是外来语（指中国北方包括蒙古语在内的阿尔泰语系及印欧语系的其他少数民族语言）输入的结果，因而，其语音变化是突变，不是渐变。

（3）并非"儿"音演变为［ə］之后，才产生了今天儿化韵的读法。其演变过程刚好相反，是"儿"作为"－儿"词尾，在汉语系统借用的外来语中首先读作了 r，才导致"儿"作为一个独立音节的读音变作了［ə］。

（4）儿音［ə］的演变，经过了词汇扩散的过程。这个过程大约持续了数百年的时间，直到清朝，才使儿的［ə］音完成了它的彻底扩散，以独居的姿态占领了北方方言的全部阵地。

（5）在儿的［ə］音词汇扩散时期，北方汉语中的"儿"，有着两种语音并用时期，即：

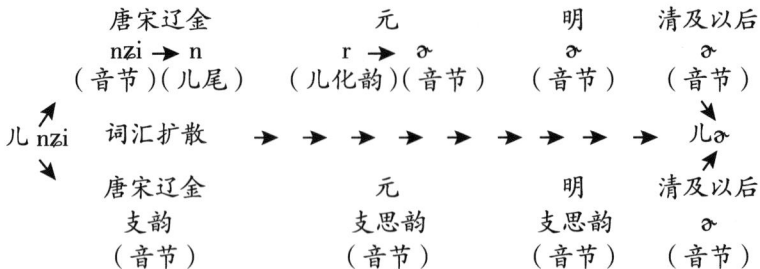

唐宋辽金　　　　　　　元　　　　　　明　　　清及以后
n ʑi → n　　　　　　　r → ə　　　　　　ə　　　　　ə
（音节）（儿尾）　（儿化韵）（音节）　（音节）　（音节）

儿 n ʑi　词汇扩散　➜➜➜➜➜➜➜➜➜　儿 ə

唐宋辽金　　　　　　　元　　　　　　明　　　清及以后
支韵　　　　　　　　支思韵　　　　支思韵　　　　ə
（音节）　　　　　　（音节）　　　（音节）　　（音节）

（6）唐以来汉语儿化词的形成，是"儿"被用来译写外来语 r 的内在因素。儿化词无论从构词形式、读音特征上，还是应用范围及口语中使用频率上，都符合了译写外来语 r 的基本条件。
或者说，外来语 r 的各项特征，均与当时汉语儿化词的儿尾相似，
故外来语只略加改造"儿"，便取代了"儿"原来的读音而令"儿"
以［ɚ］的面目重现于世。

参考文献

（后晋）刘昫：《旧唐书》，中华书局，1975。

（宋）欧阳修、宋祁：《新唐书》，中华书局，1975。

（宋）江少虞：《宋朝事实类苑》，上海古籍出版社，1981。

（宋）李焘：《续资治通鉴长编》，中华书局，1985。

（宋）欧阳修：《新五代史》，中华书局，1974。

（宋）司马光：《资治通鉴》，中华书局，1956。

（宋）徐梦莘：《三朝北盟会编》，清光绪四年本。

（宋）叶隆礼：《契丹国志》，贾敬颜、林荣贵点校，上海古籍出版社，1985。

（宋）余靖：《武溪集》，《景印文渊阁四库全书》第1089册，台北：台湾商务印书馆，1983。

（元）马端临：《文献通考》，《景印文渊阁四库全书》第611~617册，台北：台湾商务印书馆，1983。

（元）脱脱:《金史》，中华书局，1975。

（元）脱脱:《辽史》，中华书局，2017 年点校本二十四史修订本。

（元）脱脱:《宋史》，中华书局，1977。

（清）厉鹗:《辽史拾遗》，清光绪年间广雅书局本。

（清）徐松辑《宋会要辑稿》，中华书局，1957。

（清）杨复吉:《辽史拾遗补》，清光绪年间广雅书局本。

冯承钧译《东蒙古辽代旧城探考记》，中华书局，1956。

冯承钧译《西域南海史地译丛五编》，中华书局，1956。

冯承钧:《西域南海史地论著汇辑》，中华书局，1957。

冯家昇:《冯家昇论著辑粹》，中华书局，1987。

冯家昇:《辽史证误三种》，中华书局，1959。

傅乐焕:《辽史丛考》，中华书局，1984。

贾敬颜:《五代宋金元人边疆行记十三种疏证稿》，中华书局，2004。

梁园东译注《西辽史》，中华书局，1956。

罗继祖:《辽史校勘记》，上海人民出版社，1958。

王国维:《观堂集林》，中华书局，1959。

王民信:《契丹史论丛》，台北：学海出版社，1973。

吴廷燮:《辽方镇年表》，《二十五史补编》本，中华书局，1955。

向南:《辽代石刻文编》，河北教育出版社，1995。

杨家骆编《辽史汇编》（共 11 册），台北：鼎文书局，1976。

姚从吾:《东北史论丛》，台湾正中书局，1976。

姚从吾:《姚从吾先生全集》第 2、5 集，台北：正中书局，1976。

张亮采:《补辽史交聘表》，中华书局，1958。

陈述辑校《全辽文》，中华书局，1982。

《满蒙史论丛》第一、二、三辑，"日满文化协会"，1938~1940。

〔日〕箭内亘:《辽金乣军及金代兵制考》，陈捷、陈清泉译，商务印书馆，1932。

〔日〕箭内亘:《元朝怯薛及斡耳朵考》，陈捷、陈清泉译，商务印书館，1933。

『白鳥庫吉全集　第 4 巻（塞外民族史研究　上）』岩波書店、1970。

『津田左右吉全集　第 12 巻（満鮮歴史地理研究　第 2)』岩波書店、
　　1964。

島田正郎『遼代社会史研究』三和書房、1952。

Wittfogel，Karl A. & Fend Chia-Sheng（1949），*History of Chinese*
　　Society，*Liao*（907-1125），New York: The American Philosophical
　　Society /Macmillan.

原版后记

10世纪初，契丹民族在我国北方建立起了一个幅员辽阔的契丹王朝。这个政权不但有效地实施了对以契丹族为主的游牧民族和以汉族为主的农耕民族的统治，且南与五代、北宋并峙抗争，维持其统治达二百余年之久，对于当时中国社会，包括北方各民族以及宋、西夏等，对于中亚地区乃至于西方社会都产生过颇为重要的作用和影响，这不能不说是契丹王朝成功的历史实践和取得的辉煌业绩。深入研究这样一个富有鲜明游牧特色的王朝，无论从哪个方面来说，都是极有意义的，且是饶有趣味的。

20世纪以前，受民族偏见及正统观念等种种封建、错误的历史观支配，史学家对这个王朝的历史鲜有问津。20世纪初开始，由于一些历史的原因，日本学界首先发起了对我国东北史地的系统研究，其中最重要的一项就是对契丹王朝历史的研究。继而我国学者也在这方面进行了不少有益的工作。新中国成立以来，新的立场、观点和方法，使契丹史的研究有了新的起色。特别是近年以来，各种文章、专著陆续问世，把这一研究向前推进了一步。但是，由于这块领地的基础太差，加上资料缺乏等方面的原因，契丹王朝史的研究与其他断代历史研究相比，无论从数量上还是质量上来说，都仍处于落后的状态。而对于关系这个政权最根本内容的政治、军事制度的研究，更几乎可以说是未开垦或开垦极微的荒地。史学的其他领域成果迭出，辽史领域相形见绌；连大学的讲台，辽史也一直处于窘境。深入开拓辽史研究之路，是史学研究的要求，更何况我还是个生长于辽地的人。这些都是我立志于从事这方面的学习和钻研的原因所在。

本书的题目是"契丹王朝政治军事制度研究"。但毋庸讳言，在有限的篇幅中概括契丹王朝一代的史实，是难以做到的；即使仅限于这个王朝二百余年的政治、军事制度，也不是区区一本论稿所能包揽无余的。我虽认为这本论稿中所探讨的问题是辽国政治、军事制度的重要方面，但文中所做的许多论断，亦不过是对这些方面的管窥蠡测而已。另外，契丹王朝的灭亡至今已八百多年了。它的史实与今日已有着遥远的时间距离，而这八百多年间，又添加了许多后人的各种揣度、附会，所以，要恢复它的历史面貌，绝非易举之事。我为某一问题找到的答案，自认为已经认识清楚了的真相，也难免有欠准确，有待从不同角度、新史料的验证。尽管如此，我仍愿为揭开契丹王朝之谜尽自己的努力。

记得在读硕士研究生时，我读了邓广铭先生的《辽史兵卫志"御帐亲军""大首领部族军"两事目考源辨误》和《宋史职官志考证》，就仿照这两篇论著的研究方法，写了《〈辽史·百官志〉辨误三例》一文。我对辽朝政治军事制度的探讨和研究就是从此开始的。幸运的是，之后得以直接受业于邓先生。辽朝的政治军事制度是极其复杂的。譬如，军事制度中的糺军问题，就是悬数百年之久的一桩学术公案。以前，对这一为中外史学大师们所热烈争辩的问题，我一直望而生畏，未敢涉足。在我做博士论文时，邓先生提出了这一不容回避的命题，并亲自教我以门径，直至应得出的结论。如果说，我的论文使糺军的研究果真能向前推进一步的话，则完全应归功于导师邓先生。先生于史学研究，力倡勇于创造，发覆排难，言前人之所未能言，发前人之所未敢发，并且特别注重基本功的严格训练，强调要有坚实雄厚和广博的基础知识。几年来，先生的耳提面命，发蒙解惑，鞭策督励，使我在学业上大有长进；先生亲自导教，逐字批审，正误扶颠，使这部论文终于完成。当此论文得以印行之际，谨向邓先生致以由衷的感谢！

几年来，我在课上课下、校内校外，或就问题专门求教，或在论著中吸取知识，直接或间接地从史学前辈、专家们那里得到了诸多帮助。特别是贾敬颜先生给了我以多方面无私的帮助和指教；在写作过程中，张广达、余大钧等先生也曾给我以有益的点拨启示。在此，向诸位师长表示我真挚的谢意！

我还要向中国社会科学出版社，特别是历史编辑室的冯广裕同志致以谢意。他为这部论文的出版做了大量细致的、具体的编辑工作，纠补了一些疏误，使这部论文能以现在的面目与读者见面。

最后，我衷心遥祝居住在大连的我的父母健康长寿。他们为培育我所付出的心血和艰辛的劳动，是无法用语言一一来表述的。只是学术成就如此渺小，令我负疚之感至深。

杨若薇

1988 年 6 月 23 日于北京中国人民大学林园 8 楼

图书在版编目（CIP）数据

契丹王朝政治军事制度研究 / 杨若薇著. -- 修订本
. -- 北京：社会科学文献出版社，2022.4（2023.11重印）
（九色鹿．唐宋）
ISBN 978-7-5201-9025-1

Ⅰ.①契… Ⅱ.①杨… Ⅲ.①契丹－政治－历史－研
究 Ⅳ.①K289

中国版本图书馆CIP数据核字（2021）第186158号

·九色鹿·唐宋·

契丹王朝政治军事制度研究（修订版）

著　　者 / 杨若薇

出 版 人 / 冀祥德
组稿编辑 / 郑庆寰
责任编辑 / 赵　晨　宋　超
责任印制 / 王京美

出　　版 / 社会科学文献出版社·历史学分社（010）59367256
　　　　　地址：北京市北三环中路甲29号院华龙大厦　邮编：100029
　　　　　网址：www.ssap.com.cn
发　　行 / 社会科学文献出版社（010）59367028
印　　装 / 三河市东方印刷有限公司

规　　格 / 开　本：787mm×1092mm　1/16
　　　　　印　张：20　字　数：268千字
版　　次 / 2022年4月第1版　2023年11月第2次印刷
书　　号 / ISBN 978-7-5201-9025-1
定　　价 / 78.80元

读者服务电话：4008918866